OLJE SELECTIONS
24

오자병법

사단법인 olje

올재의 꿈

올재는 지혜 나눔을 위해 2011년 9월 설립된 비영리 사단법인입니다. 예술과 문화 속에 담긴 지식과 교양을 널리 소개하고 향유함으로써 격변하는 세상의 지향점을 찾고, 올바르고 창의적인 교육의 기틀을 마련하는 것이 올재의 꿈입니다. 특히 올재는 인문 고전이나 문화 예술을 접할 기회가 많지 않은 소외 계층과 저소득층 청소년들을 위해 다양한 지혜 나눔의 계기를 마련하고자 합니다.

올재의 첫 번째 지혜 나눔은 인문 고전입니다. 〈올재 클래식스〉는 최고 수준의 번역본을 부담 없는 가격에 보급합니다. 각 종당 5000권을 발행하며 4000권은 교보문고에서 6개월간 한정 판매합니다. 미판매된 도서와 발행 부수의 20%는 복지시설 · 교정 기관 · 저소득층 등에 무료 기증합니다. 출간한 번역본은 일정 기간 후 전자책으로 발행합니다.

Share the wisdom. Change the world.

사단법인 olje

올재의 새로운 지혜 나눔, 〈올재 셀렉션즈〉

〈올재 셀렉션즈〉는 판매 수익금이 전액 지혜 나눔에 쓰이는 시리즈로, 〈올재 클래식스〉로 한정 발행된 도서 가운데 독자들의 재발간 요청이 뜨거운 책들을 선별해 다시 편집하고 손질하여 펴내는 책들입니다. 지혜 나눔을 위해 각종 후원을 받아 2,900원이란 낮은 가격으로 판매되는 〈올재 클래식스〉 시리즈보다는 다소 높은 가격에 판매하는 대신 판매로 얻어지는 수익이 모두 공익을 위해 다시 쓰입니다. 〈올재 셀렉션즈〉를 통해 주옥 같은 고전도 읽으면서 지혜 나눔에도 동참하시기 바랍니다.

정기 후원과 일반 후원으로 올재의 지혜 나눔에 참여하세요.
올재의 벗들이 심은 작은 홀씨가 전국 곳곳에 인문 고전의 꽃으로 피어납니다.

올재 후원함 | 예금주 사단법인 올재
국민은행 023501-04-184681
농협은행 301-0100-8607-71
신한은행 100-027-966986
우리은행 1005-401-996902
하나은행 162-910013-46904

후원 문의처 | 올재 사무국
ⓣ 02)720-8278 ⓗ www.olje.or.kr ⓔ oljeclassics@olje.or.kr
@oljeclassics www.facebook.com/oljeclassics

지혜 나눔을 함께한 벗들

KYOBO 교보문고
강병인글씨연구소 Kang Byung In Calligraphy Institute

차례

역자 서문

한 사람의 재능이 너무 우월하거나 개성이 강하면 주변 사람들에게 질시를 받기 쉽다. 손무孫武와 오기吳起는 모두 그런 사람이었다. 그러나 손무의 일생에 대한 기록은 안개처럼 희미하고, 그의 병서는 간간이 예리한 지성과 강한 자부심을 드러내기는 하지만 전반적으로 선비의 글 같은 느낌이다. 반면, 오기는 경력도 자세히 전해져 있고 성격도 선명하게 드러나 있다. 오기는 전국 시대 초기에 위나라에서 태어났다. 손무가 살았던 춘추 시대는 그래도 주나라 황실의 패권이 인정되던 시기였다. 소위 춘추오패로 불리는 강국들은 주나라 봉건제를 인정하고 그것을 유지하는 실권자로서 존재했다. 그러나 전국 시대가 되며 강국 대부분의 내부적 권력 구도가 바뀌자 주나라 황실과의 관계도 멀어졌다. 이후 전국 시대의 주요 국가들은 스스로 주도해서 천하 통일을 추구하게 된다. 아직 전차가 주력이기는 했지만, 철기가 발달하면서 기병이 도입되기 시작했다. 전쟁의 양상이 패권 전쟁이 아닌 정복 전쟁으로 변하면서 규모는 커지고 전투의 방식은 잔혹해졌다.

전국 시대는 내적 변혁의 시기이기도 했다. 혜성같이 등장한 진나라는 법가인 상앙·이사·한비자를 등용하면서 체제를 개혁해 순식간에 전국 시대의 최강자로 떠올랐다. 이를 본 다른 국가들도 변혁에 관심을 기울이게 되었고, 나라마다 개혁·반개혁 세력의 갈등이 발생했다.

세상은 약육강식의 시대로 바뀌고 있었다. 이런 시대에 태어난 오기는 난세에 어울리는 인격의 소유자였다. 비유컨대 그는 마키아벨리스트Machiavellist였던 것이다. 오기는 청년 시절에 벼슬을 얻기 위해 거금을 탕진했다. 마을 사람들이 그것을 보고 비웃자 30여 명을 죽이고 위나라에서 도망쳤다. 이 이야기는 과장된 것 같지만 무언가 큰 사고를 치고, 다른 나라로 도망친 것은 분명해 보인다. 그는 노나라로 도망쳐서 공자孔子의 제자이자 《효경》의 저자인 증자曾子 문하로 들어갔다. 증자의 학문적 성향과 그의 성격은 전혀 맞지 않는 것 같지만, 위나라에서의 좌절이 그의 학구열을 자극한 것으로 짐작된다.

노나라에서 장군이 된 오기는 다시 한번 잔혹한 일을 벌인다. 제나라와 전쟁이 벌어졌는데, 그의 아내가 제나라 사람이었다. 이에 사람들이 오기를 의심하자 그는 주저 없이 아내를 죽였다. 이 일로 더 큰 악명을 얻게 된 오기는 다시 위나라로 돌아갔다. 위나라 문후[1]는 커져 가는 진나라의 압박에 고민하면서 유능한 장군을 찾고 있었다. 《오자병법》은 위문후와 오기의 만남에서부터 시작된다.

위문후에게 등용되어 진나라와 마주 보는 서부 전선에 배치된 오기는 76회의 큰 전투를 벌여 64회의 승리를 하고 나머지는 무승부를 기록했으며, 진나라의 5개 성을 점령하는 등 위나라의 영토를 확장했다. 그는 진나라에서 법가들이 했던 것처럼 신분과 지역을 가리지 않고 능력 본위로 인재를 등용해서 인망을 얻었으며, 전쟁터에서는 병사들과 동고동락했다. 그는 사람들의 심리와 군대의 장단점을 파악하는 데 놀라운 재능이 있었다. 그의 병법은 이런 점에서 서늘한 예리함을 지녔다.

그렇다고 그가 사람을 이용하는 단기적인 재주에만 능했던 것은 아니다. 오기의 인격에 대해서는 거부감을 느끼는 사람이 많겠지만, 그는 전술에만 능한 장군이 아니라 손무와 마찬가지로 전쟁의 배경에 있는 국가 경영, 통치 도리, 사회개혁 등의 방향에도 탁월한 통찰력과 사상을 갖춘 자였다. 그러나 그는 자신의 능력을 감출 줄 몰랐고, 과거 행적뿐 아니라 능력까지도 사람들의 불만을 야기한다는 것을 이해하지 못했다. 든든한 후원자였던 위문후가 죽고 무후[2]가 즉위하자 오기는 그에게서도 신임을 얻었다. 무후는 병법에 관심이 많아 오기와 많

1 위문후魏文侯(?~B.C. 396)

2 위무후魏武侯(B.C. 424~B.C. 370)

은 대화를 나누었는데, 《오자병법》의 내용은 대부분 위문후가 아닌 위무후와의 대화이다.

그는 위무후 때 큰 공을 세웠지만 도리어 위무후의 견제를 받아 초나라로 망명했다. 초나라는 진나라와 함께 전국 7웅의 최강자였다. 오기는 초나라 도왕悼王의 적극적인 지원을 받아 천하 제패의 꿈을 꿨다. 이때까지 전국 시대는 진나라와 나머지 6국의 불규칙한 협력어 의한 대치 상태가 계속되고 있었다. 오기의 계획은 사회 개혁으로 초나라의 국부 증진과 인재 등용에 힘써 군을 강화한 뒤 6국을 점령해 진나라와 양강 구도를 이루는 것이었다. 초나라는 진나라와 채나라를 병합하고, 삼진을 압박했다. 그러나 도왕이 사망하자 왕족과 기존 세력의 불만이 폭발했고, 오기는 살해되었다. 그의 정책은 중도에 힘을 잃었고, 오히려 6국의 결속을 약화시켜 진나라가 최종 승자가 되는 길을 열어 주었다.

거침없고 오만하고 독선적인 그의 성격은 정적을 만들어 내고 그의 삶에 굴곡을 주었다. 그래서인지 《오자병법》은 《손자병법》에 못지않은 심오한 통찰이 바탕에 깔려 있으면서도 그것을 표현하는 방법은 간명하고 날카롭다. 이것에는 장단점이 공존하기에 두 책은 이렇게 묘한 대조를 보이며 조화를 이루었다. 이후 손무와 오기의 병서는 '손오병법孫吳兵法'이라 불리며 병서 최고의 고전이 되었고, 손무와 오기는 병학의 태두가 되어 손자와 오자로 불렸다. 장군들은 반드시 두 책을 함께 습득해야 병학의 정수에 도달할 수 있다고 보았다.

손무와 오기는 병법의 근원에서는 서로 통하는 부분이 많다. 손무와 오기를 극단적으로 대비시키고 싶어 하는 사람들이 있는데, 오기의 깊이와 넓이도 손무의 사고에 못지않고, 오기도 손무를 잘 이해하고 있어 기본적인 철학은 비슷하다. 하지만 오기가 생각하는 병서의 기능, 병법을 가르치는 방법과 강조점은 차이가 있다. 그래서 후학들이 《손자병법》에서 실행이나 이해가 어려운 부분을

《오자병법》이 보완한다고 여겼던 것 같다.

하지만 묘하게도 《오자병법》은 현대인들이 이해하고 활용하기에 더 어려운 면이 있었다. 전국 시대의 전쟁 상황이 낯선 현대인들에게 오기의 좀 더 구체적이고 실용적인 지침들은 오히려 보편성이 부족해 보였고, 간략한 설명 때문에 깊이가 부족해 보이거나 뻔한 교훈으로 여겨졌던 부분도 있었기 때문이다. 《오자병법》은 《손자병법》보다 짧고 술술 읽히지만, 그 진수를 이해하고 《손자병법》과 비교·분석해서 전략·전술의 지혜를 얻으려면 보다 섬세한 주해가 필요하다. 그러나 오기에 대한 연구 자료는 손자에 비해 턱없이 부족한 것이 현실이다.

최초에는 올재에서 《손자병법》만을 펴내기로 했었고, 여러 가지로 여건이 어려웠지만 앞서 언급한 이유로 두 병서를 동시에 작업했다. 빡빡한 일정에 나보다도 편집진이 더 고생한 것 같다. 돌이켜 보면 아쉬운 점도 많지만, 《손자병법》에 비해 주목을 덜 받았던 《오자병법》을 함께 주해해서 독자들께 소개한다는 점에 이번 출간의 의의가 있다고 생각된다. 이 책이 오기의 병법에 대한 전환적 사고의 기점이 되어 독자들의 지혜의 폭과 깊이를 더하는 계기가 되었으면 한다.

임용한

제 1 편

제1편 도국圖國

나라를 일으키다

1-1 오기가 유자의 복장을 하고 위문후를 알현해서 병법과 군사에 관한 자신의 식견을 설파하려고 했다. 그러자 위문후가 “과인은 전쟁을 좋아하지 않소”라고 말했다. 오기가 대답하여 말했다. “신은 겉을 보면 숨겨 놓은 사실을 볼 수 있고, 과거를 통해 미래를 성찰할 수 있습니다. 주군은 어찌해서 마음과 다르게 말씀하십니까? 지금 왕께서는 사시사철 짐승을 죽여 가죽을 벗기고 붉은 옻칠을 하고, 채색하고, 큰 짐승 모양을 그려 넣게 하고 있습니다. 이런 옷은 겨울에 입기에는 따뜻하지 않고, 여름에 입기에는 시원하지 않습니다. 길이가 2장 4척이 되는 긴 창과 1장 2척인 짧은 창을 만들고, 수레에 가죽을 덧대며, 튼튼한 바퀴를 달게 하고 있습니다. 이런 수레는 보기에 아름답지 않고, 사냥용으로 타기에도 가볍지 않습니다. 주군께서 어떤 용도로 사용하려고 하는지 알 수 없습니다.”

吳起儒服, 以兵機見魏文侯. 文侯曰 : “寡人不好軍旅之事.” 起曰 : “臣以見占隱, 以往察來, 主君何言與心違. 今君四時使斬離皮革, 掩以朱漆, 畫以丹青, 爍以犀象. 冬日衣之則不溫, 夏日衣之則不涼. 爲長戟二丈四尺, 短戟一丈二尺. 革車奄戶, 縵輪籠轂, 觀之於目則不麗, 乘之以田則不輕, 不識主君安用此也?”

1. 오자가 유학자의 복장을 하고 위문후를 만나다

오자의 인생 역정에서 위나라로의 귀국은 감회가 새로운 동시에 위험한 행로였다. 오자는 위나라에서 범죄를 저질렀고, 그의 모친이 사망했을 때도 출세하기 전에는 귀국하지 않겠다는 맹세를 핑계 삼아 귀국하지 않았다. 그의 삶의 성패가 위문후와의 면담 한 번에 달려 있었다.

이 중요한 면담에 그는 장수의 복장이 아닌 유자儒者의 복장을 하고 나타났다. 본문에서는 위문후가 자신은 전쟁에 관심이 없다고 말했다지만 오자에게까지 그런 관심을 감추려는 의도는 아니었다. 위문후가 오자를 부른 것은 장수감을 찾기 위해서였다. 날카로운 관찰력의 오자가 그것을 몰랐을 리가 없다. 그럼에도 불구하고 그가 유자의 복장을 하고 위문후를 알현한 이유는 무엇일까?

여러 가지 추측이 가능하다. 위문후가 위나라의 전쟁 준비를 감추려 하는 의중을 알아채고, 무장을 만나는 티를 내지 않기 위해서일 수 있다. 혹은 오자가 도망쳐서 증자의 제자가 되었던 것과 마찬가지로 자신을 따라다니는 이미지를 바꾸기 위해 퍼포먼스를 벌인 것일 수도 있다. 혹은 야심이 차고 넘쳐서 벌써부터 자신이 유능한 무장일 뿐 아니라 재상이 될 수도 있는 문무겸전文武兼全의 인재임을 과시하고 싶어서 그런 것일 수도 있다.

진심이 무엇이든 이 복장은 위문후에게 어필할 수 있는 것이었다. 손자도 말했듯 전술은 상대의 의도와 성향에 대한 정확한 파악에서 시작해야 한다. 나의 사정도 고려해야겠지만 철저하게 적의 입장에서 출발하는 것이다. 오자는 첫 만남에서부터 이런 자세를 과시했고, 성공했다.

이런 노력은 일상에서 매일 인간에 대한 이해를 높여 가는 데서부터 시작해야 한다. 강철왕 카네기[1]는 외판원으로 시작해서 판매왕에 오르면서 성공의 길을 열었다. 그는 초보 외판원 시절에 제품을 홍보하려고 노력하기보다는 외판을 구실로 거리에서 만나는 모든 사람의 이야기를 경청했다. 그것 때문에 사람들이 카네기를 좋아할 정도였다. 카네기는 수많은 사람의 경험담을 들으면서 사람들을 이해하는 법을 배우고 사람들의 다양한 가치와 관점을 이해하게 된 것이다. 그는 거리에서 지식을 얻은 것이 자신에게는 대학을 나온 것과 같았다고 말했다.

리더가 이야기를 많이 하고 좌중을 압도하는 조직은 성장하지 못한다. 소통이 되지 않으면서 구성원들이 자신의 아이디어를 제출하지 못하고 예스맨이 되기 쉽다. 타인을 이해하려는 노력과 타인을 대하는 지혜의 축적이 멈추면서 리더의

1 앤드루 카네기Andrew Carnegie(1835~1919)

역량도 성장을 멈추는 것이다. 리더는 아무리 낮은 사람을 만나도 상대와 눈을 맞추고 그의 이야기를 끌어내며 그의 모든 것을 간파하려는 노력을 그쳐서는 안 된다.

2. 겉을 보고 숨겨진 사실을 안다

오자를 만난 위문후의 첫마디는 "과인은 전쟁에는 관심이 없다"였다. 노골적인 거절의 뜻이다. 그러나 오자는 전혀 당황하지 않고 그 순간을 오히려 자신의 능력을 과시할 호기로 삼았다. 그는 즉시 자신이 발견한 증거들을 들어 위문후가 전쟁에 관심이 없기는커녕 비밀리에 전쟁 준비를 하고 있다고 반박한다. 아주 대담하고 위험한 행동이었다. 위문후가 오자를 등용하지 않는다면 위나라의 군사 기밀을 알아낸 오자를 살려서 돌려보낼 리가 없기 때문이다.

이런 승부를 낼 때는 상대의 인품과 그가 갈구하는 인재에 대한 확신이 먼저 있어야 한다. 오자는 위문후에 대해 사전에 충분히 조사했을 것이다. 그러나 오자가 위문후를 사로잡은 비결은 이런 무모한 당돌함이 아니었다. 오자는 자신이 전략가이자 경세가로서 가장 중요한 자질을 갖추고 있다고 장담하며 말한다.

"나는 겉을 보면 속에 숨어 있는 사실을 볼 수 있고, 과거의 사례를 통해 미래를 성찰할 수 있습니다."

스스로에 대한 오자의 자평은 오늘날의 CEO와 장군 등 리더들에게 요구되는 통찰력에 대한 가장 명확한 정의이다. 많은 사람이 부담스럽게 여기는 '통찰력'이란 능력이 결코 21세기에 새롭게 생긴 것이 아니라는 사실을 말해 준다. 2500년 전에도 통찰력은 생존과 발전을 위한 핵심 역량이었다. 물론 오자가 말한 통찰력의 정의와 오자가 위나라의 전쟁 준비를 간파했다는 사례는 정확히 들어맞지는 않는다. 《오자병법》에 기록한 대화는 인상적인 요지만 채록한 것으로, 실제 오자와 위문후가 나눈 대화는 훨씬 더 길었을 것이다. 그리고 오자는 단지 눈썰미로 위나라의 전쟁 준비를 간파한 것이 아니었다. 여기에는 위나라의 정치적 상황과 역사, 위문후의 성격과 능력 등을 종합한 판단이 깔려 있었다. 위문후도 오자와의 대화에서 그런 능력을 간파했기에 그를 즉시 군사령관으로 특채했다.

3. 과거를 통해 미래를 성찰한다

과거를 통해 미래를 성찰하는 통찰력은 거시적 관점과 미시적 관점으로 나눌 수 있다. 미시적 관점이란 보다 현실적인 관점을 말한다. 여기서는 현실적 관점에서 접근해 보려 한다. 《손자병법》은 최고의 병서이고, 손자가 거시적 관점만 중시한 것은 결코 아니지만, 책의 장점이 거시적 통찰에서 두드러지다 보니 《손자병법》을 탐독하다 보면 자신도 모르게 너무 추상적으로 생각하기 쉽다. 물론 오자도 꼭 현실적인 관점에서만 병법을 논하지는 않았다. 그러나 두 사람이 병법을 풀어 가는 방식이나 말투의 개성이 달라서인지, 독자들은 손자를 읽으면 거시적 지향점이 생기고, 오자를 읽으면 보다 현실적인 느낌과 긴장감이 생기는 것 같다. 추측건대 춘추 전국 시대부터 '손오병법'이라는 용어가 있을 정도로 둘을 완성된 한 세트로 인식했던 것은 이런 이유 때문일 것이다. 현장에서 벌어지는 사태를 해결하는 데 필요한 통찰력이란 어떤 것일까? 오자는 통찰이란 겉모습만으로 속을 파악하고 과거를 통해 미래를 아는 것이라고 했다. 그런데 나의 경험과 데이터는 모두 과거에나 유효했던 사례라는 것이 문제다.

1944년 6월 12일, 제101사단 506연대 E중대를 지휘하는 윈터스[2] 중위는 노르망디Normandie의 작은 도시 카랑탕Carentan에서 과거와 현실이 격렬하게 교차하는 순간에 서 있었다.[3] 이지Easy 중대는 디데이D-Day 새벽 강하한 순간부

2 리처드 데이비스 윈터스Richard Davis Winters(1918~2011)

3 스티븐 에드워드 앰브로스Stephen E. Ambrose(저), 신기수·박순채(역), 《밴드 오브 브라더스Band of Brothers》(월간베스트인코리아BEST IN KOREA, 2002), 101~103쪽

터 전투를 벌이며 여기까지 왔다. 그간의 전투는 그야말로 난전이었다. 중대원이 정식으로 벌이는 정규 전투는 카랑탕 공격이 처음이었다. 공정 대원들은 실전 투입을 위해 1~2년간의 거친 훈련을 받았다. 그러나 어떤 강훈련도 실전을 거치기 전에는 완성된 것이 아니다. '노르망디 카페'라는 간판이 보이는 도로를 따라 시가로 진입하던 중대원들에게 잠복해 있던 독일군의 기관총이 불을 뿜었다. 카랑탕을 지키는 독일군은 제101사단과 같은 정예 낙하산 부대인 제6 강하엽병 연대였다. 실전 경험이 풍부했던 그들은 미군을 상대하는 방법을 잘 알고 있었다. '히틀러의 전기톱'이라고 불린 독일의 MG-42 기관총은 분당 1500발이란 경이적인 속도로 정확하고 규칙적으로 총알을 토해 내는 괴물이었다. 현재 한국군의 주력 기관총도 이 정도 발사 속도를 내지 못한다. 중대원들은 본능적으로 도로 양편 배수로로 뛰어들어 머리를 박았다. 병아리처럼 도랑에 웅크리고 있는 중대원들에게 기관총탄이 날아들었다. 실전 경험은 독일군이 한 수 위였다. 도랑은 기관총탄을 막아 줄 수 없었다. 잠시 후엔 독일군의 박격포탄이 도랑 위로 쏟아질 것이 뻔했다. 디데이 이후 모든 전선에서 벌어진 미군과 독일군의 첫 교전에서 수많은 미군이 간단하고도 효과적인 이 전술에 당했다.

이지 중대장 윈터스 중위는 독일군의 의도와 중대원의 위험을 즉시 간파했다. 이 위기를 돌파할 전술을 생각해 내야 했다. 윈터스가 구상한 방법은 도랑에서 뛰쳐나와 돌격하는 것이었다. 그는 기관총의 표적이 되는 위험을 불사하고 도로 위로 뛰어다니면서 중대원들을 도랑에서 끌어내며 돌격하라고 외쳤다. 괴물 기관총 앞으로 중대원을 돌격시키는 것이 온당한 전술일까? 조금이라도 전쟁사를 아는 병사라면, 제1차 세계 대전 때 1000만 명의 전사자가 나왔다는 사실을 기억할 것이다. 기관총의 사계死界 안으로 병사들을 돌격시키는 것이 유일한 전술이었다.

카랑탕의 독일군은 이수프리 평원에서 싸웠던 그들의 아버지나 삼촌과 마찬가지로 완벽한 기관총 사계를 구축하지 못하고 있었다. 이지 중대원들은 참호선을 향해 횡대로 돌진한 것이 아니라 종대 대형으로 좌우로 갈라지며 마을 건물과 골목 사이로 파고들었다. 결과적으로 이것은 기관총 앞으로의 돌격이 아니라 기관총 사계에서 벗어나는 이동이었다. 신속한 이동으로 이지 중대는 희생자를 최소화했다. 독일군 사수는 빠르게 이동하는 표적을 조준하느라 애를 먹었다. 좌우에서 파고드는 미군에 의해 주의가 분산됐다. 이 틈을 노려 1소대장 웰시[4] 중위가 기관총을 거치한 창가로 접근해 수류탄을 창문 안으로 던져 넣었다. 이지 중대의 병사가 나중에 "우리는 신속한 기동으로 위기를 탈출했다"라고 자랑스럽게 이야기한 것을 보면 이 행동은 사전에 연습한 전술이 아니었다. 실제로 2대대의 다른 중대들은 그렇게 움직이지 못했다.

윈터스는 어떤 병법이나 경험에 의거해 그런 결정을 내렸는지는 말하지 않았다. 다만 그가 장교 훈련 과정에서 전쟁사 교육을 충분히 받은 것은 분명하다. 만약 학교에서 배운 제1차 세계 대전 때의 매뉴얼대로 대응했다면 중대는 전멸했을 것이다. 제1차 세계 대전의 전쟁사를 배운 적도 없었다면, 본능적이고 감성적인 대응으로 도랑에 틀어박혔을지도 모른다. 윈터스의 머릿속에 있던 제1차 세계 대전의 경험은 중대원을 맹목적으로 돌격시키는 행동을 막았다. 그는 종대 대형을 이용한 신속한 분산 이동이라는 창의적인 전술을 시도했고, 그 시도는 성공적이었다.

불완전한 데이터를 변화된 상황에 적절하게 응용하는 능력, 이것이 통찰이다. 군인들은 이런 능력을 '전투 감각'이라고 하고, 기업인들은 '촉'이라는 말로 표현하기도 한다. 쉽게 이해가 가는 단어지만 자칫 통찰을 본능적이고 감정적인 능력으로 호도하는 위험이 있다. 통찰은 데이터 기반의 사고이다. 이 점을 분명히 하고, 정확한 데이터와 지식을 축적하기 위한 노력을 아끼지 않아야 한다. 그러나 데이터 기반 사고가 단순히 데이터에 의지하거나 데이터를 반복하는 행위가 아니라는 점도 명심해야 한다. 통찰력은 그 개념을 늘 유념하면서 불완전한 데이터로 불확실한 영역에 쉴 새 없이 뛰어드는 훈련을 통해 신장시키는 수밖에 없다.

4 해리 웰시Harry F. Welsh(1918~1995)

1-2 "설사 나아가 싸우거나 물러나서 수비하는 데 충분한 군사력을 갖추었다 하더라도, 능히 군을 운용할 수 있는 능력자를 준비하지 않는다면, 그것은 알을 품은 닭이 살쾡이를 쪼아대고, 새끼가 있는 어미 개가 호랑이에게 덤비는 것과 같습니다. 비록 투지는 대단하지만, 결국은 죽임을 당하고 말 것입니다."

"若以備進戰退守, 而不求能用者, 譬猶伏雞之搏狸, 乳犬之犯虎, 雖有鬥心, 隨之死矣."

1. 우리들과 다른 인재가 필요하다

오자는 위문후에게 위나라가 군비에만 신경 쓰고 있을 뿐 군을 운용할 능력자가 없다고 지적했다. 이 대목은 《삼국지》에 나오는 유비[5]와 사마휘[6]의 고사를 연상시킨다. 조조[7]에게 쫓겨 서주를 상실하고 형주로 망명해 있던 유비가 어느 날 사마휘라는 현자를 만났다. 사마휘는 유비가 중년이 되도록 쫓겨 다니며 더부살이 신세로 살아가는 이유가 좋은 부하가 없기 때문이라고 충고한다. 유비는 이 말에 펄쩍 뛰었다. "나에게는 관우, 장비, 조운 같은 천하의 맹장과 간옹, 미방 같은 훌륭한 인재들이 있습니다." 사마휘는 이렇게 답했다. "그들은 모두 장수이거나 행정가일 뿐이요. 전략을 짜고 운용할 인재가 없지 않소." 사마휘의 충고를 들은 유비는 삼고초려三顧草廬 끝에 형주에 은거하던 제갈량[8]을 기용했고, 그의 전략에 따라 촉한蜀漢의 황제에 등극했다.

마치 오자가 훨씬 후대에 생긴 삼고초려의 고사를 염두에 두고 말한 것처럼 느껴진다. 그러나 좀 더 깊이 들여다보면 이 구절은 제갈량 같은 전략가가 필요하다는 충고 이상의 의미가 있다. 유비나 위문후가 전략가가 필요하다는 사실을 사마휘나 오자가 깨우쳐 주기 전이라도 몰랐을 리가 없다. 그들이 몰랐던 것은 어떤 인재를, 어디에서, 어떻게 조달하느냐였다.

5 유비劉備(161~223)

6 사마휘司馬徽(?~208)

7 조조曹操(155~220)

8 제갈량諸葛亮(181~234)

오자가 말한 '능히 군을 운용하는 능력자'는 막연히 뛰어난 전략가나 리더를 지칭하는 것이 아니다. 당시의 상황을 살펴보자. 위나라는 신흥 강국인 진나라의 위협을 받고 있었다. 그런데 위문후가 비밀리에 군대를 양성한 것은 단순히 국토를 지키기 위해서는 아니었다. 위나라는 팽창 정책으로 진나라에 맞서려 했다. 오자는 위문후의 의중과 고민을 정확히 짚어, 꼭 필요하지만 모자라는 인재를 위문후에게 지적한 것이다.

그것은 위나라 군대 내부에서만 성장하지 않은 다른 인재를 말한다. 일종의 이종교배라고 할 수 있다. 춘추 전국 시대에는 승자와 패자를 가르는 뚜렷한 특징이 있다. 외국에서 온 인재를 받아들이고 활용하는 사람이 최후의 승자가 되었다는 것이다. 최초의 패자覇者인 제환공[9]의 재상이었던 관중管仲[10]은 고국에서 활약하여 제나라를 부흥시켰지만, 그 후에 활약한 많은 인물은 타국에서 활동했다. 제나라 사람인 손자[11]는 오나라에서 활동했고, 함께 오나라를 이끈 오자서[12]는 초나라 사람이었다. 공자와 맹자는 고향에서 등용되지 않아 전국을 떠돌았다. 변방의 야만국이던 진나라는 법가의 개혁 프로그램으로 전국 시대의 절대 강자로 거듭났다. 그리고 한결같이 외국인이었다. 상앙[13]은 위나라, 이사[14]는 초나라, 한비[15]는 한나라 출신이었다.

혹자들은 이런 사례를 '폭넓은 인재 등용'이라고 단순하게 생각할지도 모르겠다. 그러나 전쟁 현장으로 들어가면 좀 더 구체적인 이유가 있다. 군의 전술과 작전 능력은 국가 전략과 자연환경에 종속된다. 팽창을 거부하고 방어적인 태도를 취하는 국가는 군의 편제와 전술이 자국 영토에 특화된다. 중앙아시아의 초

9 제환공齊桓公(B.C. 720~B.C. 643)
10 관이오管夷吾(B.C. 725?~B.C. 645) *관중은 관이오의 성씨와 자를 합친 호칭
11 손무孫武(B.C. 545~B.C. 470) *손자는 손무의 경칭
12 오자서伍子胥(?~B.C. 485)
13 상앙商鞅(B.C. 390~B.C. 338)
14 이사李斯(B.C. 284~B.C. 208)
15 한비韓非(B.C. 280~B.C. 233)

원을 지키는 군대에 기병은 절대적이지만 수군은 필요 없다. 군에서단 성장한 장교들도 자국 군대의 전술과 체질에만 특화된다. 이런 군대가 국경을 넘어 정복 전쟁에 나서면 곧바로 낯선 환경에 직면하게 된다.

중국은 광대한 대륙이다. 동서남북 기후도, 지형과 인종도 다르다. 오자가 위나라를 찾았을 때는 중국에 통일 제국이 없던 시절이라 언어나 인종적 차이가 지금 중국보다 훨씬 더 컸다. 이런 시대에 제국을 확장하려면 낯선 지역의 지형과 전술을 이해하고 수용해 하나로 재창조하는 능력이 있어야 한다. 아무리 우수한 전차와 무기를 갖추어도 이종교배 없는 위나라 군대는 위나라 국내용일 뿐이며, 위나라 국경 밖으로 행진하기 힘들다. 오자는 위문후에게 이 점을 지적한 것이다.

오자의 인재 등용론은 결국 자신을 위한 것이기도 했다. 그런데 오자는 위나라 사람이니 일견 이런 추론과 맞지 않는 것 같다. 하지만 새로운 인재가 반드시 외국 국적자만을 지칭하는 것은 아니다. 오자는 위나라 사람이지만 젊어서 살인을 저지르고 노나라로 망명했고, 노나라에서 강적 제나라를 제압하고 장군으로서 명성을 얻었다. 오자는 이 명성을 업고 위나라로 귀국했으니, 출신은 위나라지만 이미 국제적 인사였다고 할 수 있다.

2. 투지만으로는 승리할 수 없다

맹수들이 사냥할 때면 아무리 강한 포식자라도 가능하면 무리에서 떨어져 나온 새끼나 늙고 병든 사냥감을 공격한다. 그런데 간혹 위기에 처한 새끼를 구하기 위해 어미가 상식을 뛰어넘는 놀라운 용기를 보여 주는 경우가 있다. 어미 소가 사자에게 덤벼들고, 체격이 표범의 4분의 1도 되지 않는 어미 흑돼지가 표범에게 돌진하기도 한다.

이런 장면을 보며 우리는 '세상에 모성애만큼 뜨거운 힘은 없다'라고 감탄하거나 '모성애만큼 강한 투지로 싸우면 이기지 못할 상대가 없다'라며 다짐하곤 한다. 전쟁에서 투지는 중요하다. 그러나 우리는 종종 투지에 대해 오해하곤 한다.

가장 흔한 오해는 투지를 동양인의 전유물인 것처럼 간주하는 것이다. 서구인들은 정신력보다는 물질이나 기술에 의지한다는 편견이다. 동서양을 불문하고 모든 위대한 장군들은 투지와 사기의 중요성을 강조해 왔다. 우리는 이런 말을 곧잘 잘못 이해하는데, 정신력을 강조하는 것은 물리적 힘이나 기술, 객관적 전력을 소홀히 해도 된다거나 정신력으로 그것들을 대체할 수 있다는 의미가 아니다.

오자는 투지의 역할을 격하시키려 하지 않았다. 투지의 오용을 비판한 것이다. 아무리 좋은 장비를 갖추고 체계적인 훈련을 받은 군대라 해도 싸우려는 의지가 없다면 전투력은 떨어질 것이다. 조금만 힘든 상황이 닥쳐도 도망치고 만다. 물론 투지가 모든 것을 대신해 주지는 않는다. 투지를 핑계로 장비나 전술은 소홀히 해도 괜찮다는 식의 발상은 더더욱 안 된다.

전쟁에서 승리하려면 모든 부분에서 최선을 다해야 한다. 최고의 장비, 최선의 전술, 최대의 투지를 발휘하도록 장병들을 조련하고 운용할 수 있는 능력을 갖추어야 한다. 그런데 인간은 본성적으로 게으르고 편한 것을 추구하고 안주하려 한다. 무기가 우수하면 '현대전은 테크놀로지technology의 싸움'이라고 말하면서 힘든 훈련을 기피하고, 무기가 열세면 '승부를 결정짓는 것은 투지'라고 말하면서 무모한 돌격 전술을 기획한다.

투지는 연료와 같다. 최강의 탱크도 연료가 없으면 고철에 불과하다. 반대로 창고에 가솔린만 가득하다면 화염병밖에 만들 것이 없다. 전쟁에서 승리하려면 전술·무기·보급·투지 등 모든 면에서 최선을 추구해야 한다. 어느 한 요소가 다른 요소의 결핍을 가리기 위한 명분이 되어서는 안 된다.

3. 투지에 대한 무수한 오해들

(1) 오해1 : 서양인은 육체가 강하고 동양인은 정신력이 강하다

이런 이야기는 이미 100년 전에 중국과 일본의 지식인들이 강하게 비판한 바 있다. 동서양의 힘이 총체적으로 역전되고 서양이 앞서기 시작한 것은 17세기부터였다. 물론 그 이전에도 서양이 모든 면에서 동양에 뒤진 것은 아니다. 예를 들면 시멘트를 이용한 콘크리트 건축술은 로마 시대부터 시작되어서 서양이 동양보다 훨씬 앞섰다. 18~19세기로 넘어가면 세계의 중심이라고 자부하던 중국도 자본과 기술에서 서양에 현격히 뒤졌다. 그러자 자존심이 상한 동양의 지식인들은 우리는 정신문화가 더 우월하다는 궤변을 늘어놓기 시작했다. 이 궤변은 중국에서 시작되어 일본에서도 튀어나왔고, 우리 사회에서도 언제부터인가 남용되기 시작했다. 그러나 20세기 초반에 이미 일본의 신지식인들은 이런 논리를 비판했다. 하지만 지금까지 동양에서는 이런 편견이 지치지 않고 반복 활용되고 있다.

이런 주장과 유사한 논리로 서양은 동적이고 동양은 정적이라는 말도 마찬가지다. 선禪의 문화는 불교에서 왔다. 그것은 종교적 특성이지 동양인의 정신문화를 총체적으로 규정하는 것이 아니다. 또한 동양인이 참선에 강하다는 것은 숙달 정도의 차이이지, 그것이 곧 정신력의 척도는 아니다.

1939년 겨울 전쟁에서 핀란드인들은 100배의 전력 차이에도 불구하고 소련군의 침공에 맞서 싸웠다. 핀란드는 막 독립한 신생국이었는데, 이들은 오랜 세월을 식민지나 종속국으로 살아왔다. 핀란드 국민의 영웅적 투쟁은 오랫동안 억눌린 핀란드 국민의 염원이 발현된 것이었다. 그러나 핀란드의 북극 수준에 가까운 험악한 기후와 수많은 얼음 호수로 덮인 고약한 지형, 소련군의 형편없는 전술 등이 맞아떨어지지 않았다면 핀란드의 승리는 불가능했을 것이다. 전쟁에서 정신력은 다양한 요소가 종합적으로 결합해서 발현된다는 점을 명심해야 한다.

(2) 오해2 : 배수진을 치면 병사들의 투지가 솟구칠 것이다

전쟁사의 두 가지 사례를 살펴보자. 기원전 204년 유방[16]의 부하였던 한신[17]은 조나라를 침공했다. 조나라는 진여[18]를 대장으로 20만 대군을 동원했다. 한신의 병력은 그보다 훨씬 적었다. 한신은 강을 건너 배수진을 쳤다. 그리고 조나라군 본영까지 진군해 가서 싸움을 걸었다. 조군이 반격해 오자 한신의 군대는 무너져 본진으로 도주했다. 한신군이 배수진을 친 것을 알고 있던 조군은 전군을 동원해 한신을 추격했다. 한신군의 퇴로가 막혀 있으니 삼면으로 포위해서 완전히 섬멸해 버리려고 했다. 이때 한신이 미리 숨겨 둔 2000여 명의 정예병이 출동해 텅 비어 버린 조군의 본영을 점거했다. 그동안 배수진을 친 한신의 본대는 결사적으로 싸워 조군의 공격을 버텨 냈다. 전황이 뜻하는 대로 돌아가지 않는 데다가, 조군 본영이 점령당했다는 소식이 들려오고, 한신군이 앞뒤에서 압박해 오자 조군은 패닉 상태에 빠져 대패하고 말았다.

1018년 말에 고려를 침공했던 거란군은 개성 점령에 실패하고 이듬해 겨울 철군 중이었다. 2월에 거란군은 귀주성 앞에 도착했다. 국경인 압록강까지는 하루 정도가 더 걸리는 상황이었다. 이때 강감찬[19]이 지휘하는 고려군 주력이 그들 앞에 나타났다. 강행 돌파를 피할 수 없는 상황, 양군은 강을 가운데 두고 대치했다. 거란군 지휘부에서는 두 가지 의견이 나왔다. 첫째, 고려군은 평지에 있고 거란군은 산비탈에 주둔하고 있으니 고려군이 강을 건너 거란군을 공격해 오도록 유인하자는 안이었다. 둘째, 고려군이 강을 건너 공격해 오면 강을 뒤에 두고 배수진을 치게 되니 결사적으로 싸우게 될 것이다. 차라리 거란군이 먼저 강을 건너 배수진을 치고 강변 평야에서 고려군과 대적하자는 안이었다. 거란군은 배수진을 치면 병사들이 결사적으로 싸우게 된다는 말을 맹신해서 산비탈이라는 유리한 위치를 버리고 자진해서 평야로 내려갔다. 배수진 덕분에 2선 방어가 불가능하자 그들은 단숨에 붕괴하여 도주하다가 괴멸되고 말았다. 이것이 그 유명한 귀주대첩이다.

한신의 군대는 조나라 군대의 약점을 알고 있었다. 과도하게 많은 대군은 질적인 밀도가 떨어진다. 쉽게 동요하고 쉽게 패닉 상태에 빠진다. 한신은 상승장군

16 유방劉邦(B.C. 247～B.C. 195)

17 한신韓信(?～B.C. 196)

18 진여陳餘(?～B.C. 205)

19 강감찬姜邯贊(948～1031)

常勝將軍으로 병사들은 그의 지휘와 전략을 신뢰하고 있었다. 작전 보안상 한신의 숨은 전략까지 사병들에게 공개되지는 않았겠지만, 조군 진영에 대한 공격과 위장 후퇴까지 돌아가는 전황을 보면서 병사들은 한신에게 무슨 꿍꿍이가 있다는 것을 충분히 느낄 수 있었다. 손자도 군사들의 전투 의지를 높이기 위해 분주파부焚舟破釜[20]의 병법을 이야기했다. 그러나 배수진이나 분주파부가 군사들의 정신력을 높인다는 생각은 큰 오산이다. 반대로 겁을 먹고 군대가 무너질 수도 있다. 배수진과 분주파부의 병법은 병사들이 어느 정도 준비가 되어 있을 때나 효과가 있다.

앞서 살펴본 두 가지 사례에서 실패의 본보기가 바로 거란군이다. 거란군은 소배압[21]의 무리한 지휘와 작전 실패로 사기가 저하된 상태였다. 속전속결을 추구했던 소배압은 한겨울의 고려 땅에서 부하들을 강행군으로 밀어붙였다. 단 1개월 동안 거란군은 세 개의 큰 강과 수없이 많은 설산을 넘으며, 거의 400킬로미터를 이동했다. 그러나 정작 개경에 도착해서는 따뜻한 숙소와 음식, 전리품이 있는 도시를 눈앞에 두고 공격을 포기했다. 그리고 진군할 때보다 더 빠르게, 멀고 힘든 후퇴를 강요했다. 결국 두 배는 힘들었던 강행군에도 불구하고 추격해 온 고려군에게 따라잡혔다. 지휘관에 대한 신뢰와 병사들의 사기가 바닥을 친 상태에서 유리한 산비탈을 포기하고 평야로 내려가 배수진을 치라는 지시가 내려왔다. 이런 상태에서의 배수진이 투지를 북돋을 수는 없다. 병사들에게 배수진은 지휘관의 전술적 무능을 병사들을 사지에 몰아넣음으로써 만회하려는 꼼수에 불과했다.

(3) 오해3 : 가족을 위해 싸우는 군사는 강한 투지를 발휘한다

인간 행동의 원인은 복합적이다. 한두 가지의 동기로는 설명될 수 없다. '가족을 위해 싸우는 군대는 강한 투지를 발휘한다', '죽으려 하면 살 것이고 살려

20 강을 건너면 배를 불태우고 솥을 부순다는 뜻이다.

21 소배압蕭排押. *소손녕蕭遜寧의 형

하면 죽을 것이다'라는 말도 마찬가지이다. 가족을 위해 싸우는 군대는 싸워야 할 이유가 분명하다. 그것은 분명한 장점이다. 카이사르[22]의 《갈리아 원정기Commentarii de Bello Gallico》를 보면 갈리아인이 성 밖에 나가 로마군과 대적하자 성안의 여인들이 성벽 위에 올라가 상의를 벗고 가슴을 드러내 보이며 성원했다. 갈리아 남성들이 패배하면 여인들이 험한 꼴을 당할 것이니 최선을 다해 싸우라는 의미였다고 한다. 그러나 로마군도 어차피 패하면 목숨을 잃기는 마찬가지였다. 더구나 그들은 강제로 징집되어 온 군대가 아니라 직업 군인이었다. 충분히 싸워야 할 이유가 있었다.

마키아벨리[23]는 《전술론》에서 가족과 재산을 위해 싸우는 군대가 용감하다는 명제에 의지해서 용병보다 시민군을 높게 평가했다. 실제로 그가 주도해서 조직한 시민군은 피렌체의 숙적이던 피사를 점령하는 데 성공했다. 분명 시민군은 생계형 협잡꾼 무리였던 용병대보다 투지와 의협심이 강한 것처럼 보였다. 그러나 피렌체 시민군도 로마군과 유사하게 잘 조직되고 훈련된 프랑스군 앞에서는 가족애를 망각했다. 피렌체 시민군은 피렌체의 외곽 프라토Prato에서 프랑스군의 대포 한 방에 산산이 흩어져 도주해 버렸다. 그들이 피사군과 싸워 승리할 수 있었던 것은 당시 이탈리아 용병의 수준이 형편없었고, 승리를 위해 자신을 희생할 준비가 전혀 되어 있지 않다는 사실을 병사들도 알았기 때문이다. 동시에 그들은 자신들의 선조인 로마군이 가족과 고향을 지키려는 갈리아인을 어떻게 무참히 격파했는지도 잘 알고 있었다. 물론 엄밀히 말하면 피렌체 시민들이 가족애를 망각한 것은 아니었다. 가족애를 실천하는 방법이 바뀐 것이다. 전투를 벌여 가장이 전사하고, 적이 분노한다면 가족에게 최악의 피해가 간다. 그래서 그들은 강력한 프랑스군과는 싸우는 대신 항복해서 적에게 자비를 구하는 방식으로 가족애를 실천했다. 마키아벨리는 '시민군이 가족과 대의를 위해 영웅적으로 싸울 것'이라고 기대했지만, 가족을 지키는 다른 방법도 있음을 간과한

22 가이우스 율리우스 카이사르Gaius Julius Caesar(B.C. 100~B.C. 44)

23 니콜로 마키아벨리Niccolò Machiavelli(1469~1527)

것이다. 그는 프랑스 군대처럼 가족을 위하는 것 말고도 인간의 투지를 자극하는 여러 가지 방법이 있다는 사실을 미처 생각하지 못했다.

(4) 오해4 : 죽을 각오를 하면 어떠한 강한 적도 물리칠 수 있다

동물의 세계에서 약한 동물이 새끼를 지키기 위해 자기보다 큰 동물이나 포식자에게 덤벼드는 경우가 있다. 오자의 말과는 반대로 종종 그들이 이기기도 한다. 약한 자는 죽을 각오가 되어 있지만, 포식자는 죽을 준비는커녕 다칠 준비조차 안 되어 있기 때문이다. 야생에서는 송곳니가 부러지거나 발톱만 빠져도 곧 죽음의 위험을 직면한다. 그래서 포식자들은 가능한 안전한 사냥을 선호하고 상대가 강하게 저항하면 물러나기도 한다. 그래서 이런 광경을 보고 죽을 각오를 하면 아무리 강한 적도 물리칠 수 있다고 일반화해서는 안 된다. 상대도 필사의 각오를 하고 있다면 이야기가 완전히 달라지기 때문이다. 사자나 호랑이도 먹이가 부족한 시기에는 기린, 코끼리, 악어, 하마 등 덩치가 큰 동물을 사냥한다.

간혹 강대국 군대라도 전쟁 의지가 부족한 경우가 있다. 앞에 언급한 겨울 전쟁 때 소련군의 경우가 그랬다. 이런 경우 약소국이 초전에서는 승리하는 경우가 종종 있다. 하지만 이런 상황은 오래가지 않는다. 한두 번의 전투를 겪고 동료들이 전사하는 광경을 목격하면 병사들은 곧 배고픈 맹수로 바뀐다. 아무리 자신들이 명분 없는 전쟁에 투입되었다고 해도 동료의 죽음과 생존 본능은 모든 것을 잊게 만든다. 죽을 각오로 무장하는 것은 모든 전쟁에서 필요하지만, 상대도 같은 의지로 무장한다는 것을 잊어서는 안 된다.

1-3 "옛날에 승상씨라는 임금은 덕을 닦는다고 군비를 폐지했다가 나라가 멸망했습니다. 유호씨라는 군주는 군대를 믿고 전쟁을 좋아하다가 사직을 잃고 말았습니다. 현명한 군주는 이를 거울삼아 안으로는 문덕文德을 닦고 밖으로는 군비

軍備를 다스리는 것입니다. 적이 쳐들어왔는데도 나아가 공격하지 않는 것을 의롭다고 할 수 없으며, 딱딱하게 굳은 병사의 시신을 보고 애통해하는 것을 인仁이라고 할 수 없습니다." 오기의 말을 들은 문후는 몸소 자리를 깔고 부인을 시켜 잔을 따르게 했다. 오기를 종묘에 보내 잔을 올려 고하게 한 뒤에 대장으로 임명하여 서하를 지키게 했다. 이후 오기는 제후들과 76회의 큰 전투를 벌여 64회의 승리를 하고, 나머지는 무승부를 기록했다. 위나라는 사방으로 영토를 넓혀 천 리의 땅을 개척하니 모든 것이 오기의 공이었다.

"昔承桑氏之君, 修德廢武, 以滅其國, 有扈氏之君, 恃眾好勇, 以喪其社稷. 明主鑒玆, 必內修文德, 外治武備. 故當敵而不進, 無逮於義矣, 僵屍而哀之, 無逮於仁矣." 於是文侯身自布席, 夫人捧觴, 醮吳起於廟, 立爲大將, 守西河. 與諸侯大戰七十六, 全勝六十四, 餘則鈞解. 闢土四面, 拓地千里, 皆起之功也.

1. 내게 중요하다고 타인에게도 중요한 것이 아니다

맹자[24]는 양혜왕[25]을 만났을 때, 군비 확충을 중단하고 군비에 투자하는 재원과 인력을 모두 백성의 생업으로 돌리는 인정仁政을 시행하라고 요구했다. 양혜왕이 당황해서 물었다. "국방을 약화시켰다가 적국이 침공해 오면 어떻게 하겠소?" 맹자는 자신만만하게 대답했다. "왕께서 이상적인 정치를 베푸시면 다른 나라 사람들이 도우려고 달려올 것입니다."

오자는 맹자보다 70년 정도 전에 태어난 한 세대 이전 인물이지만, 다음 세대에 등장할 유가의 이상주의를 이미 예견했던 모양이다. 오자는 "적이 쳐들어왔는데도 나아가 공격하지 않는 것을 의롭다고 할 수 없으며, 딱딱하게 굳은 병사의 시신을 보고 애통해하는 것을 인仁이라고 할 수 없다"라고 했다.

오자의 이런 신랄한 비판은 마키아벨리를 연상시킨다. 이 발언에는 전쟁은 냉정하고 실용적으로 대비해야 하고, 전쟁에 패한 뒤에는 후회해도 소용이 없으

24 맹자孟子(B.C. 372~B.C. 289)

25 양혜왕梁惠王(B.C. 400~B.C. 334)

며, 승리를 위해서는 수단과 방법을 가리지 말아야 한다는 생각이 확고하게 내포되어 있다.

도道·인仁 등의 언어적 개념을 분석해서 손자와 오자를 도가 계열의 사상가로 보는 견해도 있지만, 이상주의에 치우치지 않고 현실을 냉정하게 재단한다는 점에서 법가와의 연관성이 가장 높아 보인다. 전쟁은 도덕을 거부한다. 승리를 위해서는 수단 방법을 가리지 않아야 한다. 그런 것을 용인하고 미덕으로 여기는 것이 전쟁의 차가운 현실이다. 오늘날에는 전쟁 범죄에 대한 비판 의식이 높아지고 '무자비한 전쟁론'에 대한 반성도 대두하지만, 20세기까지도 전쟁의 신은 확고한 마키아벨리스트였다.

그런데 이런 전쟁에 대한 마키아벨리즘Machiavellism을 사회에 대입하면 상당히 껄끄럽다. 아무리 경영이 전쟁이라지만, 전쟁 중에도 인도주의人道主義를 요구하는 시대에 '승부를 위해서라면 수단과 방법을 가리지 않아도 된다'라고 선언할 수는 없다. 따라서 이 교훈을 조금 다른 관점에서 접근해 볼 필요가 있다.

오자는 승상이라는 이상주의자와 유호라는 전쟁광을 사례로 들고 있다. 이들은 서로 극한으로 다른 것 같지만, 중요한 공통점이 있다. 자신에게 중요한 것에만 절대적인 신뢰를 보이고, 자기중심적으로 스스로 만든 우물 안에서만 세상을 보았다는 점이다.

승상과 유호는 우리 주변에서 흔히 볼 수 없는 특이한 인물 같지만, 이 비유를 '자기가 만든 우물 안에서 세상을 보는 사람'으로 정의하면 거의 모든 사람이 이에 해당한다. 우리는 가정과 직장이라는 우물 안에서 평생을 살아가기 때문이다. 오자가 말하고자 하는 것은 리더는 덕과 힘을 함께 갖추어야 한다는 뻔한 교훈이 아니다. 자기 관점과 가치로만 세상을 재단하는 실수에 대한 경고다. 위 문후는 팽창 정책을 펼쳐 본 적이 없다. 몰래 힘을 비축해서 이제 막 수비에서 공세로 전환하려는 상황에서 오자의 경고는 그에게 더할 나위 없이 적절한 조언이었다.

2. 나의 한계를 넘어서려면

'적이 쳐들어왔는데 정의를 고려하며 나가 싸우지 않는 행동'은 명분과 현실이 괴리된 상태를 말한다. 상황에 필요한 법칙을 잘못 선택한 것이다. 세상에 돌아다니는 격언을 모두 모아 놓으면 서로 모순되는 것들뿐이다. '전쟁은 신속함이 생명이다', '급할수록 돌아가라', '리더는 판단을 빨리 내려야 한다', '리더는 신중해야 한다' 등등. 훌륭한 리더라면 주어진 상황에 가장 적합한 원칙을 찾아내야 한다. 그런 능력을 향상시키려면 결론과 교훈에 집착하는 습관을 버리고, 그것들이 만들어진 배경을 살펴야 한다.

전쟁에서 실행 전략은 단순해야 한다. 데이터는 많을수록 좋고, 예비 분석 단계는 다양한 변수를 충분히 고려할수록 좋지만, 결정 단계에서는 단순화가 필요하다. 인간은 감정의 지배로부터 탈출할 수 없다. 너무 많은 것을 생각하고 배려하다 보면 엉뚱한 것에 구애받아 배가 산으로 간다. 실수에 대한 관용이 부족하고, 완벽을 추구하고, 객관적이란 미명 아래 기계적인 고과를 선호하는 집단일수록 이런 함정에 빠질 확률이 높다. 리더를 너무나 잘 이해하고 오랫동안 함께 일해 왔으며, 리더와 친밀한 참모들로 채워진 집단도 이런 함정에 자주 빠진다.

이런 특성을 고루 갖춘 대표적 예가 태평양 전쟁 때의 일본군이다. 일본의 장교 층은 확고한 엘리트 집단이었다. 특히 육군의 경우 육사 출신 엘리트의 정체성과 단결력이 너무 강했다. 그것이 때로는 과도한 완벽주의와 위선적인 행동과 편견을 낳았다. 일본군이 시도했던 무모한 작전들이나 신기할 정도로 어리석은 작전들은 대부분 완벽주의의 결과였다. 그들은 기획 단계에서 모든 문제점을 검토했고, 모든 문제점에 해답을 내놓아야 했다. 그 과정에서 결국 비합리적이고 무모한 계획이 도출되고, 조직 내에서 도저히 해결할 수 없는 문제는 끈끈한 동료애로 적당히 넘어갔다.

자부심의 상징이던 사무라이 정신은 전 장병에게 고정된 덕목을 너무나 강렬하게 심어 주어서 상황에 맞는 유연한 사고를 막았다. 예를 들자면, 그 유명한 옥쇄玉碎 전술이 있다. 이 전술의 목적은 적과 함께 죽겠다거나 명예롭게 죽겠다거나 하는 것이 아니었다. 이길 수 없는 전투라고 해도 최대한 끈질기게 버티면서 미군에게 타격을 주고, 소모전을 유도하는 것이 원래의 목적이었다. 이런 전술은 논리적으로 타당성이 있었다. 미군은 뉴기니New Guinea 근처에서 시작해서 태평양을 종단해서 일본 본토까지 진격해야 했다. 일본군이 소모전을 벌인 이오지마(硫黄島) 전투를 보면 2만 1000명의 일본군 수비대를 소탕하기 위해 미군은 7만 명을 투입해서 6821명의 전사자와 1만 9189명의 부상자를 냈다. 일본군이 거의 전멸하기는 했지만, 일본군과 거의 동등한 수의 미군 병사가 전장戰場을 이탈했다. 미군과 일본군 사상자의 비율이 비슷했던 것은 이오지마가 처음이었다. 그 이전에 태평양에서 벌어진 모든 전투에서 미군이 이 정도의 희생자를 냈다면 전쟁의 양상은 어떻게 바뀌었을지 모른다.

그러나 이전 전투에서 미군과 일본군의 사상자 비율은 공격 측인 미군이 5분의 1도 안 될 정도로 현저하게 낮았다. 일본군의 옥쇄 전술과 사무라이 정신의 기묘한 결합이 명예롭게 싸우고 죽는다는 특이한 전쟁 이론으로 귀결된 탓이었다. 결국 그들은 스스로 정의감에 도취해서 효과적으로 적에게 타격을 입힐 수 있었던 수많은 방법을 스스로 포기했다. 심지어 자신의 생명까지도.

일본군의 방어전이 효과적으로 수행되어 미군 지휘부가 당황해하고 있을 때도 일본군 사령관의 관심은 온통 불명예에 쏠려 있었다. 대본영大本營을 향해 힘들어 죽겠으니 할복을 허락해 달라고 졸랐다. 아무리 강건한 정신을 지닌 사람이라고 해도 매일 할복을 생각하고 있으면 효과적이고 합리적인 지휘를 할 수가 없다.

예하 부대에서도 전투가 불명예스러운 결과를 낳을 것 같은 생각이 들면, 일본군은 만세 돌격과 자살로 전투를 일찍 끝내 주는 경우가 허다했다. 인간에게 죽음의 공포처럼 무서운 것은 없다. 어쩔 수 없으면 항복을 하겠지만, 그때까지는 최선을 다해 싸운다는 생각이 오히려 강력하고 효과적인 저항을 이끌어 낼 수 있다. 명예로운 죽음에 대한 강박에 휩싸인 장병들은 아주 강렬한 인상을 남기기는 했지만, 그들의 진정한 저력을 보여 주지 못했다. 덕분에 일본군은 필요 이상으로 많이 죽었고, 덕분에 미군은 생명을 건졌으며, 전쟁은 예상보다 빨리 끝났다.

3. 죽은 병사를 붙들고 애도하는 것은 인仁이 아니다

나라를 위해 싸우다 죽은 병사에 대한 대우를 보면 그 나라와 시민 의식의 수준을 알 수 있다. 전사자에 대한 예우, 전장에서 돌아온 병사에 대한 대우가 정중한 국가일수록 그 사회는 강건하고 시민 의식은 건전하다. 청나라는 팔기군八旗軍과 팔기 문화로 중원을 제패했지만, 왕조 말기에는 "좋은 쇠는 못으로 만들지 않고, 좋은 아들은 병사로 만들지 않는다"라는 속담이 사회에 만연했다. 월남전에 참전한 미군 병사들은 '부당한 제국주의 전쟁'에 참전했다는 이유로 양심적인 지식인과 반전론자, 히피로부터 야유와 멸시를 받았다. 70~80년대 '람보 시리즈'를 비롯해서 할리우드 액션 영화에 등장하는 사회 부적응자들이 대부분 월남전 출신으로 점철된 것은 이런 분위기와 무관하지 않다. 그러나 부당한 전쟁의 명분과 참전한 병사들에 대한 예우는 구분할 줄 아는 지성이 필요하다. 월남전의 충격 때문인지 이후 미국도 병사들이 존경받는 사회를 만들기 위해 노력을 많이 기울이고 있다.

펠로폰네소스 전쟁peloponnesos戰爭에서 희생된 아테네 젊은이를 위한 페리클레스[26]의 추모 연설은 전후의 역사로 고증해 보면 말도 안 되는 거짓말로 여겨지지만, 지금까지도 가장 감동적인 연설로 남아 있다. 나라를 위해 전사한 젊은이를 위해 영예를 선사하는 것은 당연한 일이며, 그것은 살아남은 사람들, 특히 국가 운영자들의 변함없는 의무이다. 이후 아테네의 정치인과 시민들이 연설의 취지를 망각한 것은 타산지석으로 삼아야 할 일이다.

죽은 병사를 애도하는 것은 분명히 인의의 정치이고 통치의 본분이다. 그런데

26 페리클레스Perikles(B.C. 495?~B.C. 429)

오자는 왜 신랄하게 비꼬는 투로 "죽은 병사를 붙들고 애도하는 것은 인이 아니다"라고 말했던 것일까? 인정을 펴고 싶은 진정한 지도자라면 병사의 죽음을 애도할 것이 아니라 군비를 충실하게 해서 적의 침략을 받거나 패전하는 일이 없도록 해야 하기 때문이다.

오자의 발언에는 맹자의 인정론仁政論에 대한 강한 비판 의식이 깔려 있다. 무기를 녹이고, 군사 기지를 폐쇄하고, 군대를 해산하면 곧바로 전쟁이 문을 두드릴 것이다. 무기를 녹여도 무기를 만들 수 있는 기술까지 없앨 수는 없다. 인간의 정복욕 또한 누구도 없앨 수 없다. 어쩌면 당시 위나라에 이상적 평화주의 운동이 번져 있었는지도 모른다. 위문후가 오자에게 "과인은 전쟁을 좋아하지 않는다"라고 말한 것도 이런 정치 세력을 의식한 발언이었을 수도 있다.

현대 전쟁사의 사례를 살펴보자. 1938년 영국의 체임벌린[27]과 나치 독일의 히틀러[28] 사이에 뮌헨 협정이 체결되었다. 제1차 세계 대전이 끝난 후 승전국들은 독일의 부흥과 이후의 전쟁을 방지하기 위해 여러 가지 장치를 했다. 우선 독일에 막대한 배상금을 물리고 무장을 제한했다. 그리고 영국, 프랑스, 소련 등 유럽 주요국들은 만약을 대비해 독일이 전쟁을 도발하면 공동 대응하기로 비밀 협정을 맺었다. 독일의 동맹이 될 확률이 높았던 제1차 세계 대전의 옛 전우인 오스트리아·헝가리 제국을 분할시켰고, 이들의 재결합을 견제하기 위해 폴란드를 독립시켰다. 결국 체코와 슬로바키아를 합쳐, 신생국 체코슬로바키아가 탄생했다.

체코슬로바키아 건국은 신의 한 수였다. 독일 영토는 전체적으로 커다란 사각형인데, 체코는 독일의 하복부에 깊숙이 박혀 있다. 이 때문에 독일의 동쪽 국경 방어선이 두 배로 늘어났다. 그뿐 아니다. 체코는 동부의 반反독일동맹군의 확실한 교두보였다. 만약 독일이 선전 포고를 했을 때 체코슬로바키아·오스트리아·폴란드·소련이 연합해서 체코 지역으로 공격해 들어오면 독일은 내장에

27 아서 네빌 체임벌린Arthur Neville Chamberlain(1869~1940)

28 아돌프 히틀러Adolf Hitler(1889~1945)

비수를 꽂은 상태로 싸워야 할 것이다.

그런데 승전국들은 한 가지를 놓쳤다. 체코라는 비수는 힘이 없었다. 체코와 폴란드는 신생국이라 군사력이 거의 없다시피 했다. 폴란드는 18세기에 명성을 날렸던 창기병이 아직도 주력이었다. 오스트리아는 너무 쇠약해져서 이탈리아에 의존했을 정도였다.

이미 재무장을 시작한 히틀러에게 체코는 눈엣가시였다. 1938년 히틀러는 전격전을 시작해서 오스트리아를 병합했다. 영국과 프랑스는 어쩔 줄 몰라 했고, 히틀러는 자신감을 얻었다. 그는 재빨리 체코마저 처리해서 독일 국경선을 전략상 합리적인 구조로 다듬으려 했다. 히틀러는 체코에 흡수된 주데텐란트Sudetenland에 350만 명의 독일인이 살고 있고, 이들이 체코로 강제 편입되었다는 것을 구실로 삼았다. 주데텐란트에서는 주민 간에 충돌이 생겼고, 독일군은 체코 국경 주변에서 기동 훈련을 벌였다. 히틀러의 야심이 노골적으로 드러나자 독일 국내에도 불안감이 감돌았다. 프랑스는 체코를 보호한다고 공언하고 있었고, 영국도 가만있지 않을 것이다. 당시까지만 해도 독일은 영국과 프랑스를 상당히 두려워했다. 그러나 프랑스는 말만 많을 뿐 행동이 없었고, 영국은 심약한 수상 체임벌린이 이끌고 있었다. 체임벌린은 갑자기 독일로 날아가 히틀러와 협상을 벌였다. 독일에게 주데텐란트만 병합하면 더 이상의 영토적 욕심을 벌이지 않겠다는 확약을 얻어 내려 했다. 히틀러가 여기에 동의하면 영국과 프랑스가 체코슬로바키아를 협박해서 주데텐란트 반환을 실현시켜 주기로 했다.

맹자가 인정에 집착했듯이 당시 유럽인들의 관심은 유럽 대륙에 총성이 울려 퍼지지 않는 것이었다. 체임벌린은 체코슬로바키아를 협박해서 주데텐란트를 떼어 줌으로써 독일군을 막았다고 자부했다. 그는 너무 서둘러서 히틀러에게 협정을 제안했고, 독일이 체코만 침공하지 않는다면 자신이 돌아가 의회를 설득하겠다고 했다. 이 간절한 평화주의자의 구걸 같은 외교에 히틀러조차 놀랄 정도였다. 히틀러는 체임벌린이 어리석은 자라고 확신했기에 그의 말을 다 들어주었다. 약속을 지킬 마음은 조금도 없었지만, 어차피 다시 만날 일도 없다고 생각했다.

히틀러의 속셈은 전혀 모른 채 영국에 돌아온 체임벌린은 기자 회견장에서 히틀러가 친필로 서명한 협정서를 손에 들고 흔들었다. 오자가 그 자리에 있었다면 분명 이렇게 말했을 것이다. '독일은 전쟁을 수행할 능력과 목적, 필요가 그대로 있다. 평화는 없다'라고 말이다. 영국은 독일이 껄끄러워하던 체코슬로바키아와 폴란드를 분열시켰다. 그런 상황을 지켜보던 소련은 자신감을 잃어서 제2차 세계 대전 이후 나토NATO에 대항해서 만든 바르샤바 동맹처럼 동부 유럽 국가들을 결속시켜 강력한 반독일 동맹을 구축하려던 노력을 포기하고 독자적으로 독·소 불가침 조약을 맺었다. 소련만 침공하지 않는다면 독일이 체코슬로바키아와 폴란드를 병합해도 참견하지 않겠다는 묵인이었다. 스탈린[29]도 총성을 극도로 두려워했다. 막 소비에트 혁명을 시작한 단계에서 전쟁이 벌어지면 군부가 성장하고 혁명 기조가 무너질 수도 있었기 때문이다. 그런데 독일이 체코와 폴란드를 병합한다면 그 이유는 단 하나였다. 체코와 폴란드에는 독일이 탐낼 것이 하나도 없었다. 두 나라는 석유와 구리 등 전략 물자가 가득한 우크라이나로 가는 통로였을 뿐이다. 소련은 전쟁을 피한다는 일념 하나로 자국으로 향하는 요새화된 긴 회랑을 개방하고, 서로 침공하지 않는다는 약정서를 교환한 것이다. 국경에 매립한 엄청난 지뢰를 종이 한 장과 바꾼 셈이었다.

제1차 세계 대전 때부터 독일이 거의 유일하게 가능했던 전략은 프랑스를 전력으로 쳐서 항복을 받은 다음 동쪽으로 군대를 돌려 소련에 대항하는 것이었다. 반면 그들이 가장 두려워하는 것은 프랑스와 소련 양쪽에서 동시에 공격을 받는 상황이었다. 뮌헨 조약에 이어 독·소 불가침 조약으로 히틀러는 독일의 배에 박힌 비수를 뽑아냈고, 전력으로 프랑스를 공격할 수 있는 여건을 마련했다. 체임벌린은 독일이 전쟁을 일으킬 수 있는 조건을 완벽하게 마련해 주었다. 영국에서 오자 같은 역할을 했던 처칠[30]의 말이 당시의 국제 관계를 가장 잘 설명해 준다.

29 이오시프 비사리오노비치 스탈린Joseph Vissarionovich Stalin(1878~1953)

30 윈스턴 레오너드 스펜서 처칠Winston Leonard Spencer Churchill(1874~1965)

"아무리 둘러보아도 전쟁이 벌어질 여건만 가득하고, 전쟁을 저지할 수 있는 것은 어디에도 없었다. 그러나 체임벌린은 우리 시대의 평화를 이루었다고 군중을 향해 손을 흔들었고, 전쟁을 두려워하던 영국 시민들은 '뮌헨 만세!'를 외치며 환호했다. 체임벌린이 말한 '우리 시대의 평화'란 어찌 되었든 평화는 평화 아니냐는 말이었으나 그 평화는 존재하지 않았고 유럽은 최대 규모의 전쟁으로 달려가고 있었다."

1-4 오자가 말했다. "옛날에 국가를 부흥시키고자 했던 군주는 반드시 먼저 백성을 교화해서 만민이 서로 친화하게 했습니다. 불화하는 경우는 네 가지가 있습니다. 첫째, 국가가 불화하면 전쟁을 일으켜서는 안 됩니다. 둘째, 군이 불화하면 출진해서는 안 됩니다. 셋째, 진이 불화하면 진격해서 전투를 벌여서는 안 됩니다. 넷째, 전투에서 불화하면 승부를 가르는 결전을 벌여서는 안 됩니다."
吳子曰 : "昔之圖國家者, 必先教百姓而親萬民. 有四不和, 不和於國, 不可以出軍, 不和於軍, 不可以出陳, 不和於陳, 不可以進戰, 不和於戰, 不可以決勝."

1. 만민의 친화

오자는 국가를 부흥시키려는 사람은 먼저 만민을 친화시켰다고 했다. 백성(民)을 친화시켰다고 하지 않고 만민을 친화시켰다고 했다. 만민이란 많은 백성이라는 뜻이 아니라 만 가지 백성, 즉 다양한 신분·직업·지역·종족의 사람을 말한다. 고대 중국은 다종족 국가로서 지금처럼 한족漢族이 절대적으로 우세한 하나의 나라가 아니었다. 신분과 계급을 뛰어넘고, 지역과 종족의 벽을 넘어서 이들을 하나의 국가라는 틀 안에 묶고, 동일한 목표를 추구하게 하는 것은 쉬운 일이 아니다.

오자는 그 방법으로 교화를 제시한다. 교화란 교육·선전·이데올로기 정책을 말한다. 이 말을 오해하면 현실적·사회적 불평등이나 부조리는 외면하고 선전과 기만으로 화합을 이루라는 것으로 이해하기 쉽다. 그러나 오자 같은 현실주의자가 화합을 그렇게 쉽게 보았을 리 없다.

이 말은 반대로 아무리 좋은 법과 제도를 시행하더라도 국가적 목표에 대해 국민의 일치된 지지를 얻으려면 교육과 홍보 대책이 필요하다는 의미로 해석해야 할 것이다. 우산 장수와 소금 장수 아들을 둔 어머니에 대한 유명한 민담은, 어떤 면에서 개인의 정신 건강을 위한 우화가 아니라 국가의 본질을 비유한 것이다. 국가는 다양한 이해관계를 지닌 집단이다. 아무리 좋은 법과 제도라도 모두를 공평하게 만족시킬 수는 없다. 같은 이익을 보는 집단도 선후의 시간차가 생긴다. 저수지를 건설하면 저수지 아랫마을은 그해 여름부터 혜택을 입지만, 저수지에 농토가 매몰된 사람들이 저수지의 이익을 체감하려면 긴 시간이 필요하다. 신속한 부국강병이나 전쟁 수행 같은 강력한 정책일수록 이익과 시간의 편차가 크고 강렬하다. 모두가 지켜보는 가운데 테이블에서 떡을 공평하게 나누는 것이 곧 화합은 아니다. 나눠 먹기이자 야합이다. 그런 가시적인 공평함만 붙들고 있어서는 어떤 조직이든 정체를 피할 수 없다.

화합과 소통의 본질은 신뢰다. 그래서 진나라로 몰려가 진을 최강국으로 만들었던 상앙·이사·한비자 같은 법가들은 부국강병책의 전제 조건으로 국가에 대한 국민의 신뢰를 꼽았다. 정부에 대한 신뢰가 없다면 눈앞에 벌어지는 불평등이나 이익의 편중에 대해 온갖 이해 집단이 반기를 들 것이기 때문이다. 생사가 오가는 전쟁터에서 이런 불신은 더욱 심각한 결과를 초래한다. 훌륭한 교화란 사회의 모든 계층과 이익 집단에 신뢰를 쌓고 그들이 신뢰를 활용하며 나누는 방법을 가르치는 것이다.

2. 국가가 불화하면 전쟁을 할 수 없다

음모론자들이 전가傳家의 보도寶刀처럼 써먹는 금언이 '국내 정치가 불안할 때는 국민의 관심을 오도하고 단합을 이루기 위해 전쟁을 일으킨다'는 것이다. 어리석은 통치자는 가끔 이런 행동을 한다. 현명한 통치자는 어떤 경우에도 여론 전환이나 국론 통일을 목적으로 전쟁을 일으키지 않는다. 그렇게 일어난 전쟁은 분열된 국가를 통합시키지 못한다. 오자는 "국가가 불화하면 전쟁을 해서는 안 된다"라고 했다. 불화가 이미 벌어진 상처에서 피고름이 흐르게 하고 더 심한 균열과 흉터를 남길 것이다.

네로[31]는 로마의 전성기에 황제가 되었다. 재임 초기에 그는 가수가 되겠다고 갑자기 무대에서 노래한다거나, 정치를 팽개치고 해외여행을 떠난다거나 하는 등 철부지 같은 행동을 자주 했다. 엉뚱한 그의 행동은 로마의 막대한 국력에 대한 자신감의 소산이기도 했다. 네로가 그 정도 일탈을 해도 로마는 잘 굴러갔지만, 내부에는 불화가 싹트고 있었다. 극심해진 빈부 격차, 빈민들의 로마 집중, 고가의 집세와 불결한 도시 환경 때문에 로마 전체에 불만이 확산되고 있었다. 황제와 귀족들은 날로 호화스런 생활을 이어 갔고, 폼페이Pompeii와 같은 휴양 도시나 향락 도시는 발전하는 반면, 로마의 거리는 시궁창이 되어 가고 있었다.

이때 로마에 대화재가 발생했다. 사실 이것은 예견된 인재人災였다. 네로는 로마의 불결함과 재난을 예측하고 도시 정비 계획을 세워 놓았었다. 빈민들은 불결한 환경을 저주하면서도 누구를 위한 재개발 계획이냐고 불만을 토로했다. 예나 지금이나 비슷한 풍경이다. 그러던 참에 대화재가 발생했다. 내재해 있던 불만은 네로가 도시 재정비를 위해 일부러 불을 질렀다는 음모론을 낳았다. 이런 음모론은 어차피 예방하기 어렵다. 문제는 음모론의 확산이다.

현대 사회에서도 음모론은 논리적으로 설명할 수 없다. 정치적 음모론의 경우 학력·지위·연령 등을 막론하고 자신의 정치적 입장에 따라 말도 안 되는 음모론에도 쉽게 동조하는 경향을 보여 준다. 즉 음모론의 확산은 그 내용이나 설득력이 아니라 사회에 내재한 불만과 정치 성향에 따라 결정된다.

31 네로 클라디우스 카이사르 아우구스투스 게르마니쿠스Nero Claudius Caesar Augustus Germanicus(37~68)

네로의 방화설은 걷잡을 수 없이 퍼져 나갔다. 네로는 알려진 만큼 사악한 황제는 아니었지만 유능한 황제와는 거리가 멀었다. 특히 정치 감각 면에서는 세상 물정 모르는 부잣집 아들 수준이었다. 철부지 네로는 자신의 황금 궁전을 건축하면서 민심에 불을 질렀다. 당황한 네로는 기독교인을 방화범으로 규정하고 대규모 박해를 감행했다. 그러나 기독교가 이미 사회 내부에 상당히 퍼져 있는 상태에서 전체 기독교인을 방화범으로 몰아 잔혹한 학살극을 벌이자 시민들의 불만과 의심은 더 깊어졌다. 이미 로마가 분열된 상태에서 전 기독교인을 대상으로 전쟁을 벌인 격이었다. 이 전쟁은 네로가 기대한 단합 효과를 내지 못하고 불화를 극단적으로 키웠다. 결국 반란이 일어났고 네로는 자살했다. 새로 황제가 된 베스파시아누스[32]는 네로의 황금 궁전 자리에 콜로세움을 지었다. 귀족들의 부당한 재산을 시민과 공유하는 제도를 만드는 등 시민을 위한 정책을 지속적으로 개발하고 시행했다. 약간 기만책의 성격도 섞여 있었지만, 베스파시아누스의 대민 정책은 팍스 로마나Pax Romana의 전성기 동안 대단한 위력을 발휘했다.

3. 군이 불화하면 출진해서는 안 된다

출진한다는 것은 도시, 성, 그리고 안전한 기지를 떠나 야전으로 나간다는 말이다. 군이 정치적 라이벌이나 적대적인 세력에 의해 장악되었다면 국왕이 출진했을 때 적과 내통하거나 반란을 일으켜 성문을 걸어 잠그거나, 왕이 떠난 사이 적군에게 문을 열어 줄 수 있다. 비잔틴 제국의 수도 비잔티움은 삼면이 바다로 둘러싸여 있고, 북쪽은 3중 성벽으로 보호받는 난공불락의 요새였다. 이 성은 15세기경 주민이 10분의 1로 격감하고 대포까지 등장한 다음에야 비로소 함락되었다. 그것이 최초이자 최후의 함락이었다. 그전에는 두 번 성이 적에게 넘어간 적이 있는데, 내통자가 안에서 문을 열어 준 덕이었다. 이런 사태를 우려하여 왕은 궁정에 머물고, 장군에게 맡겨 원정군을 내보내기도 했었다. 하지만 군이 불화한다면, 즉 사령관이 야심 덩어리라면 원정군이 방향을 돌려 수도로 향

32 티투스 플라비우스 베스파시아누스Titus Flavius Vespasianus(9~79)

할 수도 있다. 송나라를 건국한 조광윤[33]과 조선 왕조를 세운 이성계[34]가 이런 방법으로 왕을 몰아냈다.

4. 진이 불화하면 진격해서 싸워서는 안 된다

이스라엘의 역사적 영웅인 다윗[35]왕은 자신의 충실한 부하였던 우리야의 아내 밧세바와 사랑에 빠진다. 그녀가 임신하자 곤란해진 왕은 총사령관에게 편지를 보내 우리야를 적진 깊숙이 투입한 뒤에 일부러 후퇴하여 우리야를 전사하게 한다. 진의 불화에 관한 일례이다. 이런 사례는 전쟁사에서 수도 없이 많다. 경극·소설·드라마·영화로 수없이 만들어진 중국의 양가장楊家將 이야기에서 주인공인 명장 양업[36]은 요나라에 대항해 싸우지만 같은 편인 송나라 간신의 음모에 의해 적에게 패배해서 아들과 함께 전사하고 만다.

한국 전쟁 중 가장 극적인 전투의 하나였던 지평리 전투 때는 한 비겁한 소대장이 문제였다. 맥기[37] 중위의 분전으로 맥기 언덕이라고 불린 고지는 승패를 좌우할 중요한 지역이었다. 중공군의 공세가 이곳으로 집중되었는데 맥기의 소대는 거의 전원이 전사하는 중에도 진지를 사수해서 지평리의 기적을 이루었다. 그런데 그들이 큰 희생을 치른 데는 엉뚱한 이유가 있었다. 전투에서 맥기 소대의 우측면을 맡았던 소대장이 겁이 나서 전선 뒤에 숨어서 지휘한 것이다. 그의 소대는 중공군에게 유린당하여 측면이 허물어졌는데, 그는 후방에 숨어 전선을 유지하고 있다고 계속 거짓말했다. 측면에 침투한 중공군은 소대원 상당수를 저격했다.

보통 전투를 할 때는 동료에게 생명을 맡기고, 주변 부대의 엄호를 믿고 싸운다. 그들이 서로 믿고 의지할 수 없다면 반드시 자중지란自中之亂이 일어나 불

33 조광윤趙匡胤(927~976)

34 이성계李成桂(1335~1408)

35 다윗David(B.C. 1030~B.C. 961)

36 양업楊業(923~986)

37 폴 맥기Paul Mcgee

상사가 발생한다. 이런 사건은 때로 전투의 결정적 시점에 터져서 이길 싸움을 패배하게 만드는 등 무수한 희생을 초래하기도 한다. 진정한 리더라면 이런 문제가 발생할 수 있는 여지를 충분히 파악하고 사전에 차단해야 한다.

진이 불화하는 데는 이런 갈등이나 이기심만이 아니라 무능력이나 능력의 부조화도 종종 원인이 된다. 현대전에서 전격전은 각광 받는 전술인데, 전격전과 기동전이 성공하려면 기갑 부대 외에도 두 가지 협력이 더 필요하다. 헌신적인 보급 부대, 그리고 전방의 전황을 알 수 없는 상황에서도 후방 보급 기지를 목숨 걸고 지켜 줄 수 있는 후위 부대이다. 이것은 고대의 기동전에서도 마찬가지였다. 설인귀[38]는 당 태종[39] 휘하에 있는 장군 중에서 가장 용맹한 장군이었다. 그런 그가 670년 티베트 원정에서 치명적인 패배를 당하면서 무패 행진이 꺾여버린다. 설인귀는 고산병이 흔한 티베트의 풍토에서 장기전은 불가능하다고 보고 속전속결을 결심했다. 그는 정예 기병을 이끌고 적의 근거지로 깊숙이 침투했다. 적이 자신의 전술을 꿰뚫어 보고 대응할 거라는 예상까지 했다. 티베트군의 유력한 대응책은 티베트고원의 평야를 우회해서 설인귀의 후방 보급 기지를 습격하는 것이었다. 설인귀는 부장 곽대봉에게 튼튼한 요새를 구축하고 철벽 방어에 임하라고 지시했다. 그러나 곽대봉[40]은 진지 구축도 하지 않고 방심하고 있다가 티베트군에게 몰살되어 버렸다. 결국 퇴로가 막히고 보급도 끊어진 설인귀군은 전멸하고 말았다.[41]

5. 전투 중에 불화하면 결전을 치러서는 안 된다

원나라 말기인 1353년, 소금 상인이던 장사성[42]이 강남 지역의 고우에서 봉기

38 설인귀薛仁貴(614~683)

39 이세민李世民(599~649). *당 태종의 이름

40 곽대봉郭待封

41 임용한(저), 《한국고대전쟁사 3 : 부흥운동과 후백제》(혜안, 2012), 24~25쪽

42 장사성張士誠(1321~1367)

했다. 사태의 위급함을 파악한 원나라는 고려에 지원병을 요청했다. 고려는 최영[43], 이방실[44], 안우[45] 등 당대 최고의 장수들을 망라한 정예병을 파견했다. 총사령관인 탈탈 태사[46]는 원나라 역사에서 명성이 높은 사람이다. 그는 고려군을 선봉에 세워 첫 전투에 투입했다. 고려군은 상당히 우수했고 장수들도 뛰어났다. 공성전에서 가장 중요한 것은 첫날 전투이다. 아직 적이 전투에 적응하지 못한 상태이고 방어선에 약점도 있기 때문이다. 이때 공략하면 힘겨운 공성전을 쉽게 끝낼 수도 있다. 고려군은 용감하게 공격해서 성을 함락 직전으로 몰고 갔다. 그러자 이 광경을 보고 있던 몽골군 지휘관이 전투를 중지시켰다. 그는 고려군이 단번에 성을 함락하려는 것을 보고 자신들도 성을 함락할 수 있다고 생각하며, 그렇다면 고려군에게 공을 빼앗길 필요가 없다고 생각했던 것이다. 그러나 다음 날이 되자 장사성군은 약점을 보완했다. 고려군과 원군은 그 후 여러 번 공격을 했지만 끝내 성을 함락시키지 못하고 많은 희생을 치렀다.[47] 고려군 병사들로서는 정말 원통한 죽음이었다.

6. 불화에 어떻게 대응할 것인가

오자는 네 가지 불화를 사례로 들고, 각각의 사례마다 '해서는 안 되는' 일을 지적했다. 네거티브negative형 교훈이다. 그런데 병서란 근본적으로 포지티브positive형 교훈을 지향해야 한다. '적이 침공해 왔는데, 우리 군대는 불화하니 나가 싸우면 안 된다'라고 가르쳐서는 사태를 해결할 수 없다.

네 가지 불화도 내용을 음미해 보면 여러 가지 다른 내용을 담고 있다. 신뢰의 위기, 제도상의 불균형, 신분과 종족 갈등, 목적과 전술 능력의 불일치, 장교들

43 최영崔瑩(1316~1388)

44 이방실李芳實(1298~1362)

45 안우安祐(?~1362)

46 탈탈 태사脫脫 太師(1314~1355)

47 임용한(저), 《전쟁과 역사 3 : 전란의 시대》(혜안, 2008), 251쪽

의 리더십 부재, 훈련 부족 등 다양한 요인이 내포되어 있다. 아마 손자라면 신뢰, 불균형 등 불화의 원인을 적출해서 제시했을 것이다. 그러나 오자는 원인은 덮고 현상을 제시했다. 오자는 왜 이런 현상 분류 방식을 썼을까? 아마도 현실 적용이 쉽기 때문일 것이다. 오자는 지나칠 정도로 성취욕과 추진력이 강한 장군이다. 《손자병법》이 모든 사람에게 공평하게 원론을 제시한다면, 《오자병법》은 실전을 염두에 두고 현상적 진단과 실용 방안을 제시한 것이다.

손자라면 같은 상황에서 하지 말라고 하기보다 어떻게 하라는 방안을 제시했을 것이다. 그러면 오자는 어떻게 하라는 이야기일까? 오자의 근본 의도 역시 그렇게 하지 말라는 것이 아니라, 역으로 실전에서는 이런저런 단계를 극복하면서 나아가야 한다는 암시일 수 있다. 사실 이런 불화는 어떤 조직에나 존재한다. 이것이 무서우면 어떤 전투도 감행할 수 없다. 전쟁을 중단하고 돌아가 국가를 완벽한 상태로 재조립한 후에 싸울 수도 없다. 모든 전쟁은 준비와 시간이 부족한 상태에서 벌어진다. 따라서 지휘관은 전쟁을 치를 때 부대의 역량에 맞는 전술을 사용해 상황에 대처하면서, 부대의 전술 역량을 업그레이드하고 불화를 치유하는 과정으로 활용해야 한다.

오자는 "진이 불화하면 출진해서 싸워서는 안 된다"라고 했다. 여기서 '불화'란 상부의 의지와 달리 병사들에게 전쟁의 불가피성에 대한 인식이 부족하고, 내부적으로 서로 충분히 신뢰하지 못하는 상태를 뜻한다. 이를 치유하는 법은 적군이 패배한 군대에 얼마나 가혹하게 구는지 충분히 교육하고, 군수 물자와 보급품을 가능한 한 충분히 비축한 요새로 들어가 방어전을 펴는 것이다. 수비는 적에 의해 강요된 것이어서 아군의 부족한 전투 의지를 상쇄시켜 준다. 공격은 자발적인 기동과 전투 능력으로 상호 간에 전술적 위치를 항상 확보해야 한다. 그래서 훈련과 신뢰가 부족한 군대는 공격을 제대로 수행할 수 없다. 그러나 방어전에서는 기능적으로 설계한 요새와 참호선이 전술적 역할을 대신해 준다. 자신의 포지션만 잘 지키면 그 자체가 전술적 협력과 상호 신뢰를 구축하는 방편이 된다. 이것이 수비를 통해 공격 부대를 양성하는 방법이다.

1944년 6월, 미국 제101공수사단에 카랑탕을 빼앗긴 독일군은 바로 강력한 반격을 감행했다. 독일군의 최대 장점은 반격 타이밍을 놓치지 않는 것이었다. 공격 측도 목표를 점령하느라 기진맥진한 상태에서 탄약은 떨어졌고 방어 진지 구축은 미진했다. 그러므로 적이 전열을 가다듬기 전에 역습해서 거점을 탈환해야 한다. 그러나 약한 군대는 거점을 빼앗기면 자신감을 잃는다. 수비도 성공하지 못했는데 공격을 하려면 충분한 병력과 물자를 보충받아야 한다며 우물거리다가 적이 진지를 보강할 시간을 준다. 전투 경험이 풍부하고 군기가 잘 잡힌 군대는 패잔병과 부상병까지 끌어모아서라도 역습 타이밍을 놓치지 않는다.

카랑탕 탈환을 시도하는 독일군은 그런 허술한 역습 부대가 아니었다. 후방에 배치했던 예비대를 불러 강력한 반격 부대를 편성했다. 윈터스 중위가 지휘하는 이지 중대는 방어선의 맨 우측에 배치되어 있었다. 독일군의 공세가 시작되고 나서 얼마 되지 않아 독일 측에서 탱크가 등장했다. 공수 부대의 치명적 약점은 경장비만 가지고 낙하하기에는 중화기가 부족하다는 것이다. 겨우 박격포와 2.5인치 바주카포뿐인 보병 부대에는 탱크의 출현은 치명적이었다. 이지 중대 왼쪽에 있던 2개 중대가 방어선을 버리고 후퇴했다. 그 광경을 본 대대장은 화가 나서 당장 중대장을 해임해 버렸지만, 전황을 돌이킬 수는 없었다. 이지 중대는 측면이 열린 상태에서 완전히 고립되었다. 탱크를 앞세운 독일군은 그대로 정면으로 밀어붙일 수도 있었지만, 노련하게 이지 중대의 비어 있는 좌측면으로 탱크와 보병을 우회시켰다. 탱크가 옆구리로 치고 들어오는 상황에서도 이지 중대는 물러서지 않고 버텼다. 기관총 사수였던 고든[48]은 부상당하고 삼각대가 부서졌어도 나뭇가지에 기관총을 얹고 사격을 계속했다.

절체절명의 상황에서 미군의 M4 셔먼Sherman 탱크가 갑자기 출현했다. 독일군의 침착한 고급 전술이 이지 중대를 구한 셈이었다. 그들이 측면으로 돌아가는 바람에 셔먼이 도착할 시간을 벌어 준 것이다. 이지 중대원들은 측면에서 탱크가 쳐들어오는데도 버틸 수 있는 부대는 우리뿐이었을 거라고 말하며 이 전투를

48 월터 스콧 고든Walter Scott Gordon(1920~1997)

매우 자랑스러워했다. 부대 간의 불화를 중대원 간의 단합으로 버텨 낸 것이다.

영화에서는 전투 이후 이지 중대의 병사 한 명이 "대대에 중대가 아홉 개인데, 왜 우리만 늘 선두 아니면 위험한 최측면에 서는 건가?" 하고 투덜거리는 장면이 나온다. 윈터스는 그 이유가 이지 중대가 공격 중대로 선택되었고 훈련받았기 때문이라고 회고했다. 이지 중대는 타 중대와 비교할 수 없는 남다른 단결력을 지녔기에, 카랑탕 방어전에서 승리함으로써 더욱 강력한 부대로 거듭났던 것이다.

불화를 극복하고 최후의 결전을 감행할 수 있는 공격 부대로 성장하는 과정은 현대 조직 이론에서 진취성을 요하는 조직의 양성 과정과 유사하다. 기업에서 완전히 모험적인 프로젝트를 진행할 때면 극소수의 정예로 TF팀(Task Force)을 꾸려 운영하는 경우가 많다. 이유는 창의성과 도전 정신이 필요한 분야일수록 극도의 긴장과 불안감을 감당해 내야 하기 때문이다.

내구성이 강하면서도 혁신적인 조직을 구축하는 것은 창의적인 인재를 구하는 것보다 더 어렵다. 우리나라의 관공서와 대기업은 순환 근무를 선호하는 경향이 있다. 여러 보직을 거치며 다양한 경험을 쌓도록 해서 다재다능한 리더를 양성하는 효과가 있다고 보는 것이다. 그러나 지속적으로 한 분야에서 전문성을 쌓고 조직의 역량을 강화하는 과정은 상대적으로 부족한 것 같다. 순환 보직 제도는 자칫하면 오자가 말했던 불화를 극복해 내는 힘을 약화시키고, 업무에 관한 깊이를 얕게 만들 수 있다. 구성원들이 강한 업무 스트레스에도 견딜 수 있는 조직을 만들되, 그 견고함을 측정할 수 있는 시스템을 구축하는 것이 관건이다.

1-5 "그러므로 도를 아는 군주가 전쟁을 일으키려고 할 때는 반드시 먼저 화합을 이루고 그다음에 대사를 도모했던 것입니다. 자기 개인의 판단에만 의지하지 않고, 반드시 먼저 종묘에 고한 다음에 거북점을 치고, 다시 천시를 살펴 길하다

는 결과를 얻은 뒤에야 거사했습니다. 이를 통해 백성들은 군주가 자신들의 생명을 아끼고 백성들의 죽음을 애석해한다는 사실을 알게 됩니다. 이렇게 된 뒤에 전쟁에 임하면 군사들은 용감히 나가 싸우다 죽는 것을 영예로 삼고, 도망쳐서 생명을 보존하는 것을 치욕으로 간주하게 됩니다."

"是以有道之主, 將用其民, 必先和而造大事. 不敢信其私謀, 必告於祖廟, 啟於元龜, 參之天時, 吉乃後舉. 民知君之愛其命, 惜其死, 若此之至, 而與之臨難, 則士以進死爲榮, 退生爲辱矣."

1. 신의 영역과 인간의 영역

오자는 전쟁을 일으키려면 군주가 자기 판단에만 의지하지 말고, 종묘에 고하고 거북점을 치고 하늘의 계시를 얻은 다음에야 거사하라고 한다. 이 발언은 정말 의외다. 오자는 냉정한 현실주의자이다. 점이나 신탁에 의지할 사람이 아니다. 그러나 그다음 단락을 보면 손자 못지않은 탁월한 통찰력을 지녔으면서도 현실주의자인 오자의 특징이 확실히 드러난다. 의식을 치르는 이유는 예언을 얻기 위해서가 아니라 군주가 백성의 생명을 아끼고 그들의 죽음을 애석해한다는 사실을 보여 주기 위해서라는 것이다.

이 구절이야말로 《오자병법》 최고의 명구라고 할 수 있다. 군대에서 의전은 중요하다. 전쟁에 나설 때는 성대한 출정식을 한다. 조선 시대에는 이 의식을 규정으로 정리해서 실록과 오례의五禮儀, 각종 의궤에 그림까지 그려서 상세한 지침을 만들었다. 그런데 의식이 복잡해서 무장들이 아주 애를 먹었다. 예행연습도 수없이 했다. 이때 복장이 틀리거나, 깃발을 잘못 거치하거나, 심지어 음정이 틀려도 마치 그 사람 때문에 전쟁에 패할 것처럼 호되게 질책을 받았다. 믿기지 않겠지만, 옆 고을에 적이 쳐들어와 비상 동원령이 떨어져도 동원 의식을 찾아서 수행하느라 사령관이 하루 종일 고민해야 하는 것이 조선 사회였다. 이 의식을 잘못하면 전쟁에 나가기도 전에 사령관직에서 해임될 수도 있었다.

손자나 오자의 말속에 무수히 반복되는 내용이 있다. "근본을 잊지 말라." 목적을 상기하라는 말이다. 의식의 경우도 여기에 해당한다. 의식은 처음에 불안한 마음을 해소하거나 순수한 신앙심에서 신에게 신탁을 구하기 위해 탄생한 것이다. 그러나 시간이 지날수록 신앙심이 옅어진 상태에서 의식의 목적은 잊고, 그저 의식이 중요하다는 사실만 기억하게 된다. 의식의 집행자가 아니라 추종자가 되어 버린 것이다.

의식의 목적은 무엇일까? 오자는 신앙심이 있는 사람은 아니었다. 불안감 해소라는 기능만으로는 만족하지 못했다. 의식이라는 것이 지나치지만 않다면 여러 가지 효과가 있다는 것을 알게 된 그는 다른 사람이 찾지 못한 중요한 기능을 찾아냈다. 지휘관이 병사의 목숨을 아끼고 걱정한다는 것을 과시하는 것이다. 전쟁에 나서는 지휘관은 병사들에게 목숨을 요구하는 자리이다. 아무리 그 전쟁에 대의명분이 있다고 해도 이 사실만은 변하지 않는다. 지휘관이 전쟁을 피하거나 병사들의 희생을 막을 수는 없다. 그들이 소통할 수 있는 최선의 방법은 비록 전멸을 감수해야 하는 명령을 내려야 한다 해도 한 명 한 명의 목숨을 내 목숨처럼 아끼고 부하들의 죽음을 애석해하며 교감하는 것이다. 이것은 전쟁에서 지휘관에게 대단히 중요하면서도 표현 방법이 마땅치 않은 부분이다. 오자는 그런 어려움과 중요성을 깨닫고 당시 사회에서 일상적으로 치르던 제사와 출정 의식을 구체적 목적을 갖고 활용하라는 제안을 한 것이다.

오늘날 우리 사회에도 의식이 많다. 외국인들이 한국에서 가장 낯설어하는 것이 형식주의와 의전 문화다. 직장인들 사이에는 '임무에 실패하면 용서받을 수 있지만, 의전에 실패하면 용서받을 수 없다'라는 말도 있다. 그렇다고 사람들이 의식에 모두가 반대하는 것은 아니다. 개회식, 시무식, 발대식 등의 행사는 다들 필요하다고 말하고, 하지 않으면 오히려 불안해한다. 그만큼 우리는 의전 문화와 융화되어 살고 있고, 이것은 조직 운영의 문화적 자산일 수도 있다. 중요한 것은 오자의 지적처럼 의식에 적합한 실용적 의미를 부여해야 한다는 점이다. 예를 들어 최고위급 장교가 이등병과 대화를 나누고 악수를 하는 것은 병사들에게 큰 감명을 준다. 그러나 진정한 리더라면 이런 보편적 기능에 막연하게 기대서 행동해서는 안 된다. 오늘 내가 한 명의 사병과 악수한다고 할 때 왜 악수하고, 무엇을 위해 그렇게 행동하는지 궁리하며 진심으로 임해야 한다.

1-6 오자가 말했다. "도道는 근본으로 돌아가 다시 시작하는 것이다. 의義는 일을 행하여 공을 이루는 것이다. 모謀는 해로운 것에서 떠나 이로운 것으로 나가는 행위이다. 요要는 업을 보존하고 성과를 지키는 것이다. 만약 행동이 도에 합하지 않고, 거사가 의에 합하지 않으면서 권력을 지닌 지위가 높은 사람에게는 반드시 환란이 닥칠 것이다. 그러므로 성인은 도로써 다스리고, 의로써 일을 처리하며, 예로써 행동하고, 인으로써 어루만지는 것이다. 이 네 가지 덕을 잘 닦으면 나라가 흥하고, 폐하면 쇠락한다. 그러므로 은나라 탕왕이 하나라 걸왕을 쳤을 때 하나라 백성들이 오히려 기뻐했고, 주나라 무왕이 은나라 주왕을 쳤을 때 은나라 백성들이 이를 비난하지 않았다. 왜냐하면 이 거사가 하늘과 사람의 뜻과 맞았기 때문이다."

吳子曰 : "夫道者, 所以反本復始, 義者, 所以行事立功, 謀者, 所以遠害就利, 要者, 所以保業守成. 若行不合道, 擧不合義, 而處大居貴, 患必及之. 是故聖人綏之以道, 理之以義, 動之以禮, 撫之以仁. 此四德者, 修之則興, 廢之則衰, 故成湯討桀而夏民喜悅, 周武伐紂而殷人不非. 擧順天人, 故能然矣."

1. 도道란 근본으로 돌아가는 것 : 명제와 전제를 돌아본다

이 구절에서 오자는 도·의·모·요 개념을 제시한다. 모와 요는 특이한 개념인데, 다른 판본에는 이것이 예禮와 인仁으로 되어 있다. 도·의·예·인은 유가의 전유물이 아니라 동양 고대 정치사상에서 보편적인 개념이었다. 그러나 그 정의는 법가·유가·도가에 따라 달라졌다. 우리는 보편적으로 유가의 도덕적 정의에 가장 익숙한데, 법가와 병가로 넘어오면 내용이 상당히 구체적이고 현실적으로 변한다. 특히 오자의 정의는 경영 전략에 인의예지仁義禮智를 도용한 수준이다. 이 개념이 도발적이고 자의적이어서 후대에 모와 요로 바꾸었거나 반대로 모와 요가 낯선 개념이어서 예와 인으로 대체했을 수도 있다. 그러나 독특하다고 무시할 수는 없다. 오자의 철학은 예리하고 정확한 점이 특징이기 때문이다.

오자는 도道란 근본으로 돌아가 다시 시작하는 거라고 말했다. 이것은 도에 대한 정의라기보다는 도를 유지하는 방법이다. 예리한 실용주의자인 오자는 늘 이런 식이다. 도란 도덕적 정의가 아니라 경쟁에서 살아남고 자기 조직을 유지하고 목표를 추구하는 근본 원칙이다. 그러면 도를 유지하는 방법은 무엇일까? 회의실에서 한창 어렵고 난감한 문제를 토론하고 있을 때, 이렇게 말하는 사람이 제일 얄밉다. '근데 우리가 지금 이걸 왜 하는 겁니까?', '판매 전략이란 뭘까요? 왜 필요한 것일까요?' 등등. 소크라테스[49]는 늘 뻔하고 대답하기 어려운 이런 질문으로 사람을 당혹스럽게 해서 존경과 미움을 동시에 받았다.

우리는 '기본을 잃었다', '초심을 잃었다' 식의 말에 익숙하다. 잘나가던 명장이 전쟁에서 패망했을 때, 잘나가던 기업이 실패했을 때, 가장 먼저 튀어나오는 회한에 찬 반성이다. 그런데 희한하게도 놓치기 쉬운 부분이 있다. 초심을 잃는 과정이, 바로 위에 언급한 근본적 질문을 얄밉게 보면서 그런 말을 하는 사람을 조직에서 핍박하는 과정과 같다는 점이다.

기본과 초심을 잃는 이유는 의외로 간단하다. 하루하루 바쁘게 긴장 속에서 당장 눈앞의 일을 해결하고 성과를 올리는 데 급급하다 보니 새를 쫓다가 숲에서 길을 잃는 결과가 되어 버리는 것이다. 그래서 이런 불쾌할 수도 있는 질문을 항상 반복하며 긴장해야 한다. 전쟁사를 보면 경직된 조직에서 이런 실수를 많이 한다. 질문을 편하게 하기 힘든 분위기나 상명하복의 문화에 압도되기 때문이다.

태평양 전쟁의 분수령이 된 과달카날 전투(Guadalcanal Campaign)는 미군이 아주 불리한 상황에서 싸웠다. 병력도 부족했고 일본군이 남기고 간 쌀을 먹으며

49 소크라테스Socrates(B.C. 470~B.C. 399)

살아야 했을 정도로 보급도 부실했다. 무엇보다도 제해권을 빼앗기고, 제공권도 불안한 상황이었기에 섬에 있는 미군에게 보급품과 지원병을 실은 배를 쉽게 보낼 수가 없었다. 이런 상황에서 일본군은 자신들의 장점을 전술적으로 전혀 활용하지 못했다. 근본을 잃었기 때문이다. 바로 '우리가 왜 과달카날에 갔는가?', '우리는 왜 과달카날에 집착하는가?', '우리는 과달카날에서 승부를 걸어야 하는가?' 식의 질문을 잊었다.

전투는 일본군이 과달카날에 비행장을 건설하면서부터 시작됐다. 그곳에 비행장을 세운 이유는 호주 공습을 위해서였다. 미군이 태평양 탈환 작전에 나설 베이스캠프를 없앰으로써 아예 근처에 발을 디딜 수 없도록 호주를 공략한 것이다. 그런데 태평양을 장악할 수 있는 수단은 사실 해군 함대였다. 일본군은 땅에 집착하면서 수송 수단에 대한 배려를 소홀히 했고, 어디든 유리한 곳에서 전투를 벌일 수 있었음에도 스스로 불리한 지역에 자진해서 내려갔다.

태평양 전쟁에서 일본군은 이런 실수를 많이 했다. 세계 최고의 참모와 전술가들을 보유하고 있었음에도 늘 디테일과 방법론에만 집착하다가 근본을 잊는 패착을 반복했다. 이런 습관이 계속되면 예禮에 해당하는 이해득실의 판단이 잘못된다. 불필요한 것은 얻고 중요한 것은 방치하는 결과를 낳는다. 소탐대실小貪大失이다.

2. 의義는 공功을 이루는 것 : 성과 없는 전술은 무의미하다

유가의 의義는 성과와 가치의 결합물이다. 마땅히 해야 하는 일을 하는 것이 의이다. 그러나 오자는 뻔뻔할 정도로 당당하게 의란 공功, 즉 뛰어난 성과를 내는 것이라고 정의한다.

너무 질박해 보이는 문구지만, 반추할 필요는 있다. 유교 문화권의 사람들은 정신적·도덕적 가치의 굴레에서 좀처럼 벗어나지 못한다. 전쟁이든 경영이든 성과를 이야기할 땐 거시적·국가적 가치를 부여해야만 한다. 인물을 평가할 때도 이런 특징은 드러난다. 서양에서 공은 공이고 과는 과다. 동양은 두 가지를 복합적으로 생각하다 보니 고상한 듯하지만 결국 정당한 대우를 하지 못하고 감정과 평가가 뒤섞이기도 한다.

바티칸의 산 피에트로 대성당(성 베드로 대성당) 안에는 역대 교황의 전신상과 부조가 새겨져 있다. 전신상은 몇 개 되지 않는데, 그중 제일 좋은 자리에 화려하게 자리 잡은 동상이 레오 10세[50]의 전신상이다. 메디치가 출신이었던 레오 10세는 산 피에트로 대성당을 짓느라 면죄부를 남발해서 종교개혁을 일으킨 주범이다. 가톨릭의 입장에서 보면 교회의 명성과 양심에 치명적인 타격을 주었고, 산 피에트로 대성당을 위해 가톨릭 세계의 절반을 상실시킨 사람이다. 부잣집 아들이라 재정 감각도 둔해서 세상을 떠날 때쯤엔 바티칸의 재정을 파탄 상태로 만들었다. 그런 레오 10세가 성당 안에서는 최고의 영예를 차지하고 있다. 어쨌건 바티칸과 산 피에트로 대성당 건축의 최고 공로자는 그이기 때문이다.

우리는 종종 추상적 가치 때문에 현실적·실용적 가치를 분산시키거나 대체해 버리는 실수를 저지른다. 도덕적 가치를 자기 위안으로 삼는 것이다. 현실은 냉정하다. 냉혹한 현실주의자가 되어 도덕적 가치를 완전히 무시해서는 안 되겠지만, 그런 고상한 가치도 철저히 냉정한 현실 위에 세워야 한다. 현실을 무시하는 이상주의는 무능에 대한 변명에 불과한 경우가 많다는 점을 명심해야 한다.

3. 모謀 : 이로움이 성공에 이르는 길이다

전쟁은 힘으로 이익을 다투는 행위이다. 흑자를 내면 성공한 기업이다. 단순하지만 명확한 정의이다. 물론 이익을 잘못 계산하면 소탐대실의 우를 범하기 쉬우므로 무엇이 진정한 이익인지 판단하는 능력이 필요하다. 하지만 이런 실수는 이익을 따르다가 저지르는 것이 아니라 너무 복잡하게 많은 것을 생각하다가 저지르는 경우가 많다.

전쟁을 기획하는 과정에서는 충분히 많은 것을 고려하되 실행 계획은 단순하

50 조반니 디 로렌초 데 메디치Giovanni di Lorenzo de' Medici(1475~1521)

게 세워야 한다. 이런 단순함을 위해서는 충분한 경험과 사고력, 그리고 배짱이 필요하다. 의외로 많은 리더가 이 단순함의 미학을 추구하는 용기가 부족하다.

전쟁사에서 위대한 승리의 뒤에는 반드시 상대의 실수가 있다. 역사를 바꾸는 결정적인 대전투일수록 이익에 집중하는 능력이 떨어지는 쪽이 패한다. 나폴레옹[51]에게 최대의 영예를 안겨 준 아우스터리츠 전투Austerlitz戰鬪의 배경에는 젊고 야심이 넘쳤던 러시아 알렉산드르 1세[52]의 실수가 있었다. 당시 나폴레옹은 진퇴양난이었다. 며칠만 있으면 러시아의 대군이 지원 부대로 도착할 판이었고, 적군을 꼬리에 달고 체코에서 프랑스까지 후퇴할 수도 없었다. 그러나 나폴레옹을 격멸했다는 영예를 빨리 얻고 싶었던 알렉산드르의 조급증이 결전을 서두르게 했고, 지원군이 도착하기 전에 조기 결전을 치르고자 했던 나폴레옹의 함정에 빠졌다. 지원 부대가 영국군이나 독일군도 아니었다. 며칠 후에 이겨도 승리의 주역은 러시아군이었고, 영예는 자신의 것이었다. 알렉산드르는 정말 멍청한 실수를 한 것이다.

제2차 세계 대전에서 최고의 전쟁 영웅은 전격전을 추구한 기갑 부대에서 출현했다. 그 비결이 탱크라는 신무기의 기동력이라고 생각하는 경우가 많은데, 그보다 주목해야 할 것은 기갑 부대 지휘관들이 단순함과 단호함으로 상황을 정리하는 능력이다. 군인들은 원래 불확실한 상황에 뛰어들거나 휘말리는 것을 극도로 꺼린다. 말이 달리고 포연이 진동하면 들판이 먼지와 연기로 뒤덮이듯, 전투란 정돈된 상황에서 혼돈으로 빠져드는 과정이다. 많은 지휘관은 이 과정에서 상황을 더 정확하게 파악하고 사태를 장악하는 것이 승리의 관건이라고 믿었다. 그러다 보니 끊임없이 상황을 묻고 좌고우면하기를 반복하며 아마겟돈의 혼돈 속으로 뛰어들려 하지 않는다. 상황 파악의 중요성은 절대적이지만 기갑 부대의 전술가들은 다른 어려움에 직면했다. 바로 기갑전에서는 속도의 압박

51 나폴레옹 보나파르트Napoléon Bonaparte(1769~1821)

52 알렉산드르 파블로비치 로마노프Alexander Pavlovich Romanov(1777~1825)

때문에 지휘관들에게 빠른 판단을 요구한다는 것이었다. 전황戰況을 단순하고 단호하게 판단하고 행동하는 능력을 강요당한다. 이 과정에서 자연스레 중요한 각성이 이루어진다. 전쟁의 승부를 위해서 필요한 것은 완전한 상황 파악이 아니라 상대적으로 우월한 상황 판단만으로도 충분하다는 것이다. 이를 위해서는 내가 완전해지려고만 하지 말고 상대를 흔드는 데 더 신경을 써야 한다. 이것이 오자와 손자가 공히 언급한 주도권이고, 알렉산더 대왕[53]부터 칭기즈 칸[54], 현대의 롬멜[55]과 패튼[56] 같은 명장을 만든 비결이다.

4. 요要 : 성과를 지키고 업을 보존한다

계승자이든 전문 경영인이든 간에 CEO들은 늘 갈등 상황에 직면한다. 변화를 거부하고 기업의 전통을 보존해야 하는가, 과거의 성과를 유지·보존하는 것이 무능함으로 비치지는 않는가 하는 고민이다. 오자가 말하는 업의 보존은 묵수墨守[57]가 아니다. 우리가 전통을 돌이켜 보고 역사를 공부하는 이유는 지켜야 할 것과 변화해야 할 것을 판단하는 분별력을 키우기 위해서이다. 모든 전술과 성과에는 배경과 이유가 있다. 그 메커니즘을 파악하고 현실에 적용하는 능력에다 인간의 본성에 대한 이해가 더해져야 한다. 오자가 말했듯 늘 근본을 상기하면서 과거에 왜 그런 정책을 세웠는지, 어떻게 성공할 수 있었는지, 왜 그런 행동이 그때는 미덕이었는지를 이해하며 이익을 따르되 이익의 본질을 잊지 말아야 한다. 그러면 현실에서 성과를 지키고 업을 보존할 부분과 새롭게 나아가야 할 부분을 명확하게 판단할 수 있다.

53 알렉산드로스 3세 메가스Alexander III Magnus(B.C. 356~B.C. 323)

54 칭기즈 칸Chingiz Khan(1162~1227)

55 에르빈 요하네스 오이겐 롬멜Erwin Johannes Eugen Rommel(1891~1944)

56 조지 스미스 패튼George Smith Patton Jr.(1885~1945)

57 제 의견이나 생각, 또는 옛날 습관 따위를 굳게 지킴을 이르는 말. 중국 춘추 시대 송나라의 묵자墨子가 성을 잘 지켜 초나라의 공격을 아홉 번이나 물리쳤다는 데서 유래한다.

임진왜란 당시 이순신[58]과 조선 수군이 거둔 승리는 정말로 극적이고 열광적인 것이었다. 육전에서 사실상 전패를 하며 맞상대는 엄두도 내지 못하는 상황에서 조선 수군이 바다에서 전승을 거두었으니 말이다. 열광한 조선의 지식인들은 이순신의 전술이 무적이 된 배경적 요소를 잊어 버렸다. 그들은 상황을 아주 단순하게 정리했다. '육군은 왜군이 강하고, 수군은 우리가 강하다.' 이 황당한 결론에 의지해서 그들은 이순신이 임진왜란 첫해의 승리 후에 거의 5년 이상 전라도 해역에서 꼼짝하지 않고 방어로 일관하는 것을 못마땅하게 여겼다. 이순신은 공세에 나서서 부산항을 정복하라는 명령을 거부했고, 이것이 그의 해임과 칠천량해전漆川海戰의 비극으로 이어졌다. 배경을 이해하지 못하고 겉만 보았기 때문에 전술적 성과를 지키고 업을 보존하는 데 실패한 것이다.

다른 사례도 살펴보자. 알렉산드로스 대왕의 위대한 업적의 배경에는 신예 장창 보병대가 있었다. 5미터가 넘는 장창을 조작해야 하는 장창 보병은 강인한 체력과 용기, 그리고 팀워크가 필요했다. 그들은 정예병 중에서도 100명에 한 명꼴로 선발할 정도로 특별한 부대였다. 그러나 알렉산드로스가 죽자 그의 후계자들은 대부분 허무하게 패배했다. 로마가 일어나자 마케도니아의 장창 보병대는 짧은 검과 투창으로 무장한 로마의 중장 보병대에도 패배하면서 역사의 뒤안길로 사라졌다.

그 이유에는 여러 가지가 있다. 장창 보병대가 성공하려면 극단적으로 강하고 특화된 기병이 필요한데, 알렉산드로스의 후계자들이 이를 놓친 것이 결정적인 요인이다. 극단의 장점은 극단의 단점을 수반하는 법이다. 장창 보병대는 전술적 유연성과 지형 적응력이 떨어진다. 평원에서나 철벽 방어선을 치고 특정 거점을 사수하는 데는 강하지만, 상대가 전투 장소를 유연하게 바꾸면 극도의 약점을 보인다. 그래서 고정 진지를 공격하거나 시가전을 할 경우, 기동성이 좋은 부대에는 상대가 안 되는 것이다. 알렉산드로스는 이 사실을 알았기 때문에 장창 보병대를 일종의 강철의 축으로 활용하고, 이 축을 중점으로 해서 기병대로

58 이순신李舜臣(1545~1598)

전선을 헤집었다. 빠르고 변화무쌍한 공격으로 주도권을 장악해 적이 장창 보병대의 약점을 유연하게 공략할 여지를 주지 않았다. 알렉산드로스는 판단력과 용기를 겸비한 전쟁의 신이었다. 그와 맞서서 전황을 더 빨리 판단하고, 더 신속하게 움직여 주도권을 빼앗아 올 장군은 존재하지 않았다.

그의 후계자들은 견고한 장창 보병대, 최고의 기병, 최고의 전술가라는 세 가지 조합을 모두 계승하지 못했다. 특히 문제가 되는 것이 기병이었다. 그들이 정말 몰라서 그랬는지, 알았지만 정예 기병의 육성에 실패했던 것인지는 역사의 미스터리다. 알렉산드로스는 죽기 전에 10년 이상 자신과 동고동락해 왔던 마케도니아 장창 보병대를 제대시키고 전 페르시아 제국에서 가장 건장했던 이란족을 모집해 새로운 장창 보병대를 육성하려고 했다. 중무장 기병대(Companion)도 중앙아시아의 유목 기병대로 대체하려고 했을 가능성이 있다. 제국을 유지하기 위해 최고의 자원을 이용해서 장창 보병과 기병을 재구성하려 한 것이다. 그러나 그의 사후 제국이 분열되면서 이 구상은 실현 불가능해졌다. 알렉산드로스의 정예병들은 죽거나 노쇠했으므로 후계자들은 알렉산드로스의 정예병이나 그것을 대체할 방법 모두 물려받지 못했다. 결과적으로 그의 후계자들이 알렉산드로스의 성과와 업을 보존하는 유일한 방법은 예전 방식을 포기하고, 자신의 수준에 맞는 군대와 전술을 재창조하는 것이었다.

1-7 오자가 말했다. "무릇 나라를 잘 관리하고 군사력을 기르려면 반드시 예로써 백성을 가르치고, 의로써 장려하여 국민들로 하여금 치욕을 알게 해야 합니다. 일반적으로 사람들이 치욕을 느끼면 크게는 족히 적과 싸울 수 있고, 적게는 지키기에 족합니다. 그러나 싸워서 이기기는 쉬워도, 수비로 이기기는 어렵습니다. 그러므로 천하를 정복하려 할 때 다섯 번 이긴 사람은 결국 화를 입고, 네 번 이긴 사람은 피폐해질 것이며, 세 번 이긴 사람은 패자가 되고, 두 번 이긴 사람은 왕이 되고, 한 번에 이긴 사람은 황제가 된다는 말이 있는 것입니다. 이 말처럼 여

러 번 이겨서 천하를 얻은 자는 드물고, 오히려 망한 자가 많습니다."

吳子曰："凡制國治軍, 必教之以禮, 勵之以義, 使有恥也. 夫人有恥, 在大足以戰, 在小足以守矣. 然戰勝易, 守勝難. 故曰：天下戰國, 五勝者禍, 四勝者弊, 三勝者霸, 二勝者王, 一勝者帝. 是以數勝得天下者稀, 以亡者眾."

1. 한 번의 싸움으로 목적을 이루어야 한다

오자나 손자같이 춘추 전국 시대를 살았던 전략가들의 고민은 힘의 분배와 절약이었다. 이 시대에는 고만고만한 나라들이 너무 많았다. 천하 패권의 야심을 가진 군주가 이웃 나라를 침공하면 측면과 뒤에 있는 나라들이 군대가 출정한 틈을 타 쳐들어오거나, 전쟁으로 지친 틈을 노려 공격해 왔다. 이것이 중앙에 있는 나라보다 진·제·연 등 외곽의 나라들이 정복 전쟁에서 유리했던 이유다. 이를 방지하려면 적국을 정복해서 병합하더라도 최소의 희생으로 효율적으로 목표를 달성해 인접국의 침공을 막아야 했다. 이런 상황에서 정복 전쟁을 수행하고 국가의 자원을 효율적으로 사용하려면 전장에서의 전투 감각과 지휘 능력만 뛰어나서는 불가능했다. 정치·경제·외교·사회·문화·심리전 등 모든 요소를 고려해서 효과적이고 빠른 전쟁을 수행해야만 했다. 오자나 손자는 순수한 군사 지휘관이 아니다. 그들은 경세가에 가까운 인물로, 군사적 전략·전술만이 아니라 국가 경영 방식까지 폭넓은 안목을 과시했다. 전업 군사 지휘관이나 전술 전문가가 아니라 오자나 손자같이 철학을 가진 병법가가 주목받게 된 이유다.

《오자병법》과 《손자병법》을 이해할 때 우리가 반드시 기억해야 할 전제가 이 부분이다. 오직 싸워서 이기기 위한 최선의 전술과 방법만을 논하는 것이 아니다. 자국보다 강한 나라와 싸우든 약한 나라를 병탄하든 최소한 절반 이하의 힘을 투자해서 목적을 이루어야 한다는 것이 절대적인 전제다. 그러므로 백성 개개인의 두려움과 욕망까지 고려해 국가의 모든 역량을 집중시켜 속전속결로 목적을 이루는 것이 중요했다. 손자가 싸우지 않고 이기는 것이 최선이라고 말한 것도 최고의 속전속결은 싸우지 않고 이기는 것이라는 의미다. 《오자병법》과

《손자병법》이 단순한 전술 교범이 아닌 2000년의 시공을 초월해 인생 경영의 지침서로서 오늘날에도 공감을 얻는 이유도 두 병서의 절대 명제이자 목표가 최소 투자로 최단 시간 내에 최대 효과를 내는 것에 맞춰져 있기 때문이다.

다만, 오자와 손자는 같은 절대 과제를 고민했어도 접근 방식과 설명 방식은 상당히 다르다. 손자는 이 문제를 해결하기 위해 외교전의 중요성을 강조했다. 그는 자국과 주변국의 모든 것에 대한 철저한 분석을 바탕으로 매 상황 수준 높은 전술적 식견을 요구하고 설명한다. 그리고 군수는 현지 조달로 충당해야 한다는 친절한 설명까지 덧붙인다.

분명 손자는 너무나 옳은 말만 하는데, 가끔 그 모든 것을 머리에 담고 실전에 임하면 과연 순서대로 정리해서 사용할 수 있을까 하는 의문이 든다. 좀 심하게 말하자면, 사후약방문死後藥方文처럼 상황이 끝난 다음 해설을 달 때는《손자병법》처럼 좋은 것이 없을 것이다. 하지만 실제 임무 수행을 해 본 사람은 알겠지만, 아무리 공부를 충실하게 해도 실전에서는 그런 모든 것을 고려하고 분석할 수가 없다. 아프가니스탄 전쟁을 예로 들면, 지표면 온도가 40~50도를 웃도는데 병사들은 철모에 방탄복으로 몸을 감싸고 뜨거운 열탕에 들어간 듯한 열기 속에서 싸운다. 병사들 장비의 무게는 40킬로그램이 넘는다. 아무리 건장한 병사라도 이런 상황이라면 판단력과 사고력이 급격히 저하된다. 옆에서 총알이 날아오고 포탄이 작렬하는 상황이 아닌데도 그렇다. 이런 상황에서 동료와 부하들의 팔다리가 떨어져 나간다면, 손자가 설명한 것 같은 진지한 사색이 가능할까?

《손자병법》을 근본적으로 비판하려는 것이 아니라, 이런 실전적인 문제를 일부 지니고 있다는 것이다. 그래서 오자의 접근법이 필요하다. 이것이 춘추 전국 시대부터 두 병서가 '손오병법'이라는 하나의 세트로 묶여 취급된 이유다. 오자는 투박하지만, 전쟁의 원리에 익숙하다. 싸움에 임하면서 온갖 것을 고려하고, 한 번의 실수도, 한 번의 판단 착오도 없이 완벽하게 승리하려 들면 반드시 진다. 그래서 오자는 다소 투박하게 희생을 각오하며 과감한 각오를 제시한다.

"한 번의 싸움으로 목적을 이루어야 제왕이 될 수 있다."

2. 한 번의 승부와 히드라Hydra 증후군

오늘날 대부분 조직에는 민주주의적 관행이 일반화되어 있다. 독재적·독선적·권위적이라고 비판을 받는 조직이라도 옛날 같지는 않다. 민주적 의식이 발달했을 뿐만 아니라 국제 시장을 무대로 활동하기 시작하면서 모든 면에서 규모가 커진 영향도 있을 것이다. 아무리 제왕적 리더십을 발휘하는 리더라 해도 일정 규모 이상의 조직이 되면 각 부문에 자율성을 주고 권력을 분담할 수밖에 없다.

소크라테스도 지적한 바 있듯 민주주의 최대의 적이자 약점은 이기주의다. 의사 결정에 참여하는 집단이 많아질수록 다양한 종류의 이기주의가 서로 충돌한다. 소크라테스와 플라톤[59]은 바로 이런 이유를 들어 민주주의를 참주제에 버금가는 최악의 정체政體라고 지목했다. 인류 스승의 견해에 공감하지 않는다 해도, 오자의 견해는 조직 이론 측면에서 여러 가지 생각할 거리를 던져 준다. 인간의 욕망이 이기주의로 표출되면 이해 집단 간의 충돌과 갈등은 불가피하다. 그런데 놀랍게도 그런 충돌 없이 아주 잔잔하게 서로가 공유하는 이기주의 형태가 있다. 바로 책임 회피다.

정체된 조직일수록 아침 회의를 시작할 때부터 책임 회피의 분위기가 깔려 있다. 머리가 좋은 구성원이 많은 집단일수록 전략·전술을 실행도 하기 전에 토의 단계부터 이미 책임 회피가 시작된다. 문제가 제기되고 단서 조항이 하나씩 붙으면서 전략은 분열되고 전술은 불분명해지며 작전은 알 수 없어진다. 실제로 전장에서 이런 사례는 무수히 많다. 결정적 전투에서 승리한 지휘관에게는 공통점이 있다. 아무리 급박한 상황에서도 예비대를 분산 운영하지 않는다는 것이다. 전투의 승부가 나는 15분, 20분을 남겨 둔 상황에는 방어선이 일부 함몰되며 여기저기가 붕괴되기 시작한다. 무전기에서는 지원군을 보내 달라는 요청이 빗발친다. 이럴 때 알레시아에서 방어선 앞뒤로 공격을 받았던 카이사르도,

59 플라톤Plato(B.C. 427?~B.C. 347?)

지평리 전투에서 고군분투하던 프레데릭[60] 대령도 냉정한 결단으로 예비대를 분산시키지 않고 운영했다.

오자가 말한 "한 번의 전쟁으로 승리해야 한다"라는 명제에는 수많은 조직에서 저지르는 같은 실수에 대한 통찰이 담겨 있다. 책임 회피와 두려움은 한 번의 전투를 탐색전, 양동 작전, 2차 탐색전, 화려한 후방 기동, 기묘한 유인 작전 등과 같은 여러 차례의 전투로 나눈다. 제2차 세계 대전사만 뒤져도 이런 히드라 증후군을 무수히 발견할 수 있다. '한 번의 전쟁'이란 명제는 이런 다양한 작전이 필요 없다는 의미가 아니다. 정말로 단 하나의 전술, 단 하나의 우직한 공격으로 승부를 내야 한다는 말이 아니라, 다양하고 현란한 작전이라 하더라도 그것이 한 번의 승리로 끝낸다는 각오 하에서 정비된 작전인지, 구성원들의 두려움과 책임 회피로 편집된 작전인지를 분간해야 한다는 것이다. 물론, 21세기에 맞는 창의성을 구현하기 위해서는 민주적 조직 운영을 포기할 수 없다. 창의력의 토양은 다양성과 성취욕이며, 창의력이 숨 쉴 수 있는 공기가 바로 민주民主이기 때문이다. 그러므로 리더는 민주주의 채택 여부를 고민할 것이 아니라, 민주주의의 독소를 제압하고 건전한 환경을 조성하는 데 더욱 노력을 기울여야 한다.

1-8 오자가 말했다. "전쟁이 일어나는 데는 다섯 가지 원인이 있습니다. 첫째는 명분을 다투는 것입니다. 둘째는 이익을 다투는 것입니다. 셋째는 서로 간에 증오심이 누적되었기 때문입니다. 넷째는 나라의 내부가 어지럽기 때문입니다. 다섯째는 기근이 들었기 때문입니다. 또한 군대에는 다섯 가지 형태가 있습니다. 의병義兵·강병强兵·강병剛兵·폭병暴兵·역병逆兵입니다. 폭정을 중지시키고 혼란에서 나라를 구하려는 군대를 의병이라고 합니다. 군사력만 믿고 정벌에 나선 군대가 강병强兵입니다. 분노로 인해 군대를 일으킨 경우를 강병剛兵이라고 합니다. 예를 버리고 이익을 탐내서 출정한 군대가 폭병입니다. 나라가 어

60 로버트 프레데릭 싱크Robert Feredrick Sink(1905~1965)

지럽고 백성이 고통을 겪고 있는데도 출전한 군대를 역병이라고 합니다. 이 다섯 가지 형태의 군대는 각각 대처하는 법이 있습니다. 의병은 반드시 예로써 굴복시키며, 강병強兵은 반드시 겸손함으로 굴복시킵니다. 강병剛兵은 반드시 말로써 굴복시키고, 폭병은 반드시 속임수로 굴복시키며, 역병은 반드시 권모술수로 굴복시켜야 합니다."

吳子曰 : "凡兵之所起者有五 : 一曰爭名, 二曰爭利, 三曰積惡, 四曰內亂, 五曰因饑. 其名又有五 : 一曰義兵, 二曰強兵, 三曰剛兵, 四曰暴兵, 五曰逆兵. 禁暴救亂曰義, 恃衆以伐曰強, 因怒興師曰剛, 棄禮貪利曰暴, 國亂人疲, 擧事動衆曰逆. 五者之數, 各有其道, 義必以禮服, 強必以謙服, 剛必以辭服, 暴必以詐服, 逆必以權服."

1. 적의 사고와 나의 사고는 다르다

이 구절에서 오자가 말한 다섯 가지 원인을 세계 전쟁사에 적용해 보면 맞지 않는 부분이 많다. 오자는 춘추 전국 시대의 상황을 염두에 두고 있었을 것이다. 당시에는 수·당이나 로마의 정복 전쟁 같은 제국의 전쟁은 아직 경험하지 못했다. 물론 굳이 적용하자면 어떤 전쟁이든 명분과 이익이 개입하지 않는 경우가 없으니 다 들어맞지 않느냐고 할 수도 있지만, 엄밀히 말해 현대적 분석의 틀로는 적합하지 않은 것이 사실이다.

오자가 다섯 가지 원인을 제시한 이유는 상대의 동향과 대응을 예측하기 위해서다. 사람도 개인마다 좋아하는 것과 싫어하는 것의 감정적 요소가 다르다. 국가도 마찬가지다. 전쟁은 지도자의 결정만으로 감행할 수 있는 것이 아니다. 국민의 동의와 공감이 필요하다. 국가적·국민적 공감은 국가의 환경·역사·문화에 의해 좌우된다. 어떤 국가에서는 외국인이 특정 풍속이나 종교를 모욕했다는 이유로 전 국민의 전쟁 공감대가 형성되기도 한다. 산업화가 진행된 나라는 유전 지대에 욕심을 내겠지만, 농업국이라면 석유를 품은 사막이나 황량한 초원에 국가의 명운을 걸려 하지는 않을 것이다.

아마도 지금의 유럽 사람들은 오자와 손자의 병법에서 문제 삼는 여러 국가의 동향에 대한 분석이나 외교전의 중요성에 대해 특별히 더 공감할지도 모른다. 유럽의 국가 분포 구조가 춘추 전국 시대와 유사하기 때문이다. 반면 중국 같은 대국이나 우리나라처럼 주변에서 고립된 나라에서는 같은 문화권임에도 불구하고 오자와 손자의 문제의식을 간과해 온 경향이 있다.

국가의 개성과 전쟁을 대하는 태도는 다양하다. 전쟁이 벌어지면 주변국의 이해타산은 더 복잡해진다. 국제적 동향을 파악하고 대응하려면 그들이 전쟁을 불사하려는 핵심 이유를 정확히 파악하고 대응해야 한다.

역사적으로 보면 의외로 이것이 쉽지 않다. 아무리 상대방 입장을 고려하려고 해도 사람은 자신의 소신이나 이해관계에서 자유로울 수는 없다. 제2차 세계 대전 당시 독일이 소련을 지나치게 의식하지 않고 차분하게 서유럽을 공략했다면 독일은 최단 시간 내에 유럽을 정복할 수 있었을지 모른다. 전쟁 초반 승전의 기세를 몰아 독일이 영국을 침공해서 굴복시켰다면 이후 미국이 유럽 전선에 참전하는 것은 쉽지 않았을 것이다. 독일은 우크라이나의 유전과 자원에는 지나치게 욕심을 내면서, 영국이 대륙 정세에 간여하지 않았으면 좋겠다는 바람을 그대로 믿어 버렸다. 나폴레옹 전쟁 이후의 역사만 보아도 영국이 스스로를 섬나라라고 대륙 문제를 다른 세계의 일로 간주한 적은 한 번도 없었다는 사실을 간과한 것이다.

반면, 독일은 소련의 자원을 탐내면서도 소련의 잠재력을 너무 두려워한 나머지 스탈린이 비굴할 정도로 전쟁을 피하고 싶어 했다는 점을 이용하지 못했다. 1941년, 독일은 전격적으로 소련을 침공했고, 엄청난 전쟁 역량을 러시아 평원에 묻어 버렸다. 그 당시 소련은 공산 혁명을 진행하고 있었고, 자칫하면 내전이 발생할 수도 있다는 두려움을 갖고 있었다. 그래서 스탈린은 그의 원래 성격과 달리 독일에 대한 굴욕을 감수하면서까지 전쟁을 피하려 했고, 독일이 침공하려 한다는 사실을 믿지 않으려고 했다. 독일군이 국경에 집결하고 있고, 전쟁이 발발할 것 같다는 보고가 올라와도 스탈린은 국경의 소련군이 쓸데없이 긴장에 불을 붙여 자칫 독일군을 자극하는 불상사가 발생하지 않을까 더 두려워했다. 이렇듯 내 생각에 빠져서 적의 생각이 내 생각 같지는 않다는 점을 놓치지 않도록 항시 유의해야 한다.

2. 다섯 가지 형태의 군대와 다섯 가지 대응법

오자가 전쟁을 일으키는 다섯 가지 이유를 제시한 것은, 이 분류에 따라 군대의 전투력·전술·대응법이 달라지기 때문이다. 그러므로 이 다섯 가지 군대의 분류도 고정된 매뉴얼로 받아들일 것이 아니라 분석력의 신장을 위한 원형(Archetype)으로 이해하는 것이 좋다.

(1) 의병은 예禮로 대한다

의병義兵은 자국의 문제를 해결하기 위해 일어난 군대이며, 정당한 목적과 명분을 가진 군대이다. 오자는 이런 군대를 예로 대하라고 했다. 그에게 예禮의 개념은 혼란스럽다. 유가나 도가의 예의 보편적인 개념은 단순히 '예의 바르게' 행동하라는 것이 아니라, 도道와 정의正義에 맞게 '올바르게' 행동하라는 것을 뜻한다. 그런데 오자는 예를 "이로움을 따르는 행동"이라고 했다. 정의와 이로움은 일견 상반되는 것 같지만, 일치되는 경우도 많다. 의병의 경우가 특히 그렇다. 의병은 목적과 명분이 뚜렷하다. 이런 군대는 자기 목적에 대한 확신이 있다. 정의를 기치로 내세우는 집단은 수단 방법을 고르는 데 까다로울 거라고 생각하기 쉽지만, 목적에 확신이 있는 집단은 의외로 어떤 수단이든 방법이든 잘 받아들인다. 고귀한 목적이 수단을 정당화하기 때문이다. 이것이 오자가 "의병은 반드시 예로 굴복시킨다"라고 한 이유다.

(2) 강병强兵은 겸손함으로 굴복시킨다

강병은 자신의 강함을 믿고 대담해진 군대이다. 오자는 이들에게 겸손함으로 대처하라고 한다. 일견 강한 자에게 머리를 숙이라는 말 같지만 그렇지 않다. 싸움의 가장 기본적인 요령은 적의 약점을 공략하는 것이다. 강하고 대담한 군대의 약점은 무엇일까? 사람들은 상대의 약점을 찾으라고 하면 상대의 장점과 멀리 떨어진 부분을 뒤진다. 하지만 상대의 가장 치명적이고 결정적인 단점은 장점에 붙어 있다. 오히려 강병의 자신감과 대담함이 약점이다. 나의 겸손함은 상대의 자신감과 대담함을 증폭시키고, 팽창한 풍선은 결국 터진다.

전쟁에서 육체적 힘과 두뇌는 항상 균형을 맞추고 쉴 새 없이 상호 작용을 해야 한다. 힘에 의지하는 군대는 전쟁의 불안감을 힘으로만 지우려 한다. 이때 상대의 겸손함은 이 의존도를 더 높이고, 결국 강병은 실수하며 약점을 노출하게 된다.

수나라 양제[61]가 백만 대군을 동원해 고구려를 침공했을 때, 백만 대군이 무색하게도 요동성이나 신성 같은 전략 요충지를 단 한 곳도 점령하지 못했다. 그러자 총사령관 둘 중 우중문[62]이 고안한 방법이 전방의 고구려 요새들은 방치한 채 30만의 정예 부대로 고구려 내부를 직접 공격하자는 전술이었다. 이런 침투 전술은 기병들이 곧잘 사용하는 방법이기에 보병이 주력인 부대가 사용한 전례가 거의 없었다. 굳이 찾는다면 중국 내륙에서 발생하는 농민 반란군의 행보가 유사하기는 했다. 중국은 드넓은 대륙의 각지에 도시와 곡창 지대가 곳곳에 펼쳐져 있어 현지 조달로 보급을 유지하며 유랑하는 군대가 종종 있었다. 그러나 한반도에서는 이런 유랑형 침투는 불가능했다.

우중문의 동료 사령관이었던 우문술[63]과 현장 지휘관들은 침투 전술이 무모하다고 반대했지만, 결국 수양제의 재가로 작전이 실행되었다. 수나라 군대는 군량이 바닥나 전투 능력을 상실한 상태로 평양에 도착했다. 그러나 이들을 막는 고구려군이 하루에 일곱 번 싸워 일곱 번 패전했다고 할 정도로 허약한 모습을

61 양제煬帝(569~618)

62 우중문于仲文(545~613)

63 우문술宇文述(547~617)

보이자 우문술과 다른 장군들의 걱정도 사라졌다.

위장된 겸손에 속았다고 할 수도 있겠지만, 7전 7패라는 고구려군의 유인 전술은 너무 순진하고 엉성했다. 하지만 수나라 군대는 이런 엉성한 유인 작전에 걸려들었다. 이유는 간단하다. 백만 대군이라는 자신의 힘을 과신했기 때문이다. 당시까지만 해도 수나라는 막 중국을 통일한 불패의 군대였고, 백만 대군은 중국 역사상 유례없는 규모였다. 그들은 고구려군의 겸양에 쉽게 유혹당하며 강병의 함정에 빠졌다. 이에 고구려 영토 한복판에서 군량이 떨어진 수나라 군대는 후퇴하다가 살수에서 전멸했다. 30만 명 중 2000여 명만이 살아서 돌아갈 수 있었다. 자신의 힘을 과신하는 군대를 겸손으로 대처한 전형적인 사례이다.

(3) 분노에 찬 군대는 말로 굴복시킨다

야구에서 타자에게 제일 대처하기 어려운 투수가 어떤 유형이냐고 물으면, 컨디션과 투구의 컨트롤이 들쑥날쑥한 투수라고 말한다. 이런 투수의 공은 합리적인 예측이나 대처가 어렵다. 분노에 찬 군대[64]는 사납고 거칠며, 자신의 안전보다 상대를 해치는 데 열중한다. 군대가 불리하다 싶으면 후퇴하거나 도망가기도 해야 하는데 이런 군대는 자신들이 곤경에 빠져도 상황 판단이 늦다. 그러므로 결국 승리해도 아군의 피해가 크다. 속전속결과 최소의 희생을 추구하는 춘추 전국 시대의 전쟁에서 이런 군대는 부담스럽다. 이런 강병剛兵에 대해 오자는 물리력보다는 말(辭), 즉 회담이나 설득으로 대응하라고 한다. 이것은 두 가지 효과를 노리는 것이다. 격렬한 감정은 오래 지속되지 않는다. 회담으로 시간을 끌면서 지루한 야전 생활로 몸이 피곤해지면 피로가 분노를 이기고 이성이 돌아오기 시작한다. 분노한 사람은 자연히 성급해지고 판단이 흐려진다. 말은 증오를 가라앉힐 수도 있고 증폭시킬 수도 있다. 분노가 가라앉으면 사나움과 무모함도 무뎌질 것이고, 한계 이상으로 증폭되면 판단력을 상실해서 오히려 조

64 분노에 찬 군대는 근대 이후 국가 간의 전쟁에서는 사례를 찾기 힘들다. 그러나 도시 국가 간의 전쟁에서는 이런 분류를 적용하는 것이 가능하다.

정하기 쉽게 될 것이다.

(4) 이익을 탐내는 군대는 속임수로 굴복시킨다

고대나 중세에는 훈련된 군대가 부족한 경우가 많다. 기본적으로 전쟁에 찬동하는 시민의 수가 한정되어 있기 때문이다. 이런 경우 부족한 병력과 전투 의지를 보충하기 위해 주변 이민족이나 약탈자 집단을 고용하는 경우가 있었다. 카이사르는 갈리아 원정 때 로마군에 부족한 기병을 보충하기 위해 게르만 용병 기병대를 고용했다. 이런 군대는 전투력이 뛰어나 상대에게 큰 부담이 된다. 오자는 이런 군대의 약점을 용병 집단 특유의 탐욕이라고 파악했다. 탐욕스런 집단은 속이기 쉽다. 이익으로 유혹하면 잘 넘어오기 때문이다. 그러므로 이 사례는 단지 폭병暴兵에게만 해당하는 교훈이 아니다. 적을 속이려면 적의 절실한 욕구나 이성을 마비시킬 수 있는 탐욕을 파악해서 미끼로 던져야 한다. 탐욕은 적을 유혹하는 최고의 무기인 동시에 나를 파멸시키는 최고의 덫이다.

십자군 원정은 비공식 원정까지 포함하면 열 번 이상 진행되었다. 준비 단계에서 끝난 원정도 많다. 그중 성공한 원정은 제1차 십자군 단 한 번뿐이다. 그러나 이 첫 번째 성공이 그 후 200여 년간 계속된 십자군 전쟁의 빌미가 되었다. 제1차 십자군이 실패했다면 십자군 원정은 두세 번 정도의 시도로 끝났을 수도 있었다. 제1차 십자군의 성공은 십자군의 공훈이 아니라 아랍군의 탐욕에서 비롯되었다. 1097년 7월 1일, 십자군 주력은 2개 부대로 나뉘어 제멋대로 행군하고 있었다. 그들의 목적은 비잔틴 제국이 상실한 비옥한 소아시아 아나톨리아Anatolia 지역을 탈환하는 것이었다. 그러나 십자군 종대는 전술적 협력이 전혀 되지 않았다. 이 광경을 처음부터 탐지하고 있던 셀주크 튀르크Seljuk Türk 군은 술탄[65*] 아르슬란[66]의 지휘 아래 완벽한 공격 장소를 선정하고 그들을 기다리고 있었다.

함정에 들어선 것은 보에몽의 군단이었다. 보에몽[67]은 완강하게 싸웠지만, 전술적으로 십자군은 튀르크 기병을 상대할 수가 없었다. 그들은 빨랐고, 원거리 전투에 능했다. 십자군이 방어 대형을 취하면 주변을 돌며 활로 공격했고, 십자군이 공격해 들어가면 기동력으로 백병전을 피했다. 시간이 갈수록 십자군의 체력과 병력은 줄어들었다. 보에몽 부대가 무너지기 직전, 승리를 확신한 튀르크 기병은 본대와 떨어진 장소에 배치한 십자군 보급창을 덮쳐 전리품을 약탈하느라 결정적 순간을 놓쳤고, 그때 고드프루아[68]의 다른 종대가 튀르크군의 뒤에서 나타났다. 튀르크 군의 속도를 따라잡는 것이 쉽지 않았기 때문에 고드프루아와 보에몽이 처음부터 연합해서 싸웠어도 튀르크군을 이기기는 힘들었을 것이다. 하지만 가장 결정적인 순간에 튀르크군은 전투 대형을 해체한 채 약탈에 편하도록 보급창의 좁은 공간에 조그만 덩어리로 뭉쳐 있었고, 그들 뒤에 고드프루아가 나타났다. 십자군 기사들은 이 무질서한 덩어리를 향해 창을 들고 돌진했고, 파멸 직전이었던 도릴라이움Dorylaeum 전투를 대승리로 역전시켰다.

클르츠 아르슬란 군대의 약점은 결집력이었다. 그들은 여러 부족군의 집합이었고, 국가적 통일성이 부족했다. 십자군보다는 우수한 조직력과 전술적 팀워크를 과시했지만, 결정적 순간에 탐욕 앞에서 무너졌다. 이 사례에서 볼 수 있듯이 잘 훈련된 군대라고 할지라도 연합체로 구성된 집단은 탐욕 앞에 결정적인 약점을 보인다.

(5) 역병逆兵은 권모술수로 굴복시킨다

역병이란 나라가 어지러운데도 출정한 군대, 내란이나 기근을 무시하거나 그 해결책으로 전쟁을 일으킨 군대를 말한다. 이들은 권모술수로 대처한다고 했는데, 폭병보다 속이기가 더 쉽다는 뜻이다. 내부에 약점이 있고, 여러 가지로 초조하고 절박한 상황을 안고 있는 군대는 전술적 선택권이 제한된다. 이것이 바

65* 이슬람교국의 군주를 뜻하며, 후에 오스만 제국의 황제를 이르기도 했다.

66 클르츠 아르슬란 1세I. Kılıç Arslan(1079~1107)

67 보에몽 1세Bohémond Ier(1058?~1111)

68 고드프루아 드 부용Godefroy de Bouillon(1060?~1100)

로 역병을 속이기 쉬운 이유다.

아우스터리츠 전투에서의 나폴레옹 군대가 바로 역병이었다. 나폴레옹이 주력을 이끌고 멀리 체코까지 진격한 데다가 주력의 절반은 이탈리아에 있었다. 이때 트라팔가르 해전(Battle of Trafalgar)에서 프랑스 함대가 궤멸당했다. 이 소식을 들은 파리의 반反 나폴레옹 집단은 흥분했다. 파리에서 쿠데타가 발생한다는 소문이 돌았다. 이때 나폴레옹은 오스트리아·러시아 연합군과 대치 중이었는데, 연합군의 병력만큼 많은 러시아 지원 부대가 다가오고 있었고, 나폴레옹의 곤경을 본 프로이센도 즉시 참전을 준비하고 있었다. 나폴레옹은 전 유럽 군대의 포위를 뚫고 자신을 배신할지 모르는 파리를 향해 후퇴해야 하는 상황이었다. 나폴레옹이 택할 수 있는 경우의 수가 뻔했기 때문에 연합군은 여러 가지 전술로 덫을 조일 수 있었다. 그러나 러시아 황제 알렉산드르 1세와 연합군 지휘부는 권모술수 대신 우직한 결전을 택했고, 도리어 나폴레옹의 계략에 말려들어 가 나폴레옹에게 인생 최대의 승리를 선사하고 말았다. 1805년 12월 2일, 나폴레옹은 빈Wien 북방 아우스터리츠에서 연합군을 대파했고, 오스트리아가 휴전을 요청하자 프레스부르크화약(Treaty of Pressburg)을 맺으면서 제3차 대對 프랑스 동맹은 붕괴되었다.

1-9 무후가 물었다. "군대를 다스리고 인재를 발굴해서 나라를 견고하게 하는 방법을 듣고 싶소." 오기가 대답했다. "옛날의 훌륭한 왕들은 반드시 군신 간의 예절을 근엄하게 하고, 상하 간의 규범을 잘 마련했습니다. 향리와 백성을 모아 편안히 거주하게 하고, 풍속에 따라 가르치고, 좋은 인재를 정성껏 모아 불우한 사태를 대비했습니다. 옛날 제나라 환공은 5만의 병사를 모아 패자가 되었고, 진나라 문공은 4만의 선봉대로 자신의 목표를 달성했습니다. 진나라 목공은 3만의 돌격대를 만들어 이웃 나라를 굴복시켰습니다. 이처럼 강한 나라의 왕은 반드시 자기 백성을 잘 헤아려 파악할 줄 압니다. 백성 중에 담력과 용기, 힘이 뛰어난 자가

있으면 그들을 불러 모아 한 부대를 편성합니다. 기꺼이 전쟁터로 달려가 힘을 발휘하고 자신의 충성심과 용기를 보이려 하는 자를 모아 한 부대를 편성합니다. 높은 곳을 뛰어넘고 발이 가볍고 빨리 달릴 줄 아는 자를 모아 한 부대를 만듭니다. 관직에 있다가 과오를 저질러 쫓겨나 다시 공명을 얻고자 하는 사람들을 모아 한 부대를 편성하며, 이전 전투에서, 성을 버리고 달아난 그 수치를 씻고자 하는 사람들을 모아 한 부대를 편성합니다. 이 다섯 가지가 군의 정예 부대입니다. 이런 병사 3000명이 있으면 안으로는 어떤 포위망도 돌파할 수 있고, 밖으로는 어떤 성도 박살 낼 수 있습니다."

武侯問曰 : "願聞治兵, 料人, 固國之道." 起對曰 : "古之明王, 必謹君臣之禮, 飾上下之儀, 安集吏民, 順俗而教, 簡募良材, 以備不虞. 昔齊桓募士五萬, 以霸諸侯, 晉文召爲前行四萬, 以獲其志, 秦繆置陷陣三萬, 以服鄰國. 故強國之君, 必料其民. 民有膽勇氣力者, 聚爲一卒. 樂以進戰效力, 以顯其忠勇者, 聚爲一卒. 能踰高超遠, 輕足善走者, 聚爲一卒. 王臣失位而欲見功於上者, 聚爲一卒. 棄城去守, 欲除其醜者, 聚爲一卒. 此五者, 軍之練銳也. 有此三千人, 內出可以決圍, 外入可以屠城矣."

1. 정예精銳를 찾는 법

전쟁사의 명장들은 한결같이 병사의 수보다 정예함을 중시했다. 정예병으로 편성된 군대여야만 확실하게 전술을 시행하고, 상황에 맞는 융통성을 발휘할 수 있다. 반면, 규모만 큰 징집병 부대는 싸우는 방법이 제약되어 단순해진다. 전쟁사에서 증명된 것이지만 이런 2군대가 서로 맞붙으면 엄청난 전투력 차이가 발생한다. 특히 정예병이 필요할 때는 격정적인 전투를 치를 때다. 전투는 짧게 끝나기도 하지만 상당히 오래 지속되기도 한다. 승리와 패배가 반복되고 역전에 역전을 거듭하는 전투도 있다. 일반병의 사기는 이기면 급속히 오르고 지면 급속히 내려간다. 전세가 불리하거나 절망적이라고 생각되면 자연스럽게 궤멸하기도 한다. 그러므로 지휘관은 평범한 병사들의 한계치를 염두에 두고 정예병이 필요한 전투를 미리 판별해야 한다.

반대로 정예병의 남용 또한 경계해야 한다. 영국의 코만도commando는 현대 특수전 부대의 효시로 불리지만, 그들 대부분의 운명은 가혹했다. 오늘날의 특수 부대는 고가의 장비를 운용하고, 특화된 임무를 수행하는 스페셜리스트specialist로 이해되고 있다. 반면, 당시의 특수 부대를 비유하자면, 보통의 병사가 소총으로도 할 수 없는 일을 빗자루를 들고도 해낼 수 있는 병사라는 식이었다. 정예 부대의 개념이나 특수전의 목적과 운영 방식에 대한 이해가 잘못되었기에 코만도 대원들은 무모한 작전에 끝없이 투입되었고, 우수한 병사들이 수많은 영웅담만을 남기고 희생되었다. 정예 부대라고 해서 전능한 것은 아니다. 단지 강박과 감정의 롤러코스터를 이겨 내는 능력이 좀 더 앞서는 것뿐이다.

정예 부대를 편성하려면 정예병을 선발해야 하고, 정예병을 선발하려면 그들을 알아보는 능력이 있어야 한다. 훈련만으로 정예병을 만들 수는 없다. 적임자를 선발하는 것이 먼저다. 그것이 바로 요인料人이다. 싸움을 잘하고 체격만 건장하다고 정예병이 되는 것도 아니다. 한 사람이 모든 재능을 겸비할 수는 없으므로 병사들 각자의 개성을 잘 조합하는 것도 정예병 구성에 있어서 필수적인 과정이다.

우리는 보통 군사적 인재를 선발할 때 체력·기능·투지·인내심·지능·적성 등을 지표로 삼는다. 오자가 제시한 정예 부대의 기준에 따르면 우리가 자주 간과하는 중요한 요소를 하나 볼 수 있다. 바로 동기이다. 오자의 정예 부대의 다섯 가지 기준을 보면 두 가지(용기 · 힘)는 기능에, 나머지 세 가지는 동기에 초점이 맞춰져 있다. 물론 이것도 일정한 전투 능력을 전제로 한 동기이지만 말이다.

'사람은 평생 뇌의 10%도 사용 못 한다'라는 말이 한동안 상식으로 받아들여졌다. 많은 사람이 이 말을 좋아한다. 누구나 무한한 자기 계발의 가능성과 잠재력을 가지고 있음을 상기시켜 주기 때문이다. 그러나 의학적으로 이 주장은 잘못되었다고 한다. 인간의 장기의 어떤 부분이건 사용하지 않고 있다면 그 부분은 자연히 괴사하고 말 것이기 때문이다. 인간 잠재력의 근원은 잠자는 뇌가 아니라 동기이다. 물론 동기가 주어진다고 모든 사람이 다 분발하는 것은 아니다. 어떤 동기 부여에 반응하는가도 중요하다. 보통 사람은 모든 동기가 아니라 특정 동기에 반응한다. 그것이 곧 적성이고 열정이다.

탐욕만 가득하고 그것을 실행으로 옮기는 열정은 전혀 부족한 사람이 있다. 아흔아홉 가지 동기에는 무심하게 반응하지만 한두 가지 동기에는 초인적인 능력을 발휘하는 사람도 있다. 이런 다양한 동기와 능력을 잘 선별하고 배합해야 정예 부대를 육성할 수 있으며 결과적으로 불가능에 가까운 전투, 혁신적인 전투에 도전할 수 있다.

1-10 무후가 오기에게 물었다. "진을 치면 반드시 안정되고, 수비는 견고하게 되며, 싸우면 반드시 승리하는 비결을 듣고 싶소." 오기가 대답했다. "이 자리에서 바로 실행할 수도 있는데 어찌 듣기만 하시렵니까? 군주가 현명한 자를 윗자리에 앉게 하고 불초한 자를 아래로 보내면 진은 안정됩니다. 백성의 생업과 생활이 안정되고, 관청에 친밀감을 가지면, 수비는 견고해집니다. 백성이 모두 우리 왕이 옳고 이웃 나라가 잘못했다고 여기도록 하면 전쟁은 이미 승리한 것입니다."

武侯問曰 : "願聞陳必定, 守必固, 戰必勝之道." 起對曰 : "立見且可, 豈直聞乎? 君能使賢者居上, 不肖者處下, 則陳已定矣, 民安其田宅, 親其有司, 則守已固矣. 百姓皆是吾君而非鄰國, 則戰已勝矣."

1. 인사가 적절하면 진이 안정된다

위무후는 오자에게 전술적 교훈을 구했는데, 오자는 통치적인 교훈으로 둘러 대답하고 있다. 이것은 유가에서 좋아하는 논리이자 화법이다. 유가는 자신들의 이상과 도덕성을 중시했기 때문에 다른 유파의 행동이나 학설에 일정 부분 배타성을 보인다. 반면, 오자는 전략가이고 현실주의자이기에 유가의 행동도 필요하면 활용하는 융통성을 보인다. 오자가 여기서 군사적 자문을 피하고 갑자기 유가의 논리로 비약한 이유는 알 수 없다. 군사 지휘관뿐 아니라 국가 운영의 이인자 자리를 꿈꾸는 자신의 야심을 표출한 것일 수도 있다. 손자와 오자의 기록을 비교해 보면, 손자는 학술 논문을 쓰듯 나름의 이론에 충실한 데 반해, 오자는 다소 성급하고 욕망을 제어하지 못하는 모습을 보인다. 이것이 오자가 적을 많이 만들고 재상이 되지 못한 채 초나라로 망명한 후 불운한 최후를 맞게 된 원인일 것이다. 여기서는 통치론을 전개한 오자의 설명을 다시 전술론으로 돌이켜 보겠다.

진이 안정되려면 병사들이 부대의 능력을 신뢰해야 한다. 신뢰를 주는 첫 번째 요인이 장교들의 능력이다. 불안감을 주는 첫 번째 요인 역시 장교들의 무능력이다. 병사들 다수의 판단이 늘 옳은 것은 아니다. 평소에 나태하고 시원찮게 보이던 장교가 실전에서 전쟁 영웅이 되고, 듬직해 보이던 장교가 전쟁 공황증에 걸려 버리기도 한다. 설령 그렇다고 해도 리더는 조직의 인사에 최선을 다해야 하고, 능력 있는 장교를 중용해서 병사들의 신뢰를 얻기 위해 노력해야 한다.

한국 전쟁 당시 미 8군 사령관을 지낸 워커[69] 중장은 뛰어난 군인이자 전술가였다. 제2차 세계 대전 때는 패튼이 가장 신뢰하던 지휘관이었으며, 이탈리아 상륙 후 소령에서 군단장으로 초고속 승진을 했다. 한국 전쟁 낙동강 방어선 전투에서 그가 보여 준 판단력과 뚝심은 지금까지 미국 육사에서도 사례로 연구되고 있다. 그런 그에게는 단 하나의 약점이 있었는데, 불도그bulldog라는 별명이 무색할 만큼 예하 지휘관들에게 냉정하지 못하다는 것이었다. 전쟁 초기 미군 지휘부는 문제가 많았다. 제2차 세계 대전 후 이젠 전쟁이 없을 것이라고 믿고 경력 보존을 위한 인사를 대규모로 단행한 덕분에 일본에 와 있던 사단장, 연대장, 심지어 대대장들까지 무능하고 연로한 자들이 대부분이었다. 믿을 수 없을 정도로 기초적인 지휘조차 못 하는 장교들도 있었다. 하지만 워커는 이들을 과감하게 갈아 치우지 못했다. 중공군의 습격이 시작되었을 때 미군은 다시

69 월턴 해리스 워커Walton Harris Walker(1889~1950)

한번 공황 상태를 겪는데, 낙동강 전투 때 무능이 확인된 장교들을 제때 조처하지 않은 것도 큰 이유가 되었다. 이후의 경과를 보면 결국은 사단장과 연대장들이 제대로 임명되면서 미군의 분위기나 전투력이 확연히 달라진다.

사령관급인 워커와 워커가 서울에서 불의의 교통사고로 사망한 후 한국에 부임한 리지웨이[70]나 밴 플리트[71]는 제2차 세계 대전을 통해 검증된 최고의 장군들이었다. 리지웨이 같은 경우는 맥아더[72]와 사이가 좋지 않았고, 회고록을 쓸 때까지도 심한 비판은 하지 않았지만, 맥아더에 대해 존경심을 표시하지 않았다. 그만큼 알력이 있는 사이였음에도 맥아더는 워커의 후임으로 리지웨이를 추천했다. 그 사실이 믿기지 않았던 리지웨이는 맥아더를 만난 자리에서 넌지시 자신이 맥아더의 눈치를 보지 않고 결정권을 행사해도 되느냐고 물었다. 맥아더는 당연하다고 대답했고, 끝까지 약속을 지켰다. 이와 같은 적절한 인사가 거의 공황 상태에 빠졌던 미군이 빠르게 조직을 정비하고 중공군에 대해 2차 반격을 가할 수 있었던 이유다.

2. 백성이 안정되고 관청과 친밀해지면 수비가 견고해진다

수비의 견고함은 단결력에서 나온다. 수비의 적은 불안감이다. 자기 위치에서 보이지 않는 반대편에서 벌어지는 상황이다. 남문을 지키는 병사가 북문을 지키는 지휘관의 책임감과 능력을 믿지 못하면 작은 포성이나 유언비어에도 쉽게 동요하고 무너진다. 신뢰에 기반한 단결력은 전투 경험과 실적에 대한 믿음에서 나온다. 오자가 말한 백성의 생업이 안정되면 관청에 친밀감을 지니게 된다는 것이 바로 실적이 주는 경험과 믿음이다.

인간은 사고력을 지닌 존재이기 때문에 전투 중 수비에 임할 때 이 정도 공세는 막아 낼 수 있다거나, 좀 힘들겠지만 해볼 만하다거나 하는 판단을 내린다.

70 매슈 벙커 리지웨이Matthew Bunker Ridgway(1895~1993)

71 제임스 올워드 밴 플리트James Alward Van Fleet(1892~1992)

72 더글러스 맥아더Douglas MacArthur(1880~1964)

이때 판단 근거가 되는 것이 과거의 경험인데 두 가지 경우가 있다. 경험을 그대로 적용하는 것과 경험을 근거로 더 높은 가능성을 책정하는 경우이다. 예를 들면 '우리 소대는 고지에서 적의 1개 중대를 막아 낸 적이 있다. 이번에도 적이 1개 중대 규모이니 충분히 막아 낼 수 있을 것이다'라고 생각하는 경우와 '지난번에 1개 중대를 막아 냈다. 그때의 경험으로 미루어 보건대 저놈들 정도는 1개 대대가 몰려와도 충분히 막아 낼 수 있다'라고 확대 해석을 하는 경우이다. 같은 조건이라면 아무래도 후자 쪽이 진정한 정예 부대가 될 확률이 높다.

그런 정예 부대를 육성하기 위해서는 뻔한 일에 안전하게 실적을 올리려 하지 말고, 무엇이든 도전해서 성취하며 능력의 기대치를 높이는 경험을 쌓게 해야 한다. 같은 전투에 투입되어 똑같이 약한 적과 싸우는 군대라 할지라도 지휘관이 어떻게 운영하느냐에 따라 경험을 통해 배우는 정도는 확연하게 다르다.

미국 독립 전쟁은 전쟁사 중에서도 특이한 사례가 많다. 도망과 후퇴를 통해 승리한 희한한 전쟁이기 때문이다. 이 전쟁을 지휘한 조지 워싱턴[73]은 군사 지휘관으로서는 조금 과소평가되는 감이 없지 않다. 워싱턴이 무엇보다 탁월했던 것은 변변한 작은 승리조차 없이 극한의 도주를 하면서도 오합지졸인 군대에 자신감을 부여하고, 보다 우월한 군대에 도전할 수 있는 병사들로 키워냈다는 것이다. 그렇게 자신감을 가지고 도전한 전투에서 연전연패했지만, 그 와중에 미군의 실력은 갈수록 향상되어 갔다. 승리 확률이 높아지고 있다는 분위기는 계속 유지되었고, 결국은 영국군을 상대로 승리를 거두었다.

우리 사회는 맡은 임무를 완벽하게 수행하는 것을 너무 좋아한다. 완벽함이 기준이 되다 보니, 일반적인 성공 수준을 훨씬 넘어서는 세세한 부분까지 경쟁하고 평가하는 경우도 있다. 물론 조직의 입장에서는 조금이라도 완벽하지 못한 부분이 있다면 그 자체가 곧 손실이다. 그렇지만 완벽한 임무 수행이 도전적 성취의 기회를 박탈하게 만들어서는 곤란하다. 최소한 5 대 5 아니면 7 대 3 정도

73 조지 워싱턴George Washington(1732~1799)

라도 임무 수행과 새로운 도전이 병행되어야 한다. 그것이 생명력을 길게 유지하며 승리하는 조직을 만드는 길이다.

3. 리더의 방침이 옳다고 믿으면 승리한다

여기서 옳다고 믿는 것은 전쟁에 대한 도덕적 명분일 수도 있고, 전략·전술에 대한 신뢰성일 수도 있으며, 맹목적 충성심일 수도 있다. 전체 문맥상으로 보면 충성심일 가능성이 높지만, 근본적으로 충성심도 여러 가지 유형의 신뢰가 쌓여야 형성되는 것이다.

신뢰를 얻는 방법을 논할 때 많은 사람이 소통을 언급한다. 그러나 일정 규모 이상의 조직에서 개개인의 욕망을 모두 만족시키기는 쉽지 않은 일이다. 욕구에 대한 소통은 언제나 잔인한 실패와 배신감으로 끝난다. 소통을 위해 노력은 해야겠지만, 그것만으로는 불충분하다는 것이다.

만병통치약은 존재하지 않는다. 다만 앞에서 오자가 제사와 의식의 목적에 대해 언급했던 내용을 잠시 상기할 필요가 있다. 조직 생활의 모든 부분에서 지휘관은 정당하고 공정한 태도를 보이기 위해 노력해야 한다. 실제로 그런 지휘관인가 여부와는 별개로, 병사들에게 노력하는 모습을 보여 주는 것은 신뢰를 쌓는 데 큰 도움이 된다는 점을 유념해야 한다.

1-11 무후가 신하들과 국사를 의논하는데, 여러 신하의 생각이 모두 자신보다 못했다. 조회가 끝나자 무후는 자신이 뛰어나다는 생각에 얼굴에 희색이 만연했다. 이것을 보고 오기가 나아가 말했다. "옛날 초나라 장왕이 국사를 논의하는데 여러 신하의 능력이 장왕을 따라오지 못했습니다. 조회를 마치자 장왕의 얼굴에 근심이 가득했습니다. 신공이란 사람이 장왕에게 와서 물었습니다. '주군께서는 무슨 일로 근심 어린 표정을 짓고 계십니까?' 그러자 장왕이 말했습니다. '과인이 듣기에 세상에는 성현이 끊이지 않고 출현하고, 나라에는 현명한 자가 부족하지

않아서 이런 사람을 스승으로 모시면 왕이 될 수 있고, 이런 사람을 친우로 얻으면 패자가 될 수 있다고 했소. 지금 과인이 재주가 부족한데도, 많은 신하가 나에게도 미치지 못하니 우리 초나라가 위태롭지 않겠소.' 이처럼 초나라 장왕이 근심했던 일을 주군께서는 도리어 즐겁게 여기시니 신은 은근히 걱정됩니다." 이 말을 들은 무후는 무안해서 어쩔 줄을 몰랐다.

武侯嘗謀事, 群臣莫能及, 罷朝而有喜色. 起進曰 : "昔楚莊王嘗謀事, 群臣莫能及. 罷朝而有憂色. 申公問曰 : '君有憂色, 何也?' 曰 : '寡人聞之, 世不絕聖, 國不乏賢. 能得其師者王, 能得其友者霸. 今寡人不才而群臣莫及者, 楚國其殆矣!' 此楚莊王之所憂, 而君說之, 臣竊懼矣." 於是武侯有慚色.

1. 리더만의 역할

총지휘관에게 가장 중요한 것은 상황을 종합하는 능력과 결단력이다. 이런 능력은 타고난 재능과 지성만으로 배양되지 않는다. 반드시 경험이 필요하다. 조선 시대의 사례를 보면 구중궁궐에서 살아 세상 물정을 모를 것 같은 국왕들의 판단이 의외로 가장 정확하고, 폭넓은 통찰력을 보여 주는 경우가 많다. 세간에 별로 유능하지 않다거나 무능하다고 알려진 왕들조차도 최고의 재상을 뛰어넘는 판단력을 보여 주고는 한다. 조정의 어떤 사람도 국왕처럼 모든 정보를 수합하고 결정하는 지위에 있을 수 없기 때문이다. 삼정승三政丞은 국왕과 함께 모든 국정을 보고받고 간여하지만, 재상들의 임무 중 상당수가 자문역에 그치고 결정권이 국왕처럼 폭넓지 않기 때문이다. 아무리 옳게 생각하고 분석을 잘해도 결정을 내리지 못하면 판단력은 완성되지 않는다.

이것이 왕이나 사령관, CEO에게 부여된 특권이자 능력이며, 아무리 뛰어난 부하라도 쉽게 체득할 수 없는 특별한 재능이다. 그러나 많은 리더가 부하들을 견제하고 두려워한다. 심지어 위무후처럼 부하들의 능력이 자신보다 못하다는 것을 확인하고 즐거워하기도 한다. 하지만 이것은 큰 착각이다. 재상급 인재라 해도 이들의 능력은 분야별 전문 지식이다. 담당 분야만큼은 왕보다 반드시 뛰어나야 한다. 그 능력을 자신과 견주거나 억압할 필요가 없다.

최고 사령관이 부분적인 지식으로 참모와 우열을 다투는 군대는 반드시 패망한다. 전쟁이 거대해지고, 전선이 확장될수록 패배할 확률은 높아진다. 동시에 사령관의 종합적 판단력과 결정력은 점점 더 둔해진다. 자신만이 쌓을 수 있는 독보적인 경험을 소홀히 하고 방치하기 때문이다. 부하들은 리더의 조력자이면서 자신의 자리를 위협할 수 있는 잠재적 경쟁자이기도 하다. 그 점은 부정할 수 없다. 그러나 전술의 첫 번째 원리는 홈그라운드, 즉 자신이 가장 잘 싸울 수 있는 곳에서 스스로 독보적 능력으로 승부를 앞서 결정하는 것이다. 그런데 생각보다 많은 리더가 참모의 자리로 스스로 내려가서 다투는 우를 범한다.

오자가 위무후의 행동과 초장왕[74]의 고사를 비교한 것은 이 점을 지적한 것이다. 그리고 바로 이런 차이 때문에 초장왕은 춘추오패의 한 사람이 되었고, 위무후는 오자를 내쫓았으며 궁극적으로 실패하고 만 것이다.

74 초장왕楚莊王(?~B.C. 591)

제 2 편

제2편 요적料敵[1]

적을 분석하고 대응하는 법

2-1 무후가 오기에게 말했다. "오늘날 서쪽에서는 진나라가 우리 위나라를 위협하고, 남쪽에서는 초나라가 우리를 둘러싸고 있소. 북쪽에서는 조나라가 우리를 노리고, 동쪽에서는 제나라가 버티고 있소. 연나라는 우리 뒤를 끊고, 우리 앞에는 한나라가 버티고 있소. 여섯 나라의 군대를 사방으로 막아야 하니 우리 형세는 매우 불편하오. 나는 늘 이것이 걱정이오. 이를 어찌하면 좋겠소?" 오기가 대답하여 말했다. "무릇 국가 안보는 전쟁이 터지기 전에 미리 경계하는 것이 최우선입니다. 지금 임금께서 경계하시니 재난이 임박하지 않을 것입니다. 제가 우리를 위협하는 6개국의 특성을 설명하겠습니다. 제나라 군대는 겉으로 보면 중후해 보이지만 견고하지 못합니다. 진나라 군대는 통제가 되지 않아 제각기 싸웁니다. 초나라 군대는 질서 정연하여 보이지만, 오래 버티지 못합니다. 연나라 군대는 방어만 하고 후퇴할 줄 모르며, 삼진의 군대는 통제가 잘되어 보이지만 실전에서는 쓸모가 없습니다."

武侯謂吳起曰 : "今秦脅吾西, 楚帶吾南, 趙衝吾北, 齊臨吾東, 燕絕吾後, 韓據吾前. 六國兵四守, 勢甚不便. 憂此奈何?" 起對曰 : "夫安國家之道, 先戒爲寶, 今君已戒, 禍其遠矣. 臣請論六國之俗, 夫齊陳重而不堅, 秦陳散而自鬪, 楚陳整而不久, 燕陳守而不走, 三晉陳治而不用."

1. 맞춤형 전략 : 장점 속에 있는 단점을 공략한다

이편은 '요적料敵(적을 가늠한다)'이라는 제목을 달고 있지만, 자세히 살펴보면 단순히 적정을 살피는 내용이 아니다. 오자는 위나라를 둘러싸고 있는 제·진·초·연·조·한 6국의 전력을 분석하고, 각각의 군대에 대응 전술을 제시하고 있다.

1 적을 가늠한다. 적의 정세나 세력을 판단한다는 의미이다.

오자가 언급한 6국은 모두 춘추 시대의 강국으로, 위나라까지 포함하면 이들을 전국 7웅이라고 불렀다. 7웅 중에서 위나라의 입지가 제일 불리했는데, 나머지 6국에 완벽하게 둘러싸여 있었기 때문이다. 그중 위·조·한 3국을 합쳐 3진晋이라고 불렀다. 이 지역은 과거 은나라가 있던 지역이다. 신석기·청동기 시대부터 국가를 수립해 온 중화 문명의 중심지였다. 주가 은을 정복한 이후 이 지역에는 진나라가 들어서서 신하들에게 분봉했다. 이후 진나라는 위·조·한 3국으로 분열되었지만, 문화의 중심이자 전통의 강국으로서 제자백가의 주요 인물과 선각자들이 이 지역에서 배출되었다.

전국 시대 6국에 대한 오자의 분석과 대응책은 짧고 간결하지만, 의미심장한 시사점과 방법론을 간직하고 있다. 오자는 6국의 전투력을 군사적·전술적 요소가 아니라 정치적·사회적 관점에서 분석한다. 전술은 장수에 따라 가변적이다. 그러므로 한 나라의 군대나 하나의 조직을 평가하는 데 있어 본질적인 장점과 한계를 결정하는 조건은 그 사회의 구조적 특성과 문화이다. 그래서 6국에 대한 오자의 분석은 현대의 모든 조직과 기업에도 생생한 교훈이 될 수 있다.

오자는 이 대목에서도 장단점은 모태가 같다는 원칙을 견지한다. 새는 뼛속이 비어 있다. 뼈가 가벼우면 하늘을 날기 쉽지만, 충격에는 약하다. 간단한 진리 같지만 오자는 이 부분을 철저하게 파고든다. 장단점은 동일 구조에서 나온다. 그래서 사회적·문화적 구조에 기인하는 단점이 가장 개선하기가 어렵다. 단점을 고치기 위해 장점마저 포기해야 하는 근본적인 문제이기 때문이다.

2-2 "제나라는 백성이 강직하고 나라는 부유하지만, 임금과 신하가 교만하고 사치해서 보통 국민에게 소홀합니다. 정치는 관대하지만, 대우는 공평하지 않습니다. 군대의 상하가 서로 다른 마음을 지니고 있으니 앞에서 보면 중후해 보이지만 뒤에서 보면 가볍습니다. 그래서 군대가 두터워 보이지만 견고하지 못하다고 한 것입니다. 제나라 군대를 격파하는 방법은 이렇습니다. 우리 군대를 반드시 셋으

로 나눠 좌우를 에워싸고 주공은 후방을 위협하며 치고 들어가면 제나라 진열을 무너트릴 수 있습니다."

"夫齊性剛, 其國富, 君臣驕奢而簡於細民, 其政寬而祿不均, 一陳兩心, 前重後輕, 故重而不堅. 擊此之道, 必三分之, 獵其左右, 脅而從之, 其陳可壞."

1. 제나라 : 부유하고 나태한 집단은 분열한다

"가지 많은 나무에 바람 잘 날이 없다"라는 속담이 있다. 분열하는 집단은 결국 갈등이 폭발하고 내분으로 자멸하게 마련이다. 분열에는 두 가지 부류가 있다. 우당탕거리는 요란한 분열과 소리 없는 분열이다. 대개 안 되는 집단에서는 요란한 분열이 발생하기 때문에 남들 눈에 잘 뜨일 뿐이다. 잘나가는 집단에도 분열은 있다. 소리 없는 분열이다. 조용하게 서서히 조직을 잠식하지만, 처음에는 그것을 느끼지 못한다. 문제가 심각해져서 일을 제대로 할 수 없게 되면 비로소 요란한 분열로 드러나게 되는 것이다.

소리 없는 분열의 표본이 제나라이다. 제나라는 현재의 산둥성山東省이 근거지였다. 지금도 중국에서 산둥인은 체격이 큰 사람이라는 이미지를 갖고 있다. 더구나 동쪽에 바다를 끼고 있어 제염업과 수산업이 발달해 아주 부유했다. 황하 문명 중심지와도 가까워 문명국의 장점인 행정·문화·교육 수준도 높았다. 제나라는 강대국의 조건을 모두 가지고 있었기 때문이다.

그러나 강하고 부유한 집단은 편안함을 최상의 가치로 추구하게 되고, 이런 태도는 현실 안주를 부른다. 오자는 제나라 정치가 관대하다고 했는데, 이 말은 보기에 따라서 비판의 내용일 수도 있다. 목표 의식이 사라지고 편안함을 추구하게 되면 정치는 관대해진다. 웬만한 허물은 서로 용서하고, 웬만한 부정과 무능은 감춰 버린다. 빈부 격차는 점점 커지고, 국민은 행복한 사람과 행복을 선망하며 묻혀 가는 사람으로 나뉘지만, 서로 문제의 심각성은 인정하려 하지 않는다. '어쩔 수 없다. 완전한 나라가 어디 있나? 다른 좋은 면도 많으니 적당히 참고 살라'는 안일한 마인드가 지배층과 부유층을 지배하게 된다. 이 균열이 확대되면 묻혀 가는 국민은 불행해지고, 애국심마저 약해지지만, 사람들은 이런 변화를 인지하지 못한다. 대우는 불공평하고, 있는 자들은 세민細民의 형편과 심정을 살피지 않는 상태이다. 여기서 말한 세민의 의미를 정확히 이해할 필요가 있다. 일차적으로 세민은 영세한 국민이란 뜻으로 가난한 사람 전체를 의미할 수 있다. 그러나 이렇게 계급적이고 이분법적 의미로 이해하게 되면 오히려 현실을 제대로 파악하지 못하게 된다. 지배층이 세민에게 소홀해지는 이유는 그들이 가난한 국민 전체가 아니라 일부이기 때문이다. 부의 증가는 사회의 다원화를 초래한다. 가난한 국민이나 불공평한 대우를 받는 국민 중에서도 국가나 부유층의 혜택을 조금 더 보거나 그들에 대한 의존도가 높은 사람들이 있고, 그들로부터 점점 더 멀리 떨어져 나가는 사람이 있다. 경제가 성장한다는 것은 사회가 빨리 움직인다는 의미인데, 세탁기의 모터가 크고 회전이 빨라지면, 원심력도 커지고 외곽으로 흩뿌려지는 물방울도 증가한다. 편안함을 추구하고 관대해진 사람들은 자기가 보고 싶은 것만 보게 된다. 자연히 가난한 국민 중에서도 자신과 관련이 있고 이해관계가 일치하는 집단에 주목하며, 외곽으로 떨어져 나간 사람들에 대해서는 소홀해진다. 국민 소득이 올라가고, 도로가 깨끗해지고, 정부의 복지 비용이 증가했다는 표면적 사실만 볼 뿐, 커져 가는 상대적 소외감이 가득한 현실에는 무심해진다. 이렇게 밀려난 사람들이 바로 오자가 말한 '세민'이다.

소리 없는 분열은 소금물에 젖은 벽과 같다. 겉보기에는 튼튼해 보이지만, 안에는 기포가 생기고, 물러져 해면 현상이 발생하고 있다. 이런 조직은 압박받으면 의외로 쉽게 무너진다. 현실의 편안함만 추구하며 고통을 회피하는 사람들은 힘들여 싸우려 하지 않고 다른 사람에게 고통을 넘기려 하기 때문이다. 하지만 다른 사람들 또한 그들의 고통을 대신해 줄 마음은 없다.

오자는 이 상태를 두고 앞은 강하지만, 뒤는 약하다고 표현했다. 이 말을 곧이곧대로 앞에 선 부유층은 강하지만, 뒤에 있는 세민 병사는 싸울 의욕이 떨어져 있다는 식으로 이해해서는 안 된다. 전술과 병력 배치는 얼마든지 가변적이기 때문이다. 그보다는 '평소에는 강하고 잘 단합되어 보이지만, 압력이 가해지면 의외로 쉽게 깨지는 통과 같다'라는 뜻으로 이해하는 편이 더 적절하다. 고통을 감당할 집단이 없다 보니 압박이 가해지면 소리 없는 분열이 금세 가시적인 분열로 바뀌는 것이다.

오자가 말한 제나라 군대를 공략하는 방법은, 군을 셋으로 나눈 뒤 좌우로 벌려 압박하고 주력은 뒤로 쳐들어가는 형태다. 압력을 가하면 예상외의 공포가 발생하면서 숨어 있던 나약함과 균열이 드러나게 된다. 물론 이 전술도 너무 곧이곧대로 해석해서는 안 된다. 일반적으로 병서에서 전술을 논할 때는 객관적 전력이 5 대 5라는 상황을 전제로 한다. 그러므로 오자의 전술은 정상적인 경우라면 매우 위험한 것이다. 정상적인 공격 전술은 중앙에 중군이 자리 잡고, 좌우군이 날개를 벌리는 형태이다. 이것도 전투력에 상당히 자신이 있을 때 사용하는 방법이다. 그런데 오자는 중앙을 비우고 적의 뒤로 돌아 들어가라고 했다. 일반적 기준에서 보았을 때 병력이 비슷한 상황에서 좌우군이 벌려서 적을 감싸고 중앙군을 뒤로 돌리는 것은, 적의 뒤를 습격하는 전술이 아니라 좌우를 포기하는 전술이다. 좌우는 고립되어 약해지고, 유사시에 그들을 지원하고 결정적 타격을 가해야 할 중앙군은 딴 곳에 있기 때문이다. 심지어 기둥이 되어야 할 중앙에 적의 침투를 허용하는 구멍이 생긴다. 위나라의 삼군은 연계성을 상실하고, 제나라 군대가 공세로 나오면 각개 격파당할 위험에 처한다.

이것이 매우 위험한 전술임에도 제나라 군대는 위나라 군대가 늘어진 고무줄 같은 상황이 되는 순간을 인식하거나 이용하지 못하고, 스스로 공포에 휩싸여 오그라든다. 훈련 경험이 없어 익숙하지 않은 돌발 상황에서 전투를 벌이려면 헌신적인 선구자가 필요하다. 제나라가 이 기회를 이용하려면, 뒤에서 공격해 오는 위나라 군대를 막은 후에 그 중앙 공간으로 치고 들어가야 한다. 이것은 당연히 위험해 보일 것이다. 가운데로 들어갔다가 위나라 좌우군에 포위될 수도 있다. 이런 불행을 방지하려면 제나라 삼군이 각기 제 위치에서 위나라 군대를 붙들어 준 상태에서, 일부 부대가 적진으로 돌입해야 한다.

오자는 양군 모두에게 위험하면서도 모험적인 상황을 기획했다. 이기든 패하든 양국은 모두 치킨 게임chicken game 같은 상황에 처하겠지만, 오자는 제나라가 이런 상황을 감당하지 못할 거라고 확신한다. 조용한 균열이 위기 상황에서 서로를 신뢰할 수 없게 만들기 때문이다. 누군가는 모험적인 전투 위치로 가야 하는데, 혜택을 받던 층은 책임을 미루고, 소외당했던 세민 또한 이를 외면할 것이다.

2-3 "진나라 국민은 강하고, 지형은 험하고, 정치는 엄하며, 상벌이 공정합니다. 국민은 서로 양보할 줄을 모르며, 모두가 투쟁심이 강합니다. 그러므로 흩어져서 제각기 싸운다고 말한 것입니다. 진나라를 격파하기 위해서는 반드시 먼저 이익을 보여 주어 적을 유인해야 합니다. 그러면 병사들이 이를 탐내어 장수의 지휘에서 벗어날 것입니다. 이 틈을 타서 흩어진 군대를 각개 격파하고, 매복해서 공격하면 적장을 사로잡을 수 있습니다."

"秦性強, 其地險, 其政嚴, 其賞罰信, 其人不讓, 皆有鬪心, 故散而自戰. 擊此之道, 必先示之以利而引去之, 士貪於得而離其將, 乘乖獵散, 設伏投機, 其將可取."

1. 진나라 : 욕망과 통제의 이율배반적 변증법

진나라는 전국 시대에 공포의 군대를 앞세워 혜성같이 등장했다. 진나라의 발상지는 산시성(陝西省)에서도 오지이며, 구성원 대부분이 야만족에 가까울 정도로 낙후한 지역이었다. 이곳에 중원의 선진 지역에 살던 혁신적인 사상가 그룹이 모여들면서 짧은 시간 동안 중원의 그 어떤 나라보다도 더 효율적인 국가 체제와 전투적인 군대를 창조해 냈다. 그들이 바로 상앙·이사·한비자로 대표되는 법가이다.

오늘날 우리는 진시황릉의 병마용을 통해 이 가공할 군대의 실체를 알 수 있다. 진나라 군대는 대단히 엄격해서 전투 중 도망치거나 패배한 자에게는 용서가 없었지만, 대신 상도 확실했다. 신분과 지역을 가리지 않고 오직 군공에 따라 포상했으며, 뛰어난 실력과 공을 발휘하는 자는 장교와 관료로 발탁했다. 이런 제도가 진나라 병사들의 성공 욕구에 불을 질렀다. 보수적인 신분제와 차별을 유지하던 다른 나라에서는 진나라 같은 방식을 상상도 할 수 없었다. 진나라 병사들은 누구보다 맹렬한 투지와 의욕을 가지고 전투에 임했다.

진시황[2]의 병마용은 진나라 군대의 놀라운 군수 체제, 표준화된 장비와 생산 체제, 엄격한 군기와 관리 체제, 그리고 다양한 지역·종족 출신을 하나의 군대로 통합한 선진적인 편제 원리를 보여 준다. 이런 부분은 군사 기술적인 분야이지만 사실은 이런 성과 역시 사회 각 부문 전문가들의 창의와 헌신이 바탕이 되어야 하는 것이다. 이렇게 창의와 헌신을 불태울 수 있었던 연료는 바로 개인 욕망의 개방이었다. 진나라는 대전란의 시대에 욕망의 개방을 통해 단지 전선에서 싸우는 전사들만이 아니라 병사들의 배후에 있는 산업과 사회 구조 전체에 활력을 불어넣었다.

이렇게 탄생한 진나라 군대는 단지 욕망에 불타는 거친 야만인 집단이 아니라 군수·장비·전술 모든 면에서 선진적인 군대였다. 불행하게도 위나라는 이 진나라와 국경을 접하고 있었다. 진나라는 동북쪽 국경은 위나라, 동남쪽은 초나라와 마주하고 있었다. 진나라는 남방의 강대국인 초나라를 맨 나중에 상대하고 먼저 북부의 5개국을 합병하는 전략을 추진했다. 진나라가 북부로 진입하려면 무조건 위나라를 통과해야 했다.

진나라의 예를 들지 않아도 세상의 어떤 경쟁에서든 투지와 실력을 겸비한 집단을 상대하는 것은 어렵다. 일반적으로 이런 상대를 대적할 효과적인 전술은 없다고 본다. 그나마 유일한 방법은 버티며 기다리는 것이다. 신은 세상을 공평하게 만들기 위해 인간에게 치명적으로 약한 본성을 하나 주었다. 바로 나태함이다. 정상에 오르면 인간은 나태해진다. 최고의 자리를 유지하려다 보면 피로

2 진시황秦始皇(B.C. 259~B.C. 210)

가 누적되고 투지는 꺾인다. 그때를 기다리는 것이 사실상 유일한 전술이다.

하지만 오자는 진나라 군대의 약점을 찾아내서 대응법을 제시했다. 욕망은 쉽게 통제되지 않는다는 점을 이용하는 것이다. 진나라 군대의 생명력은 투지와 욕망의 분출이다. 이 불꽃을 유지하려면 마치 야수가 사냥감을 찾듯 끊임없이 먹거리와 목표를 제공해야 한다. 문제는 이런 경우 합리적인 전략·전술 통제가 어렵다는 것이다. 예를 들어 참모 본부에서 A 사단은 후방에 대기하고, B 사단은 우회해서 적을 견제하며, 그 사이 C 특전 여단이 적의 좌측면을 기습적으로 파고드는 작전을 기획했다고 하자. 이것이 물자와 병력을 절감하는 대담하고도 효율적인 전술이었다 해도, 바로 그런 장점이 전체 병사들의 불만을 야기한다. A·B 사단 병사들은 사회적 성장의 기회를 원천적으로 박탈당했기 때문이다. 그리고 전투에서 공을 가져갈 C 여단 지휘관이 공주의 애인이라거나 총애하는 후궁의 조카였다는 식의 소문이 전군을 휩쓸고 지나갈 것이다. 이 시대의 주요 지휘관은 대개 황제의 친인척이거나 특수 관계일 확률이 높아서 이런 소문은 해명할 방법이 마땅치 않다.

개개인의 욕망이 분출되는 집단은 강한 힘을 발휘하지만, 합리적인 전술적 통제가 어렵다. 사령부에서는 과욕에 의한 개별 사단들의 잘못된 결정이나 전술적 비효율성 등의 피해를 감수하고서라도 이런 전쟁 방식을 유지할 수밖에 없다. 욕망의 원천은 통제되지 않는 자유이기 때문이다. 누군가 그것을 통제하려 들다가 자칫하면 욕망의 불씨 자체를 꺼 버리게 될지도 모른다.

결국 진나라는 욕망의 분출과 합리적 통제라는 모순된 과제를 안게 되었다. 열정이 사라지면 진나라 군대의 위력은 확연히 줄어든다. 그러나 합리적·전술적 통제 없이 맹렬하게 날뛰기만 하는 군대로 광대한 중원 천하를 정복할 수는 없다. 이 고민은 결국 진시황 때까지 한 세대 이상 이어져 왔고, 오자는 그 중간에 진나라 군대의 약점을 간파한 것이다. 그는 방어를 굳히고, 미끼로 진나라 군대를 유인해서 각개 격파한다는 단순해 보이지만 확실한 전략을 제시했다.

오자의 전략은 실전에서 증명되었다. 오자가 손자와 맞먹는 병법의 대가로 명성이 높아진 이유는 그가 위문후에게 발탁되어 진나라의 동진 시도를 훌륭하게 저지해 냈기 때문이다. 오자가 살아 있는 동안, 그리고 오자가 전수한 방어 전략이 유지되는 동안 위나라는 진나라의 동진을 철벽같이 막아 내는 데 성공했다.

유사한 사례는 전쟁사와 기업 경영에서 더 찾아볼 수 있다. 이탈리아의 제노바와 베네치아는 12~14세기에 바다 왕국을 세웠다. 1363년 4월, 최초의 근대인이라 불리는 이탈리아 서정시인 페트라르크카[3]는 마침 베네치아에 체류하다가 무역 시즌을 맞아 대大선단이 출항하는 장관을 목격하게 된다. 산 마르코 광장(Piazza di San Marco) 부두에 면한 숙소 지붕에서 감탄하며 이를 내려다보던 페트라르크카는 문득 불안해졌다. 항구 앞의 얕은 바다에서 배들이 짐을 너무 많이 실어서 뱃전이 물에 닿을 듯했기 때문이다. 연약하고 불안정한 목선들이 지구 반 바퀴를 돌아 인도와 중국까지 달려가려 하고 있었다. 저들 중 일부는 다시는 항구로 돌아오지 못할 것이다. 시인이면서 신부이기도 했던 페트라르크카는 그날 친구에게 쓴 편지에 이렇게 적었다. "인간의 마음을 사로잡는, 만족할 줄 모르는 이 부에 대한 갈증의 원천은 무엇일까?"[4]

그 원천은 욕망이었다. 욕망이 13~14세기 동안 베네치아에 상상할 수 없는 부를 안겨 주었다. 관광객을 찬탄하게 하는 수로상의 멋진 건물들과 황금으로 도배된 거상들의 저택, 그 작은 섬에 스무 개가 넘는 찬란한 성당, 그리고 크레타Creta와 에게해(Aegean Sea)의 섬들, 레판토Lepanto와 소아시아 일대까지 지배했던 베네치아의 식민지들이 모두 끊임없는 욕망의 산물이었다. 덕분에 베네치아

3 프란체스코 페트라르카Francesco Petrarca(1304~1374)

4 로저 크롤리Roger Crowley(저), 우태영(역), 《부의 도시 베네치아》(다른세상, 2011), 16쪽. 이하 베네치아 관련 사례는 이 책에 의거한다.

는 오늘날 세계적인 관광지가 되었다. 마르코 폴로[5]와 콜럼버스[6]를 배출한 제노바도 베네치아와 다를 것이 없었다.

문제는 이 욕망이 전혀 통제되지 않는다는 것이다. 모험적인 선장과 선원들은 놀라운 용기로 그리스의 섬들을 정복하고 식민지를 건설했는데, 그곳을 정복하는 순간 상당수가 본국에서 이탈하고 이웃 섬과 동지들을 공격했다. 베네치아와 제노바 두 도시의 경쟁은 더 가관이었다. 그들은 당시 유럽 강대국 수준의 재정 수입을 획득하면서도 역설적으로 그것 때문에 전략적 협력을 할 생각을 하지 않았다. 탐욕에 눈이 멀어 한쪽을 제거하면 나머지는 모두 내 차지가 된다는 단순한 계산법으로 서로 대립했다. 흑해와 소아시아에 세운 베네치아와 제노바의 식민 도시와 요새들은 거대한 왕국으로 발전할 수 있는 기회가 있었지만, 서로를 내쫓기 위해 적을 끌어들이다가 같이 파멸했다. 결과적으로 왕국 수준의 수입을 가진 도시였다는 점이 이들의 치명적인 약점이 되었다. 시민들이 너무 빨리 막대한 부와 강력한 욕망에 휩싸여 버리는 바람에 어떤 정치적 수단으로도 그것을 제어할 수 없었다.

욕구와 통제의 변주곡에 대한 가장 훌륭한 사례는 우리나라 경제사에서도 찾아볼 수 있다. 1980년대까지 한국 기업의 성장은 오로지 잘살아 보겠다는 욕망과 투지로 이룬 것이다. 대기업의 문어발식 확장은 오늘날 많은 비판을 받지만, 우리뿐 아니라 다른 나라에서도 자본주의 초기에는 잡식성 성장이 성행했다. 욕망과 투지를 지속하는 것이 생존과 성장의 요건이었기 때문이다.

그런데 이런 방식이 오늘날에는 우리나라 기업의 약점이 되고 있다. 과도한 목표 설정이 기업의 방만한 운영을 낳고, 생산성과 수익성을 저해한다. 몇 해 전 일본의 모 중견 기업 간부를 만난 적이 있다. 1년 매출액과 순이익을 물었더니 그는 아주 쑥스러운 표정으로 자기 회사의 순이익이 매출액의 몇 퍼센트밖

5 마르코 폴로Marco Polo(1254~1324)

6 크리스토퍼 콜럼버스Christopher Columbus(1450~1506)

에 되지 않는다고 대답했다. 그러면서 자기 회사가 이익을 더 많이 낼 수도 있지만, 비용이 많이 드는 전통적 제조법을 기업의 명예로 삼아 준수하고 있어 수익률 감소를 기꺼이 감수하고 있다고 했다. 다소 어이가 없는 점은, 그 쑥스럽다는 수익이 한국의 모 재벌의 1년 수익에 근접한다는 것이다. 수익률은 한국 기업 평균의 몇 배였다.

민주화 이후 우리는 기업에 대해 지나치게 도덕적 관점에서 비판을 가해 왔다. 현재 우리 기업의 가장 본질적인 문제는 1960~1980년대에 우리 기업을 지탱해 온, 투지에 의존한 경영 방식이 처한 상황이, 오자가 지적한 진나라와 유사하다는 것이다. 우리 기업들은 언제 각개 격파당할지 알 수 없다.

투지에 의한 성장에서 합리적 경영에 의한 성장으로의 변환은 모든 조직이 부딪치는 문제이다. 누구나 처음 변화를 시도할 때는 힘들다. 그런 위기를 극복하는 근본적인 힘은 투지와 욕망에서 찾을 수밖에 없다. 하지만 어느 단계에 올라서면 제어가 필요하다. 욕망의 분출이 합리적으로 조준되고 조정되어야 한다. 오자가 잘 제어되지 않는 진나라를 상대로 승리를 거두었던 점을 기억해야 한다.

2-4 "초나라는 사람들의 성품이 약합니다. 땅은 넓은데 정치는 소란해서 백성이 지쳐 있습니다. 그러므로 겉보기에는 정연해 보이지만, 오래 버티지 못합니다. 초나라 군대를 치는 방법은 진지를 습격해 적을 혼란에 빠뜨리고 기세를 빼앗는 것입니다. 경무장으로 진격해 빠르게 치고 빠집니다. 적을 지치고 피곤하게 하며, 결전을 벌이지는 않습니다. 그러면 초나라 군대를 퇴각시킬 수 있습니다."

"楚性弱, 其地廣, 其政騷, 其民疲, 故整而不久. 擊此之道, 襲亂其屯, 先奪其氣, 輕進速退, 弊而勞之, 勿與爭戰, 其軍可敗."

1. 초나라 군대는 오래 버티지 못한다

춘추 전국 시대의 초나라 주민은 한족과 많이 달랐다. 현재의 미얀마나 베트

남 같은 남방 민족의 특성을 많이 지니고 있었다. 이 시대에는 기후도 현재보다 온화했던 것 같다. 오자가 초나라 사람들을 약하다고 표현한 것은 현대인들이 열대나 아열대 지역 사람들에 대해 가지는 편견과 유사하다. 대체로 한대 지방에 사는 사람들은 열대 지방 주민들을 보면 약하고 게으르다는 인상을 받게 된다. 문화적 차이에서 오는 판단의 오류라고 볼 수 있다.

초나라는 영토나 인구의 규모로는 춘추 전국 시대의 최강자였다. 그러나 이 지역엔 다양한 종족이 거주하고, 지리적으로 미개간지나 습지가 많아 각 지역이 분열되어 있었다. 오자가 초나라 정치가 소란하고 백성이 지쳐 있다고 한 것은 국가적 효율성과 긴밀성이 떨어졌기 때문이다. 나중에 오자는 초나라로 가서 법가가 진나라에서 하였듯 강력한 중앙 집권 정책을 시행하려다가 왕족들의 반발을 사서 살해되었다.

이렇게 부족이나 지리적 요인에 의한 갈등이 심하다는 것이 초나라 군대의 최대 약점이었다. 이들은 부족별, 지역적 이해관계가 다르므로 전쟁이 장기전으로 가면 갈등이 커지고 군의 전력에 균열이 생긴다. 그래서 오자는 히트 앤드 런hit and run 전술을 사용하면서 결전을 피하고 적을 피로하게 하는 데 주력해야 한다고 말한다. 이때 적군을 고르게 습격하는 것이 아니라, 불만이 많거나 장기전에 취약한 지역의 적군을 괴롭히면 쉽게 전군이 무너질 수 있다.

군대는 전선을 형성하면 여러 부대가 지역을 나누어 맡게 된다. 그중 한 부대라도 전투력이나 전투 의지가 취약하다면 그들로 인해 전체 방어선이 위험에 처하게 된다. 이 같은 전선형 전투의 경우 전체 전투력은 하향 평준화될 수밖에 없다. 오자는 이 점을 간파하고, 전체가 하향 평준화될 만한 전선으로 초나라 군대를 유도한 후 약점을 압박해 무너뜨리는 전술을 제시했다.

이 구절에서 오자가 주는 중요한 교훈은, 상위 부대의 능력으로 전쟁의 승부가 나는 경우도 있고, 하위 부대의 내구성으로 승부가 나는 경우도 있다는 것이다. 우선 상대의 약점을 파악하고 그것이 상위의 싸움이냐 하위의 싸움이냐를 판단한 후 가장 유효한 전술을 채택해야 한다.

2-5 "연나라 사람은 순박합니다. 백성들은 진중하며 용기를 좋아하고 속임수를 잘 쓰지 않습니다. 그러므로 수비에 임하면 달아나지 않습니다. 연나라 군대를 다루는 법은 다음과 같습니다. 적과 접촉했을 땐 적을 압박하며 약 올린 후 떨어집니다. 적이 공격해 올 땐 달아나고, 적이 물러날 땐 추격합니다. 이렇게 하면 지휘관들은 우리의 의도를 알지 못해 의심하고, 병사들은 두려워하게 될 것입니다. 이때 아군이 전차와 기병을 운용하여 퇴로를 차단하면 적장을 사로잡을 수 있습니다."

"燕性慤[7], 其民愼, 好勇氣, 寡詐謀, 故守而不走. 擊此之道, 觸而迫之, 凌而遠之, 馳而後之, 則上疑而下懼. 謹我車騎必避之路, 其將可虜."

1. 연나라 : 생활 속의 타성을 공략한다

손자는 용병의 본질은 적을 속이는 것이라고 했다. 적을 속이는 데 가장 유용한 방법은 적의 관습적 전술과 판단 근거를 이용하는 것이다. 이런 공략법은 전통이 강하고 환경이나 업종이 단일하거나 정적인 환경 속에 있는 집단에 특히 유용하다.

연나라는 북경에서 요동에 걸친 중국 대륙 동북 지방을 차지하고 있었다. 당시에는 고조선을 포함한 만주의 여러 종족과도 교류하고 있었다. 중원 지역보다는 문명이나 상업이 덜 발달되었기 때문에 사람들이 순박했고, 전술적으로도 우직하게 싸워서 승부를 내려는 스타일이었다. 오자는 연나라 군대가 수비에 임하면 달아나지 않는다고 했다. 이 지역은 중원 평야와 달리 산악 지형이 제법 발달했기 때문에 고지에 의지해서 방어하는 군대는 지형의 우위를 이용해서 훨씬 강하고 끈질기게 수비에 임한다. 오자도 연나라의 이런 특성을 지칭한 것으로 추측할 수 있다.

오자의 말은 연나라나 동북 지역 민족들이 전술적 사고가 부족하다는 의미가

7 '각慤'이란 술수나 꾀를 부리지 않고 순박하고 성실하게 일하는 태도를 말한다. 순박하거나 고지식하다는 의미이다.

아니다. 연나라에는 일종의 관행적 전술과 전투 방식, 전쟁 문화가 형성되어 있었다. 오자는 이들의 단순한 전투 형태가 약점임을 파악하고, 중원의 군대가 익숙한 현란한 전술로 적을 혼란에 빠트리라고 한 것이다. 그 구체적 방법은 상호 모순되는 행동을 반복하여 적의 판단 근거를 소멸시킨다. 사고의 다양성이 부족하고 단일 문화권에서 같은 행동 패턴을 보인 사람들과 살아온 사람들은 상대가 익숙하지 않은 행동을 하면 쉽게 혼란에 빠진다. 전쟁에서 혼란은 곧 두려움으로 직결된다.

중세 유럽의 군대는 몽골군 칭기즈 칸의 유인 작전에 큰 희생을 치렀다. 몽골군은 경기병을 보내 무질서하고 조잡한 전투를 벌이다가 퇴각하는 척하며 적군을 끌어내곤 했다. 그들은 이런 퍼포먼스를 위해 '망구다이(曼古歹)'라는 특수한 부대까지 양성했다. 망구다이는 원래 정예 기병이었는데, 이들의 역할은 형편없는 전투 능력을 보여 적이 방심하게 만드는 것이었다. 이들이 도주하는 것을 보고 사기가 오른 부대가 추격에 나서면 몽골 기병은 말 위에서 뒤로 돌아 화살을 날렸다. 그래도 굴하지 않고 추격을 계속하면 어디선가 매복해 있던 몽골군이 바람같이 나타나 사방에서 덮쳐들었다. 유럽 군대가 이 매복 전술에 무수히 당했던 것은, 말 위에서 몸을 뒤로 돌려 활을 쏘는 파르티안Parthian 사법이 상상도 못 했던 기술이었던 데다가 망구다이의 연기력도 무척 뛰어났기 때문이다.

중세 유럽의 군대는 봉건 기사단과 여러 지역 군대의 잡다한 조합이었다. 전술적 유기성이 부족했기 때문에 이런 군대는 한번 후퇴하거나 붕괴하기 시작하면 걷잡을 수가 없었다. 조직적인 반격을 펴기가 그만큼 어려웠다. 게다가 중장 기사로 구성된 기병은 말이 중량의 압박을 크게 받아서 짧고 직선적인 기동을 선호했다. 따라서 대규모 전투에서 몽골군같이 길고 혼란스러운 기동을 요구하는 유인 작전을 펼친다는 것은 자신들의 전술 상식에는 없는 이야기였다. 몽골군의 유인 작전에 대한 주의를 사전에 충분히 들었다고 하더라도 전투 현장에서 벌어지는 상황이 그들의 판단 기준에는 맞지 않았기에 쉽게 감성적 판단에 휩쓸렸다.

2-6 "삼진은 중원에 있는 나라로 국민성이 온화합니다. 정치는 평온하며 국민은 전쟁에 염증을 느끼고 있습니다. 군사 제도는 타성에 젖어 있고, 장수를 경시하며, 녹봉은 박하고, 장교와 병사들은 결사의 의지가 없습니다. 그러므로 겉보기에는 체제가 잘 잡혀 있는 것 같지만 실전에서는 쓸모가 없다고 말한 것입니다. 이들을 격파하는 방법은 강력한 진으로 적을 압박하며, 적이 공격해 오면 방어하고, 달아나면 추격하며, 적이 전투를 체념하게 합니다. 이것이 현재 상황입니다."

"三晉者, 中國也, 其性和, 其政平, 其民疲於戰, 習於兵[8], 輕其將, 薄其祿, 士無死志[9], 故治而不用. 擊此之道, 阻陳而壓之, 衆來則拒之, 去則追之, 以倦其師. 此其勢也."

1. 삼진 : 문명국의 평화주의와 현실 안주

모든 국가는 부국강병을 목표로 삼는다. 국가의 번영은 국민에 편안함과 즐거움을 선사하고, 역설적으로 국민의 인내와 투쟁심을 약화한다. 바로 이런 메커니즘으로 인해 선진적인 문명을 향유하던 제국들이 과거에 식민지라며 얕잡아 보던 야만족에 의해 멸망하는 경우가 부지기수이다.

그리스와 페르시아 제국은 그들이 야만인 취급을 하던 마케도니아에 멸망했다. 서로마 제국은 당시 낙후되었던 게르만족에게 무너졌고, 동로마 제국은 초원의 유목 종족이던 오스만 튀르크에게 함락되었다. 오자가 살던 시대에도 비슷한 일이 벌어지고 있었다. 중원의 선진국들이 서쪽의 야만족이던 진나라의 위협에 떨고 있었다. 이후의 중국사에서도 중원의 문명국을 자부하던 왕조들이 문화적 후진국으로 간주했던 거란, 몽골, 만주족 등에 차례로 정복당하는 역사

8 '습어병習於兵'의 '習'은 보통 '~에 익숙하다'라는 의미로 쓰인다. 군대의 전술이나 생활에 익숙하다는 의미로 해석할 수 있다. 그러나 전체 문맥을 보면, 삼진의 군정과 병사들의 태도가 타성에 젖어 있다는 의미로 볼 수 있다.

9 '사무사지士無死志'의 '士'는 병사로 볼 수도 있지만, 사대부라고 볼 수도 있다. '士'는 보통 선비로 번역하지만, 선비는 문관이라는 의미가 강하다. 춘추 전국 시대의 '士'는 선비와는 다른 개념이다. 본문에서는 '장교와 병사들'이라고 번역한다.

를 반복하게 된다.

역사를 살펴보면 이처럼 문명국이라 자부하는 나라가 타락해 갈 때 늘 반복되는 모습이 있다. 국방에 대한 경시 풍조이다. 문관을 존중하고 무관을 천시하는 풍조가 발생하면서 엘리트가 양분되고, 군인에 대한 대우가 박해진다. 경제 관료들은 국방비를 낭비로 보기 시작한다. 지성인들 사이에서도 계몽 운동 수준도 안 되는 낭만적 평화주의가 국제 관계의 냉혹한 전략 원리를 대체할 수 있을 거라고 믿는 분위기가 나타난다. 그런 사회는 이미 위기에 빠진 것이다.

오자가 지적하는 삼진의 상황이 여기에 정확히 들어맞는다. 삼진의 군대는 황하 문명을 만든 선진 문명국답게 법과 제도, 군의 편제 등은 이론적으로 잘 정리되어 있었다. 하지만, 그것을 움직이는 인간의 의지와 노력 면에서는 허점을 가지고 있었다. 오자의 입장에서 이런 군대는 무서운 것이 없다. 그들과 대적하면 정면에서 단단하게 진을 편성해서 적의 기세를 꺾어야 한다. 적이 먼저 공격해 오면 두려워하지 말고 정면으로 맞부딪쳐 막는다. 무관을 천대하고 사기가 꺾인 군대는 강하게 저항하는 군대를 돌파할 추진력이 없고, 그런 임무를 맡길 엘리트 군대도 없다. 기세가 꺾인 적은 물러날 것이며, 그들을 추격해서 압박하면 바로 무너져 항복하게 된다.

2-7 "그러므로 우리 위나라는 다음과 같이 준비해야 합니다. 군대에는 호랑이와 같이 용맹한 병사도 있고, 솥을 들어 올릴 만큼 힘센 역사도 있습니다. 오랑캐의 말처럼 빠르게 달리는 자도 있고, 적의 군기를 뺏고 적장을 사로잡을 만한 능력을 지닌 자도 있습니다. 그런 병사들을 선별해서 별도로 편성해야 합니다. 그들을 아끼고 귀하게 대우해야 합니다. 왜냐하면 그들이야말로 군의 생명과 같은 존재이기 때문입니다. 그들 중에서도 무기를 잘 다루고 체력이 뛰어나고 건장하며 의지가 적을 삼킬 만한 자들은 반드시 계급을 높여 주어야 적과 싸워 승리를 거둘 수 있습니다. 그들의 부모와 처자를 후하게 대우하고 상으로 권장하고 엄한 벌로 군

기를 두려워하게 해야 합니다. 그렇게 하면 병사들은 진지를 견고하게 하고 굳세게 싸울 것입니다. 이상의 내용을 잘 헤아려 행하면 배가 넘는 적도 격퇴할 수 있습니다." 오자가 말을 마치자 무후가 말했다. "좋은 말씀이오."

"然則一軍之中, 必有虎賁之士, 力輕扛鼎, 足輕戎馬[10], 搴旗取將, 必有能者. 若此之等, 選而別之, 愛而貴之, 是謂軍命. 其有工用五兵[11], 材力健疾, 志在呑敵者, 必加其爵列, 可以決勝. 厚其父母妻子, 勸賞畏罰, 此堅陳之士, 可與持久. 審能料此, 可以擊倍." 武侯曰 : "善!"

1. 위나라 : 엘리트 집단을 육성하라

마지막으로 오자는 위나라 군대를 강하게 하는 개혁안을 제시한다. 방안의 핵심은 오늘날의 특수 부대와 같은 엘리트를 육성하라는 것이다. 오늘날 많은 사람이 엘리트라는 개념에 대해 불편해하거나 저항감을 느낀다. 심한 경우, 그것이 민주주의와 어긋난다고 생각한다. 하지만 20세기의 전사를 보아도 민주화가 진전된 국가들이 오히려 엘리트 부대 육성에 앞장섰고, 전쟁에서 무기와 기술의 영향력이 더욱 높아지면서 엘리트 부대의 역할은 갈수록 커졌다.

어떤 집단이든 민주적 원칙이 성공하기 위해서는 외형적 평등에 집착해서는 안 된다. 전문가와 리더가 적재적소에 배치되고, 그들의 활약이 공정하고 합리적인 대우를 받는 관행이 정착되어야 한다. 조직이 지닌 자원과 장점을 최대한 활용할 수 있어야 선진적인 체제라고 할 수 있다. 민주주의가 형식적 분배와 하향 평준화를 지향하면 반드시 실패한다. 이것은 고대 그리스부터 현대 파시즘의 출현까지 끊임없이 반복된 정치 철학적 교훈이다. 오히려 민주주의의 진정한 장

10 '융마戎馬'란 서역이나 몽골 지역의 말을 뜻한다. 춘추 시대까지도 중국 기병의 주력은 전차였다. 전국 시대에 유목 지역에서 막 기병이 소개되어 도입되기 시작했다. 중원의 말은 유목민의 말과는 상대가 되지 않았으므로 좋은 말을 융마라고 표현한 것이다. 후대의 호마胡馬와 비슷한 의미이다.

11 '공용오병工用五兵'의 '工'은 정교하게 다룬다는 뜻이다. '五兵'은 창·가지창·도끼·방패·활 등 다섯 가지 무기이다. 방패 대신 검을 넣기도 한다.

점은 구성원의 다양한 능력과 잠재력을 최대한 끌어내서 적재적소에 활용할 수 있다는 것이다.

엘리트 집단의 육성과 활용법이 저항에 부딪히는 이유는 엘리트라는 개념을 새로운 특권층이라고 받아들이기 쉽기 때문이다. 기득권층은 이 새로운 엘리트 집단이 자신을 위협할 정치 세력이 될 수도 있다며 견제한다. 대중들은 자신들을 차별하고 콤플렉스를 자극하는 집단으로 여긴다. 그러므로 민주적 엘리트 집단은 기득권층과 일반 대중 사이에서 공정한 선발과 개방적 기용을 통해 그 가치를 증명해야 한다.

오자는 진나라에 대한 대응법도 제시했지만, 동시에 법가들이 이룩한 진나라 체제의 장점도 분명하게 인식하고 있었다. 그러나 다른 6개국은 기존 지배층의 특권에 집착해서 진나라와 같은 성과급 제도를 받아들이기를 주저했다. 사마천의 《사기》〈열전〉을 보면, 간혹 맹상군孟嘗君의 예와 같이 개방적 인재 등용책을 시도하기도 했었지만, 그것이 정치적·사회적 지지를 얻지는 못했다. 그 제도란 것이, 아무 재능이나 있으면 자기의 식객으로 받아주겠다는 식의 아주 유치한 수준으로 시도된 정도라서 잘 정착되지 못했다. 그래도 오자는 위문후의 지지를 받아서 어느 정도는 이런 개혁에 성공했던 것으로 보인다. 그러나 위문후가 죽자 그 역시 저항에 부딪힌다. 결국 초나라로 망명한 오자는 다시 개혁을 시도하지만, 여전히 지배층의 저항에 막혀 실패하고 만다.

오자가 이런 방안을 제시한 것은 현실적인 이유도 있다. 사실 위나라도 삼진의 하나로 조나라·한나라 군대와 같은 병폐를 안고 있었다. 타성에 젖어 안주하는 집단을 개혁하는 방법은 투지와 능력이 있는 엘리트 집단을 육성하는 것이다. 그들을 통해 조직에 활력을 불어넣어야 하는 것이다.

제2차 세계 대전 당시 특수한 임무를 수행하는 엘리트 부대를 제일 먼저 창설하고 활용한 것은 독일이었다. 1940년 프랑스 침공을 준비하던 독일군은 벨기에의 알베르트 운하(Albert Canal)에 구축된 에반에마엘 요새(Fort d'Ében-Émael)가

눈엣가시였다. 요새는 철근 콘크리트로 구축되었으며, 2문의 120밀리미터 포와 16문의 75밀리미터 포를 품고 석회암 바위 절벽 위에 버티고 서 있었다. 독일군은 예하 부대로부터 정예 병사를 모집해 특수 부대를 편성했다. 70명이 아홉 대의 글라이더를 타고 요새로 강하해 포대를 폭파했다. 다른 부대는 주변 교량 세 개를 단숨에 파괴했다. 그러자 독일군 1개 대대가 진격해 요새와 주변 지역을 접수했다. 놀라 넋이 나간 벨기에군은 제대로 된 저항도 하지 못하고 요새를 독일군에게 넘겨주었다.

이들이 바로 제2차 세계 대전사에 등장하는 최초의 특공대다. 그러나 독일은 이런 선구적 성과를 지속하지 못하고 작전 성공 후에 부대를 해체하고 원대 복귀시켰다. 독일의 파시즘은 국가 사회주의 독일 노동당(나치스Nazis)이라는 모순된 명칭이 말해 주듯이 급속한 사회 발전과 사회 분화에 대한 대중들의 두려움에 기반을 두고 탄생한 것이었다. 원래 나치의 기원은 사회주의를 지향하는 독일 노동자당이었는데, 그들은 사회의 평등과 공정성을 유지하기 위해서는 강력한 권력이 필요하다는 소위 선한 독재에 대한 환상을 갖고 있었다. 이런 분위기 때문에 전장에서는 엘리트 부대의 필요성을 느끼면서도 이를 제도화하는 데는 두려움을 느꼈던 것 같다.

반면, 1-9편에서 잠시 살펴보았지만, 영국은 전혀 다른 이유에서 코만도를 창설했다. 1940년 덩케르크Dunkirk 패전 이후 영국은 완전히 수세에 몰려 있었다. 독일군이 좁은 도버 해협을 건너면 소총마저 부족했던 영국 육군은 사실상 저항할 수단이 전혀 없었다. 국민을 패배감과 좌절감에서 건져 내고 희망을 주기 위해서는 보다 공세적인 태도를 보여야 했다. 이때 영국 육군 참모 총장 존 딜[12] 대장의 부관이었던 더들리 클라크[13] 중령이 소수의 정예 특수 부대를 이용한 기습 공격이라는 아이디어를 내놓았다. 코만도의 탄생은 다분히 정치적이었다. 군부에서는 대부분이 반대했는데, 이런 소규모 기습전이 성공할 확률도 낮을뿐더

12 존 그리어 딜John Greer Dill(1881~1944)

13 더들리 랭글 클라크Dudley Wrangel Clarke(1899~1974)

러 군사적 효용성도 적다고 보았기 때문이다. 엘리트 부대에 대해 기득권층과 일반 대중 양쪽 모두가 갖는 불안감도 문제였다. 결국, 보어 전쟁에 참전해서 특수 부대와 게릴라 부대의 유효성을 직접 체험했던 영국 수상 윈스턴 처칠의 절대적인 지지로 코만도는 창설되었다.[14] 이후 코만도의 창설은 20세기 군사 전술의 혁명적 변화를 이끌어 냈다. 영국에서 특수 부대가 자리를 잡을 수 있었던 것은, 국가 전체의 이익을 중시하는 판단이 엘리트 부대의 육성이 가져올 정치적 불안감을 이겨 냈기 때문이다.

2-8 오자가 말했다. "적의 정세를 판단하는 데 있어 점을 칠 필요도 없이 바로 적과 싸울 수 있는 경우는 여덟 가지가 있습니다. 첫째, 바람이 거세게 불고 매서운 한파가 몰아치는데 아침 일찍 일어나 막사를 걷고 얼어붙은 강을 건너는 경우입니다. 둘째, 한여름 무더운 날씨에 늦게 기상한 뒤 휴식 없이 강행군하여 병사와 말이 갈증과 허기에 시달리는데도 불구하고 계속해서 장거리 행군을 지속하는 경우입니다. 셋째, 전쟁이 지속되어 국가의 양식이 떨어져서 백성의 원망이 심하고, 불길한 징조가 자주 나타나는데도 지도자가 이를 해결하지 못하는 경우입니다. 넷째, 군수품은 이미 떨어지고 땔감과 꼴마저 부족한데, 날씨는 흐리고 비가 많이 내려 현지 조달마저 불가능한 경우입니다. 다섯째, 병력이 부족하고 수질이 나쁘고 지형은 불리하며 병사와 말에게 질병이 만연한데 인근에서 지원이 오지 않는 때입니다. 여섯째, 길은 멀고 날은 저물어 병사들은 지치고 사기가 저하되어 식사마저도 귀찮아하고 갑옷을 벗고 쉬려고만 하는 경우입니다. 일곱째, 장군은 무능하고 장교들은 경솔하며 사졸들은 견고하지 않아 삼군이 자주 동요하며, 군대가 후퇴해도 서로 엄호하고 지원하지 않는 경우입니다. 여덟째, 진지가 완전하게 구축되지 않고 막사는 완성되지 않았는데 언덕을 올라 험한 곳에 위치해서 부대가 반은 은폐되고, 반은 노출된 경우입니다. 이런 적들은 더 이상 검토할 것 없

14 보어 전쟁에서 활약했던 보어족 게릴라 부대의 명칭을 차용한 것이다.

이 바로 공격할 수 있습니다."

吳子曰 : "凡料敵, 有不卜而與之戰者八. 一曰, 疾風大寒, 早興寤遷[15], 刊冰濟水, 不憚艱難. 二曰, 盛夏炎熱, 晏興無間, 行驅飢渴, 務於取遠. 三曰, 師既淹久, 糧食無有, 百姓怨怒, 祅祥數起[16], 上不能止. 四曰, 軍資既竭, 薪芻既寡, 天多陰雨, 欲掠無所. 五曰, 徒衆不多, 水地不利, 人馬疾疫, 四鄰不至. 六曰, 道遠日暮, 士衆勞懼, 倦而未食, 解甲而息. 七曰, 將薄吏輕[17], 士卒不固, 三軍數驚, 師徒無助. 八曰, 陳而未定, 舍而未畢, 行阪涉險, 半隱半出, 諸如此者, 擊之勿疑."

1. 준비된 군대와 준비되지 않은 군대

이편에서 오자가 지적한 조건들은 전쟁사에서 수많은 사례를 찾아볼 수 있다. 오자가 살던 시대보다 훨씬 후대의 일이지만, "바람이 불고 추운 날씨에 막사를 걷고 얼어붙은 강을 건너는 경우"는 마치 기원전 218년 12월에 한니발[18]의 카르타고군과 셈프로니우스[19]가 지휘하는 로마군 사이에 벌어진 트레비아강 전투(Battle of the Trebia)를 직접 보고 묘사한 것 같다.

한니발은 이날 아침 누미디아(Numidian) 기병을 파견해 로마군의 야전 진지를 덮쳤다. 피해는 크지 않았지만, 기분이 상한 로마군은 아침 식사도 거르고 추운 겨울에 얼어붙은 강물을 맨몸으로 건너 카르타고군을 향해 진격했다. 로마군이 갑옷을 입은 채 차가운 강물을 건너는 동안 카르타고군은 아침 식사를 충분히 하고 모닥불가에서 몸에 기름을 바르며 로마군이 다가오기를 기다리고 있었다.

15 '조흥오천早興寤遷'의 '興'은 일어난다는 뜻이며, '寤'는 침상을 말한다. 병사들이 텐트를 걷고 이동한다는 의미이다.

16 '요상삭기祅祥數起'란 요상한 징조가 자주 발생한다는 뜻이다. 이 징조는 천재天災일 수도 있고, 유언비어 같은 인재人災일 수도 있다.

17 '장박리경將薄吏輕'은 장수는 박하고 장교는 가볍다는 뜻이다. 박하다는 것은 보통 운수가 사납다는 뜻으로 사용하는데, 지휘관의 능력이 부족하다는 의미로 이해할 수 있다.

18 한니발 바르카Hannibal Barca(B.C. 247~B.C. 183?)

19 티베리우스 셈프로니우스 롱구스Tiberius Sempronius Longus(B.C. 260~B.C. 210)

한니발의 동생 마고[20]는 정예병 2000명을 이끌고 로마군의 배후를 습격하기 위해 매복했다. 이것은 평지 매복이어서 로마군에게 탐지될 위험이 있었는데, 추위와 배고픔에 시달리던 로마군은 주의력이 저하되어 마고의 매복을 알아차리지 못했다.

접전 초기에는 그래도 로마군이 힘을 냈다. 그러나 춥고 비 오는 날씨에서 로마군의 체력은 급속도로 고갈되었다. 이를 악물고 싸우느라 앞만 바라보며 싸우기에 급급했다. 전투가 절정에 달하자 비는 폭풍우로 변했고, 카르타고의 정예가 좌우측과 뒤에서 덮쳤다. 로마군이 악쓰며 상대했던 전면의 카르타고군은 최약체이며 무장도 변변치 못했던 갈리아인 용병들이었다. 진짜 주력은 좌우와 뒤에 배치되어 있었다. 로마군은 이 전투에서 대패했고, 약 2만 명이 학살에 가까운 죽임을 당했다. 한니발 군의 희생은 소수였으며, 거의가 갈리아인(켈트족)이었다.[21]

하지만 오자가 말하는 여덟 가지는 셈프로니우스의 경우와 같이 사령관이 판단 착오를 저지르는 상황의 사례를 거론한 것이 아니다. 그런 식의 예라면 여덟 가지가 아니라 800가지를 나열해도 부족할 것이다.

이 여덟 가지 사례의 본질은 군대는 전쟁터에 도착했지만 싸울 수 있는 능력이 결여된 경우를 말한다. 첫째와 둘째는 병사들의 체력이 전투를 감당할 수 없는 경우이다. 셋째부터 다섯째까지는 군수와 보급 지원, 국민의 전쟁 지원 능력이나 의지가 결여된 경우이다. 여섯째와 일곱째는 병사와 장군의 의지와 능력이 결여된 경우이고, 여덟째는 진지가 제구실을 하지 못하는 경우이다. 오자는 이런 분류를 통해 최적의 사례를 제시한 것이다.

전선에 도착해서 전투에 임한다는 것은 싸울 준비가 완비되어 있어야 한다는 것을 의미한다. 그렇지 않은 상태에서 전투에 임한다는 것은 승부를 운에 맡기는 행동이다. 물론 어떤 경우에도 군대가 완벽한 준비를 하고 전쟁에 임하는 경

20 마고 바르카Mago Barca(B.C. 241~B.C. 203)

21 마크 힐리Mark Healy(저), 정은비(역), 《칸나이 BC 216》(플래닛미디어, 2006), 90~91쪽

우는 드물다. 전쟁터에 도착해 보면 항상 무언가가 어긋나고, 물자가 부족한 등의 착오가 생긴다. 오자가 언급한 완전한 준비는 전투를 수행할 수 있는 가장 기본적인 요소를 말한다. 전쟁터에서는 준비해야 할 것이 너무 많다. 무능한 지휘관은 이런 혼돈 속에서 기준을 상실하고 셈프로니우스처럼 '로마군의 용기와 전통' 같은 엉뚱한 지표를 적용해 전투를 밀어붙이게 되는 것이다. 리더는 전투에 임할 때마다 작전의 목적과 상황을 파악하고 가장 기본적인 요소를 책정한 후 집중적으로 준비해야 한다.

2-9 "점을 칠 것도 없이 무조건 교전을 피해야 할 경우는 여섯 가지 유형이 있습니다. 첫째, 상대의 국토가 광대하며 인구도 많고 부유한 경우입니다. 둘째, 군주가 아랫사람을 아끼고 사랑하며, 혜택을 베푸는 경우입니다. 셋째, 신상필벌信賞必罰이 유지되고 적시에 발효되는 경우입니다. 넷째, 공을 세운 사람이 높은 반열에 오르고, 현자를 관리로 임명해서 능력을 발휘할 수 있게 하는 경우입니다. 다섯째, 병력이 많고 무기와 갑옷이 정제한 경우입니다. 여섯째, 주변국과 교린 관계를 형성해서 그 나라를 침공하면 6개국이 모두 상대를 원조하는 경우입니다. 이 여섯 가지 항목에서 우리가 상대보다 부족하다고 판단되면 반드시 전쟁을 피해야 합니다. 이상의 내용을 한마디로 정리하면 소위 승산이 보이면 진격하고, 어렵다고 판단되면 물러선다는 것입니다."

"有不佔而避之者六. 一曰, 土地廣大, 人民富眾. 二曰, 上愛其下, 惠施流布. 三曰, 賞信刑察, 發必得時. 四曰, 陳功居列, 任賢使能. 五曰, 師徒之眾, 兵甲之精. 六曰, 四鄰之助, 大國之援. 凡此不如敵人, 避之勿疑. 所謂見可而進, 知難而退也."

1. 전략적 구도에서 승리한다

오자는 반드시 이길 수 있는 여덟 가지 경우와 대비해서 절대 싸워서는 안 되는 여섯 가지 경우를 제시했다. 이 두 대화는 연속된 대화가 아니거나, 같은 날의 대화였다고 해도 개별적인 대화였는데 후대의 편집 과정에서 의도적으로 대비시킨 것으로 보인다.

여덟 가지 공격해야 할 경우는 전투 현장에서의 전술적 승리를 추구하는 것이다. 반면 피해야 할 여섯 가지는 전술적 상황이 아니라 전략적 요건이다. 엄밀히 말하면 상대국의 전쟁 수행 능력에 대한 총체적 비교인 것이다. 즉 전투를 벌일 군대가 아니라 전쟁을 회피해야 할 국가의 요건을 제시한 것이다. 만약 이 대화가 같은 날의 연속된 대화였다면, 오자가 전술적 논의를 갑자기 전략적 논의로 바꾼 것은 다분히 의도적인 것으로 볼 수 있다. 자신이 군사 지휘관뿐만 아니라 국가를 경영하는 재상의 능력도 갖춘 인물임을 과시하려는 의도였다는 추측이 가능하다.

전쟁을 준비하는 데 있어 상대의 전술적 능력만이 아니라 전략적·국가적 요소도 분명히 고려해야 한다. 단기전에서는 전술적 요소가 승부를 좌우하지만, 장기전으로 가면 국력 자체가 승부를 결정하는 요인이 되기 때문이다. 여기서 말하는 국력은 경제력이나 기술력 같은 실용적 요소만이 아니다. 정치 체제의 건강성, 국민의 의식 구조, 신분과 직업의 분포 등과 같은 요소도 전쟁 수행 능력에 큰 영향을 미친다.

로마는 일곱 개의 언덕으로 형성된 도시라고 불린다. 로마의 건국자인 로물루스[22]의 언덕이 대표적이며, 로마의 중심부에 제국 시대 황제들의 궁전이 세워졌던 팔라티노 언덕(Palatine hill)이 있다. 팔라티노 언덕은 멀리서 보면 위가 평평한 고지대인데 북동쪽으로는 포로 로마노Foro Romano를, 남쪽으로는 테베레강Tevere江과 대전차 경기장을 굽어보고 있다. 대전차 경기장 쪽에서 보면 황제의 궁전이 있는 정상부의 작은 돌출부에 작은 신전이 서 있다. 단층집 규모로, 지금은 공터에 한 그루의 나무밖에 남지 않아 잘 보이지도 않는다. 신전에서 제사를 지내던 시절에는 언덕의 정상부에 하늘을 배경으로 서 있는 아담한 집처럼 보였을 것이다.

22 로물루스 아우구스툴루스 Romulus Augustulus(460~511?)

아주 특별한 위치에 세워진 이 아담한 신전은 로마가 한니발에게 승리할 것을 기원하기 위해 세운 것이다. 그만큼 한니발은 로마 역사에서 지독한 악몽이었다. 우리는 그 정도를 실감하기 힘들지만, 전쟁으로 부흥한 지중해 최강대국에 겨우 1개 군단의 병력으로 뛰어들어서 무려 15년 동안이나 적국의 한복판에서 버텼다는 것은 전쟁사에서 유래를 찾기 힘든 경이적인 사건이었다. 로마군은 칸나이 전투(Battle of Cannae) 패전 이후 감히 한니발에게 도전하지 못했다. 이런 무적의 장군을 15년 동안이나 옆에 두고 살아야 했던 로마인들은 신전이라도 세우고 승리의 날을 고대하는 수밖에 없었다.

그러나 성장기의 로마 역시 저력이 있었다. 로마는 한니발에게 도전하는 것을 포기한 대신, 한니발의 전략을 그대로 흉내 내서 그의 본거지에 로마 군단을 파견했다. 맹수 같은 장군이 호시탐탐 로마 공략을 노리고 있는데, 정예 군단을 바다 건너 적의 수도로 보내 승부를 거는 전략은 시민들의 동의가 없이 불가능한 것이었다. 로마인들은 이런 황당한 전략을 승인했다. 한니발 전쟁, 즉 제2차 포에니 전쟁에서 카르타고와 로마는 서로 정예군을 적국에 투입해서 수도를 공략하는 황당한 양상으로 전개되었다. 이렇게 되자 승부의 추는 군대의 전투력이 아니라 전쟁을 수행하는 국가와 국민정신의 건강성을 겨루는 것으로 가려지게 되었다.

전쟁은 고통이자 모험이다. 로마도 내부 갈등이 없었던 것은 아니지만, 한니발이 패전한 결정적인 이유는 그가 로마 같은 시민들의 일치된 지원은커녕, 자국 카르타고로부터 질시와 견제를 받았기 때문이다. 한니발 전시戰時 중에 카르타고는 한니발에 지원을 거의 하지 않았다. 스키피오[23]가 카르타고에 상륙하자 로마와 카르타고가 똑같은 상황에 처해 있었음에도, 카르타고는 한니발을 본국으로 소환했다. 일종의 치킨 게임에서 먼저 꼬리를 내린 것이다. 더구나 한니발의 입장에서는 홈그라운드에서 벌어진 전쟁이었음에도, 자신이 전쟁터를 선택하지

23 푸블리우스 코르넬리우스 스키피오 아프리카누스Publius Cornelius Scipio Africanus(B.C. 235~B.C. 183)

못하고 스키피오가 유인하는 대로 따라가서 최악의 장소에서 최후의 결전을 맞고 말았다. 자신들의 경작지와 근거지가 피해를 볼 것을 견디지 못한 카르타고의 정치가들과 상인들이, 스키피오가 원하는 곳에서 싸울 것을 한니발에게 강요했기 때문이다.

결국 한니발은 자마 전투(Battle of Zama)에서 패전하고 말았다. 그곳은 도망칠 곳이 없는 황량한 평원이었기에 카르타고군은 로마 기병에게 처절하게 섬멸당하고 말았다. 한니발은 평생에 단 한 번 패전했는데, 그것이 곧 재기 불능의 타격이 되고 말았다. 이런 패전은 전쟁사 전체에서도 흔치 않은 일이다. 패전의 책임은 한니발에게도 있겠지만, 한니발에게 불리한 전투를 강요한 카르타고 시민들 역시 처절한 패전과 망국이라는 끔찍한 소용돌이 속에 내던져지며 이기심의 대가를 치르게 되었다.

어떤 조직이든 모집단이 건강하지 못하면 아무리 뛰어난 개혁안과 전술적 혜안이 있어도 그것을 제대로 수행할 수 없다. 오자가 제시한 여섯 가지 지표는 전쟁이라는 치열한 승부를 효과적으로 이끌어 갈 수 있는 국가의 자격 요건이다.

2-10 무후가 오기에게 물었다. "나는 적의 외형을 보고 그 내실을 파악하는 방법을 알고 싶소. 적이 진격하는 모습을 관측해서 그들이 지향하는 바를 간파하고 승부를 판정하는 것이오. 이런 능력을 얻을 방법을 들려줄 수 있겠소?" 오기가 대답했다. "적군이 접근해 오는데 군대가 제멋대로 산만하게 전진하며, 경계가 소홀하여 깃발이 번잡하고 혼란스럽게 움직이며, 인마가 자주 뒤를 돌아보면 이런 군대는 한 명으로 열 명을 공격해 꼼짝하지 못하게 만들 수 있습니다. 왕이 소집령을 내려도 휘하에 있는 제후들의 군대가 다 집결하지 않고, 왕과 신하가 불화하여 진지가 제대로 구축되지 않고 군령이 시행되지 않으며, 전군이 뒤숭숭해서 전진과 후퇴가 제대로 시행되지 못하는 군대는 절반의 병력으로도 격파할 수 있으며 그들과 백 번을 싸워도 위태롭지 않을 것입니다."

武侯問曰："吾欲觀敵之外以知其內, 察其進以知其止[24], 以定勝負, 可得聞乎?"
起對曰："敵人之來, 蕩蕩無慮[25], 旌旗煩亂, 人馬數顧[26], 一可擊十, 必使無措. 諸侯未會[27], 君臣未和, 溝壘未成, 禁令未施, 三軍匈匈, 欲前不能, 欲去不敢, 以半擊倍, 百戰不殆."

1. 체제가 주는 약점을 찾는다

오자는 산만하고 정제되지 않은 군대는 일당십으로 격파할 수 있다고 했다. 겉보기에 엉성한 군대는 상대에게 자신감을 선물한다. 제2차 세계 대전 당시 독일이 소련을 침공했을 때, 독일군 장병들은 길어야 1개월 안으로 모스크바를 점령하고 전쟁을 끝낼 수 있다고 믿었다. 개전 초기에 지리멸렬하는 소련군의 모습을 보면서 이런 심증은 확신으로 바뀌었다. 독일군의 공세에 소련군은 형편없이 무너졌다. 독일군이 보기에 소련군 병사들의 모습은 군인이 아니라 농가에서 총만 들고 뛰어나온 민병대였다. 소련군 병사들 대다수는 철모도 쓰지 않았고, 복장은 제각각이었다. 독일군은 소련 병사를 총칭해서 이반Ivan이라고 불렀는데, 이반은 소련에서 아주 흔한 이름이기도 했지만, 톨스토이의 작품 〈바보 이반〉에서 힌트를 얻었는지도 모르겠다.

복장과 무기가 정제되고 통일되어 있으면 아군은 서로 신뢰감을 느끼게 되고, 적군은 두려움을 느낀다. 이런 관점에서 독일군의 제복과 무기의 디자인은 당시로서는 독보적인 수준이었다. 소련군은 정반대였다. 그러나 실제 전쟁사를 보면

24 '지기지知其止'란 적이 최종적으로 도달하고자 하는 목표나 장소를 안다는 뜻이다.

25 '탕탕무려蕩蕩無慮'의 '蕩蕩'은 물이 거침없이 흐르는 모습이다. 거센 물살이 돌과 굽이에 부딪히며 물거품이 일어나듯 경계도 소홀히 하며 산만하게 전진한다는 의미이다.

26 '인마삭고人馬數顧'란 '人馬'가 자주 뒤를 돌아본다는 뜻이다. 행군할 때는 하나의 길로 전진하는 것이 아니다. 길을 나누어 가다가 다른 부대가 공격받으면 즉시 협격해야 한다.

27 '제후미회諸侯未會'는 '諸侯'가 다 모이지 않았다는 뜻이다. 전국 시대는 봉건 시대이다. 황제나 왕이 군대를 소집하면 제후들이 병력을 이끌고 모여야 한다. 그런데 제후가 다 모이지 않는다는 것은, 그들의 충성심이 약화하여 왕의 권위가 떨어져서 국가가 분열되었음을 말한다.

이런 기준이 꼭 들어맞았던 것은 아니다. 바보 같던 소련군 이반들도 전쟁이 지속되자 잠재되어 있던 강인함, 끈기, 명민함 등이 드러나 독일군을 괴롭히기 시작했고, 끝내는 독일군을 파멸시켰다. 그렇다면 오자의 주장은 틀린 것일까? 틀렸다면 왜 틀렸으며, 오자뿐 아니라 왜 많은 지휘관이 정제되지 않은 군대를 경시하는 것일까?

이 문제를 통찰하기 위해서는, 오자가 지목한 현상이 아니라 그가 무엇을 찾기 위해 그런 현상을 거론했는가를 알아야 한다. 춘추 전국 시대에는 대륙이 여러 개의 제후국으로 나뉘어 있었다. 제후 아래에도 다시 작은 성들이 존재했다. 전쟁이 벌어지고 소집령이 떨어지면 대부는 자기 지역의 병력을 끌고 제후에게 달려가고, 제후는 이들을 모아 황제나 왕에게 달려간다.

봉건제의 치명적인 단점은 군대의 지역별 편차가 너무 크다는 것이다. 장비와 무기, 부대의 편제 방식 등은 법을 만들어 통일시킨다고 해도 군대의 질까지 균일하게 편성하고 통제할 수는 없다. 심하면, 무기도 각양각색이고 다양한 종족이 혼합되는 경우도 있다. 이런 상태라면 제후의 군대마다 전투력의 편차가 크다. 이처럼 균질성이 심하게 떨어지는 군대를 모아 놓으면 행군 속도도 차이가 크고, 지형 적응력도 모두 다르다. 군대가 집결지를 정해도 시간을 맞추기 힘들다. 같이 행군을 시작해도 뒤에 있는 부대가 처지고 간격이 벌어진다. 그 간격 사이로 적군이 파고들면 최악의 상황이 벌어진다. 이런 상황을 걱정하는 군대는 오자의 말처럼 자주 행군을 멈추고 두리번거리게 된다. 뒤에 있는 아군이 제대로 행군해 오고 있는지, 측면에 있어야 할 부대가 과연 제자리에 있는지 신뢰하기 어렵기 때문이다.

자주 두리번거리는 데는 더 근본적인 이유가 있다. 제후들의 충성도 문제이다. 정치가 공정하지 못하고, 왕과 지배층이 신뢰를 잃고, 제후들이 불만에 가득 찬 군대일수록 제후들 간의 이해관계는 더 복잡해진다. 왕이 소집령을 내려도 제후들이 제때 도착하지 않는다. 이것이 행군 중의 사정이나 어려움 때문인지, 그 제후가 배신을 생각하기 때문인지 알 수가 없다. 이미 제후들 일부가 이탈한 것을 목도한 군대는 간신히 소집에 응한 제후와 대부들에게조차도 완전히 신뢰할 수 없다.

이것이 오자가 행군하는 적군의 모습에서 찾고자 하는 흔적이다. 그래서 그는 행진이 산만하고 두리번거리는 군대의 모습에 주목한 것이다. 이 교훈을 우리 시대에 적용하려면 두리번거리는 모습만을 생각해서는 안 된다. 보다 근본적인 이유를 들여다보아야 한다.

앞에서 오자는 강대국의 약점과 공략법을 논하면서 적의 장점이 주는 단점에 주목했다. 이 장에서 오자는 또 하나의 필연적인 단점에 주목하고 있는데, 그것은 체제가 주는 단점이다. 내부 분열은 봉건제라는 사회 구조가 배태하고 있는 근원적인 단점이다. 오자는 이런 판단에 기초해서 그런 치명적 단점을 드러내는 징조들을 제시한 것이다.

체제가 주는 단점을 극복하지 못하고 몰락한 대표적인 사례로 스파르타 전사들이 있다. '스파르타Sparta'라는 단어는 오늘날까지도 군인 정신의 상징으로 남아 있다. 페르시아 전쟁 당시 테르모필레 전투(Battle of Thermopylae)와 마지막 전투였던 플라타니아Platania 전투에서 스파르타 병사들의 전투력은 가히 전설적이었다. 스파르타는 그 여세를 몰아 아테네와의 기나긴 펠로폰네소스 전쟁에서 승리했고, 그리스의 패자가 되었다. 그러나 최정상에 서는 순간 스파르타의 영광은 너무나 짧고, 허무할 정도로 단숨에 몰락했다. 스파르타가 이처럼 급속도로 몰락한 이유는 무엇이었을까? 아리스토텔레스[28]는 《정치학》에서 기능적인 설명을 제시했다. 스파르타가 영광을 누린 이유는 다른 국가들이 모두 신체 단련을 경시할 때, 스파르타 청년들만이 강인한 육체적 훈련을 받았기 때문이었다. 그러나 전쟁이 확산되고 다른 나라들도 스파르타처럼 훈련하기 시작하니 스파르타의 힘의 우위가 단숨에 사라졌다는 것이다.

아리스토텔레스의 지적도 경청할 만하지만, 오자가 다룬 주제에 부합하는 파

28 아리스토텔레스Aristotles(B.C. 384~B.C. 322)

멸의 원인은 역설적으로 그들의 승리와 영광이다. 알고 보면 스파르타는 수줍은 국가였다. 스파르타의 다소 과장된 전사 양성 체제는 원래 정복을 위한 것이 아니라 내부 결속과 방어가 목적이었다. 그들은 사실 현상 유지론자들로, 지배층의 굳건한 단합과 공동체 생활을 통해 외침을 막고 내부의 반란을 억제하면서 보수적으로 체제를 유지하고자 했다.

스파르타의 청소년들은 어릴 때부터 팀을 만들어 병영 생활을 했다. 인내력을 기르며 팀과 함께 육체적 힘과 전술을 연마했다. 그렇게 쌓은 팀워크는 팔랑크스Phalanx 간의 집단적 밀집 중장 보병 전투에서 엄청난 위력을 발휘했다. 다른 나라들도 신체 단련을 통해 스파르타와 맞설 실력을 키울 수 있었지만, 이 팀워크만큼은 쫓아갈 수가 없었다. 실제로 스파르타와 숙적 아르고스Argos가 영화에나 나올 법한 300명 결투를 벌인 적이 있다. 일반적인 전투 대신 각자 용사 300명을 뽑아 승부를 가리기로 한 것이다. 스파르타의 영광이 무색하도록 이 대결에서 스파르타는 패배의 위기에 몰렸다. 피의 대결이 펼쳐진 후 시체 더미 위에는 세 사람만이 서 있었다. 한 명은 스파르타의 전사였고, 두 명은 아르고스인이었다. 아르고스의 두 사람은 이미 승부는 났다고 보고, 최후의 아량을 보여 그 스파르타인을 공격하지 않고 돌려보냈다.

자존심이 상한 스파르타인들은 아르고스인이 최후의 스파르타 전사에게 겁을 먹고 공격을 포기하고 돌아갔기 때문에 자신들의 승리라고 우겼다. 사실 스파르타의 최후 1인은 부상까지 입은 상태였다. 아르고스인들이 이런 억지를 받아들일 리 없었다. 결국 양측 주장이 충돌하면서 전쟁을 피하고 결투로 승부를 가리자던 신사협정도 파기되었다. 양국 군대는 다시 격돌했는데, 집단전이 시작되자 아르고스군은 스파르타군에게 무참히 전멸되고 말았다.[29]

스파르타의 힘은 전사 개개인의 무용이 아니라, 스파르타의 삶의 방식에 대한 강한 신념에 기초한 팀워크였다. 그리고 이것을 유지하게 해 주는 진짜 힘은 사회 분화를 방지하는 균일하고 공동체적인 사회 체제였다. 이것이 이미지에 가려

29 톰 홀랜드Tom Holland(저), 이순호(역), 《페르시아 전쟁》(책과함께, 2006), 161~162쪽

진 스파르타의 체제적 장점이다. 그러니 이들의 약점은 바로 이 공동체적 체제가 붕괴하는 것으로부터 시작된다.

페르시아 전쟁이 벌어지면서 스파르타군의 예상 밖 승리가 이어지고 정복지가 생겨나면서 부와 영광이 스파르타로 밀려들어 왔다. 이것은 스파르타 지배층과 전사 집단의 공동체 의식을 무너뜨리기 시작했다. 스파르타의 여인들은 전리품으로 들어온 보석과 금붙이로 치장을 시작했고, 전공을 세우고 전리품을 획득한 사람에게는 더 많은 보상이 주어졌다. 그 보상 중 하나가 군역의 면제였다. 부와 권력을 알게 된 사람들은 딱딱하고 검은 빵과 수프를 먹으며 살아야 하는 막사 생활을 싫어하게 되었다. 전사들은 병영을 떠나 부유한 귀족의 세계로 접어들었고, 이를 합법화하는 법을 만들었다. 그 결과 스파르타를 지켜 온 전사 집단과 그 양성 체제가 붕괴하며, 그들은 상무 정신을 잃고 말았다.

오자의 상대국이 전국 시대의 봉건 제후국이 아니라 스파르타였다면, 오자는 행렬이 산만한지를 살피라는 지침은 내리지 않았을 것이다. 그리스인들은 밀집 중장 보병 전술을 사용했기 때문에 아무리 최악의 군대라도 산만하게 흩어진 모습은 잘 보이지 않는다. 어쩌면 오자는 이러한 지침을 내렸을지도 모른다.

'병사들의 청동 방패가 균일하게 빛난다면 함부로 공격해서는 안 됩니다. 그러나 병사들이 금목걸이를 하고 있고 일부는 방패에 장식해서 중장 보병의 방패에 금빛·은빛·청동빛이 섞여서 번쩍거리고 있다면 겁먹지 말고 바로 전투를 시작하십시오'라고 말이다.

2-11 무후가 적을 반드시 공격해야 하는 경우에 대해 물었다. 오기가 대답하여 말했다. "용병은 반드시 적의 허실을 먼저 살핀 후에 저들의 약한 곳을 빠르게 치고 들어가야 합니다. 적이 멀리 행군해 와서 막 도착해서 행렬이 안정되지 않았을 때가 공격할 수 있는 적기입니다. 식사를 마치고 아직 전투 준비가 되지 않은 적, 빠르게 달리는 적, 사역으로 피로한 적, 불리한 지형에 위치한 적, 시기를 놓치고

적절한 행동을 하지 못하는 적, 장거리를 행군해 와서 후미가 아직 쉬지 못한 적, 강을 절반쯤 건넌 적, 험한 길이나 좁은 도로에 있는 적, 깃발이 무질서하게 움직이는 적, 진지를 자주 이동하는 적, 지휘관이 병사들과 떨어져 있는 적, 공포에 떨고 있는 적은 공격할 수 있습니다. 이런 적들은 먼저 정예 부대를 보내 충돌하게 하고, 후속 부대는 병력을 나누어 계속해서 공격합니다. 이때 반드시 신속하게 공격하며 주저하지 말아야 합니다."

武侯問敵必可擊之道. 起對曰 : "用兵必須敵虛實而趨其危. 敵人遠來新至, 行列未定, 可擊. 既食未設備, 可擊. 奔走[30], 可擊. 勤勞, 可擊. 未得地利, 可擊. 失時不從, 可擊. 涉長道後行未息, 可擊. 涉水半渡, 可擊. 險道狹路, 可擊. 旌旗亂動, 可擊. 陳數移動, 可擊. 將離士卒, 可擊. 心怖, 可擊. 若凡此者, 選銳衝之, 分兵繼之, 急擊勿疑."

1. 금기를 노리고, 금기를 이용한다

승리의 원칙은 철저하게 적의 약점을 찾아 신속하고 강력하게 공략하는 것이다. 공략 지점 중 이상적인 것은, 적군도 알지 못하는 급소를 찾아내는 경우와 적이 알면서도 어찌할 수 없는 경우가 있다. 어쩔 수 없는 사정으로 장거리를 급하게 행군해 온 부대가 지치고 발이 부르터서 참호를 팔 기운조차 없는 순간을 공격한다거나, 군량이 떨어져서 위험한 줄 알면서도 험한 계곡을 통과한다거나 하는 등의 상황을 말한다. 탁월한 전술가는 적이 알면서도 이런 궁지에 몰리도록 유도한다. 트레비아 전투에서 로마군 지휘관이 한니발의 도발에 넘어갔던 것은 오자가 지적한 상식을 몰라서가 아니라, 한니발이 계속해서 로마군을 화나게 함으로써 분노가 이성을 흩트리도록 조작했기 때문이다.

그런데 전쟁사를 보면 이런 금기 사항을 역으로 이용해서 승리를 거두는 경우

30 '분주奔走'란 빠르게 달리는 적을 뜻한다. 보병이 빠르게 뛰면 체력이 고갈되어 대형도 유지할 수 없다. 즉 보병들이 달린다는 것은 전투를 포기했거나 지휘 통제가 전혀 이루어지지 않고 있다는 의미이다.

도 있다. 롬멜은 지중해를 항해해서 북아프리카 전선에 처음 도착한 독일 병사들을 잠시의 쉴 틈이나 사막 적응 기간조차 주지 않고 전선으로 바로 내몰아 영국군 방어선을 공격하게 했다. 심지어 항구에서 사단 편성조차 하지 않고 대대이든 연대이든 도착하면 바로 전선으로 진격시키는 축차공격逐次攻擊(Piecemeal Attack)을 감행했다.

> 2월 14일, 나의 주장으로 최초의 이탈리아군 사단이 시르테Sirte를 향해 행군을 개시했다. 바로 그날 제3 정찰대대와 대전차포대대의 독일군 제1진이 트리폴리Tripoli 항에 도착했다. 상황이 너무나 위급했기 때문에[31] 나는 하역 작업을 신속하게 완료하기 위해 불을 밝혀 철야 작업을 시켰다. 적 공습의 위험도 있었으나 별로 개의치 않았다. 6000톤의 화물을 하룻밤 사이에 하역해 트리폴리 항의 기록을 세웠다. 다음 날 아침 일찍 병사들은 열대용 장구를 지급받고, 11시경에 정부 청사 앞 광장에 집합했다. (중략) 26시간 후에는 최전방에 도착했다.[32]

전술의 모든 금기를 위반한 이 공세에서 롬멜은 대승리를 거두었다. 영국의 전사가 리델 하트는 롬멜의 이 전역을 이렇게 정리했다.

> 롬멜은 겨우 1개 사단에 상응하는 병력을 가지고 3월 하순에 반격을 개시했다. 그는 야간에 영국군의 측면을 우회하고 그 배후를 공격하는 기동으로 적의 전방 배비를 교란시켰다. 그 후 포위하는 압박 기동에 의해 메킬리Mechili에서 적의 주력을 항복시키는 데 성공했다. 그는 적이 예측하지 못하도록 전진했다.[33]

롬멜이 전쟁의 금기를 깨고 승리한 비결은 무엇일까? 흔히 이런 이야기를 하면

31 이건 롬멜의 억지다. 당시 영국군은 공격할 의도도 능력도 없었다.

32 리델 하트Liddell Hart,(저), 황규만(역), 《롬멜전사록》(일조각, 2003), 197쪽

33 리델 하트(저), 주은식(역), 《전략론》(책세상, 1999), 375쪽

나오는 결론이 역발상을 통해 적의 방심을 노렸다는 것이다. 이런 해석은 매우 추상적이고 잘못된 설명이다. 장거리 행군을 하고 미처 대형을 정비하지도 못한 군대를 공격하면 쉽게 승리할 수 있는 이유는 크게 세 가지다.

첫째, 병사들이 체력과 신체 상태가 전투를 벌일 수 있는 상황이 아니다. 둘째, 전투를 벌이려면 병기와 물자가 완비되어야 한다. 장거리를 행군하는 병사들이 전투에 돌입할 수 있는 장비와 탄약을 갖추고 움직일 수는 없다. 셋째, 전투는 대형 싸움이다. 1000명의 부대가 전투 대형을 갖추는 데도 상당한 시간이 걸린다. 대형을 갖추지 못한 부대는 아무리 병력이 많아도 행군 상태에서 전투를 벌이게 되면 각개 격파당하는 상황을 피할 수 없다.

롬멜의 상황으로 돌아가 보자. 롬멜은 사단 병사들보다 먼저 도착해서 영국군의 진지를 정찰하면서 중요한 사실을 탐지했다. 영국군이 좌측면의 험지가 전차가 통과할 수 없는 지형이라고 판단해서 방어선을 구축하지 않았다는 곳이다. 롬멜은 이 무인지경無人之境으로 그의 전차 부대를 보내 적을 우회해서 뒤에서 공격하게 했다. 즉 독일군은 영국군 방어선을 공격하는 것이 아니라 영국군이 전혀 살피지 않는 지역으로 우회해서 적을 공격할 것이기 때문에 행군 대형으로 진격해도 무관했다. 더욱이 영국군 방어 부대는 막 도착한 신병 사단이어서 방어 준비가 제대로 되어 있지 않았다. 이런 적은 빠르게 공격할수록 유리하다. 롬멜은 신속한 우회만 달성하면 되었기 때문에 축차공격을 지극히 자연스럽게 시행했다.

또한, 기갑 부대는 장거리 이동에서의 피로와 전투력 상실이 보병보다 훨씬 덜하다. 당시의 기갑 부대 이동이 승용차를 타고 이동하는 것처럼 쉬운 것은 아니지만, 차량만 잘 운용하면 상당한 전투력을 보존할 수 있었다. 또한 기갑 부대는 이동과 수송을 겸하기 때문에 한동안 싸울 수 있는 군수 물자를 갖고 이동할 수 있다. 공격 이전에 대형 정비와 보급 물자 조달에 걸리는 시간을 보병에 비해 혁신적으로 줄일 수 있는 것이다. 롬멜이 전술의 금기를 무시한 듯 보이지만 사실은 그것이 지극히 전술적인 판단이라고 보는 이유다.

많은 이들이 병서를 읽고 전술을 공부할 때, 병서에 적힌 문장을 그대로 받아들인다. 이런 접근은 오자와 손자의 명석한 혜안을 '탁상 위의 전술'로 만들어 버린다. 롬멜은 "나는 탁상 위의 전술을 신뢰하지 않는다"라고 말했다. 여기서 말한 탁상 위의 전술은 오자나 손자의 본의가 아니다. 그들의 본의를 알지 못하고 책 속의 문구를 맹종하는 사람들이 세우는 전술을 말한다. 롬멜은 병서를 무시한 것이 아니라 제대로 활용한 것이다.

오자는 빠르게 달리는 적은 즉시 공격해야 한다고 했다. 여기서 빠르게 달린다는 것은 기병이 아니라 보병 부대를 의미한다고 생각된다. 18세기까지도 보병에게는 구보驅步라는 개념이 없었다. 창과 방패를 들고 갑옷을 입고 밀집 대형을 유지하면서 보병들이 달린다면 체력은 곧 소진되고 대형은 유지될 수 없기 때문이다. 갑옷을 벗은 17~18세기 이후에도 상당히 긴 총과 불편한 배낭과 장비를 주렁주렁 달고 있는 보병들에게 구보란 상상할 수 없는 일이었다. 물론, 기동력을 유지하는 경무장 보병들이 있었지만, 이들도 투창이나 돌팔매 같은 투척 무기를 사용할 때만 기동을 했다. 그들이 백병전한다면, 도끼를 들고 짧은 거리를 뛰어 달려드는 인디언식 돌격 전술에나 구보가 가능했을 것이다.

이런 이유로 현대 군사학의 창시자라 할 수 있는 델브뤼크[34]는 마라톤 전투(Battle of Marathon)에서 그리스 중장 보병들이 전술적 상식을 무시하고 1500미터의 거리를 달려 페르시아군의 대형에 충돌했다는 기록을 해석하느라 무척 고심했다. 그는 실증적 사례도 들었는데, 1864년 1개 중대의 덴마크 병사들은 흥분한 나머지 프러시아 소대를 향해 약 400보의 거리를 만세를 부르며 뛰어서 돌격했다. 그러나 겨우 100보를 달리고 덴마크 병사들은 숨을 헐떡이며 주저앉아야 했다.[35]

델브뤼크의 결론은 그리스 보병의 1500미터 달리기는 불가능하며 분명히 과장된 서술로 보인다는 것이다. 이 견해에 대해 일부 장교들은 실증적인 근거를 제

34 한스 델브뤼크Hans Delbrück(1848~1929)

35 한스 델브뤼크(저), 민경길(역), 《병법사1》(한국학술정보, 2009), 66쪽

시했다. 당시 독일군의 한 대위가 아침저녁으로 병사들에게 달리기 훈련을 시켰더니 이 병사들이 일정한 속도만 유지한다면 완전 군장을 하고 15킬로미터 달리기도 가능했다는 보고였다. 델브뤼크는 이 사례를 고대 그리스 보병에게는 적용할 수 없다고 맞섰다.

하지만 고대 그리스 보병은 우리 생각보다는 훨씬 잘 달렸다. 기원전 490년, 마라톤 전투가 끝나고 마라톤 평원에서 아테네까지 달린 사람은 승전보를 전하기 위한 전령이 아니라 중장 보병대 병사였다. 아테네 공략을 위해 마라톤 전투가 벌어지기 전에 이미 배를 타고 떠난 페르시아군의 아테네 상륙을 막아야 했기 때문이다. 병사들은 약 40킬로미터를 달렸고, 전설과 달리 승전보를 전하고 쓰러져 죽지도 않았다. 그들은 승전보를 전할 틈도 없이 항구로 달려가 진을 쳤고, 막 항구로 접근해 오던 페르시아 함대는 이들을 발견하고 상륙을 포기하고 철수했다.

중무장 병사들은 달릴 수 없다든가, 장거리 행군 후 전투해서는 안 된다는 것은 보병이 달리면 전투력과 체력을 유지할 수 없다고 생각했기 때문이다. 실제로는 고대 그리스의 보병들은 그렇게 생각하지 않았던 모양이지만, 전투의 중심이 기병으로 옮겨 가고, 보병이 보조적인 부대가 되면서 그리스 중장 보병들처럼 갑옷을 입고 죽도록 달려서라도 싸워야겠다는 사명감은 많이 사라졌던 것 같다.

그러나 이후 18세기에 다시 보병의 시대가 도래하고, 19세기 말이나 되어서야 보병도 달릴 수 있고, 달려야 한다는 필요성이 인지되기 시작했다. 현대의 보병에게는 구보가 더욱 중요한 일상이 되었다. 장비와 행군과 체력 사이의 상관관계가 달라졌기 때문이다. 군 장비의 인체 공학적 개량으로 오늘날의 병사들은 방탄조끼에 휴대용 미사일까지 거의 40킬로그램의 군장을 하고도 걷고 달린다. 현대전에서 백병전의 비중은 거의 사라지다시피 했다. 덕분에 병사들은 방아쇠를 당길 힘만 남겨 놓는다면 아무리 무거운 장비라도 들고 뛰어야 한다. 이제는 오자의 지적과는 반대로 보병은 빠르게 달리는 가장 무서운 병사다. 그러면 오자가 틀린 것인가?

오자의 말에 담긴 함의를 보아야 한다. 병사들이 전투에 효과적으로 임할 수 없는 상황을 살피라는 것이다. 병사들이 전투를 최우선 과제로 두지 않고 생존과 도피를 우선시할 만한 징후를 찾아내라는 의미다. 간단한 이야기 같지만, 전술의 논쟁사는 문구에만 집착하는 측과 사회와 기술의 변화에 맞춰 전술의 본질을 보는 측의 싸움이었다. 후자는 언제나 소수였다. 하지만 알렉산더 대왕 이래 전쟁사의 빛나는 승리는 모두가 후자의 전술로 이어져 왔음을 잊어서는 안 된다.

제 3 편

제3편 치병治兵

용병과 훈련

3-1 무후가 물었다. "용병에는 무엇을 우선적으로 고려해야 하오?" 오기가 대답했다. "네 가지를 가볍게 하고, 두 가지를 무겁게 하며, 한 가지 신뢰를 분명히 해야 합니다." "그게 무슨 뜻이오?" "땅이 말(馬)을 가볍게 해 주고, 말이 수레를 가볍게 여기며, 수레가 사람을 가볍게 여기고, 사람이 싸움을 가볍게 여기도록 하는 것입니다. 지휘관이 지형의 험함과 편안함을 잘 판단하면 땅이 말을 가볍게 만들어 줄 것입니다. 말이 살찌고 차축이 튼튼하면 수레가 사람을 가볍게 여기게 될 것입니다. 병기가 예리하고 갑옷이 튼튼하면 병사들이 전투를 가볍게 여길 것입니다. 나아가 싸운 자에게는 크게 포상하고, 물러선 자는 중형으로 다스려야 합니다. 상벌은 공정하게 해서 신뢰를 얻도록 해야 합니다. 이것이 승리하는 원리입니다."

武侯問曰 : "用兵之道何先?" 起對曰 : "先明四輕二重一信." 曰 : "何謂也?" 對曰 : "使地輕馬, 馬輕車, 車輕人, 人輕戰. 明知險易, 則地輕馬, 芻秣以時, 則馬輕車, 膏鐧有餘, 則車輕人, 鋒銳甲堅, 則人輕戰. 進有重賞, 退有重刑, 行之以信. 審能達此, 勝之主也."

1. 기동과 충격

4경 중 세 개는 말과 수레, 즉 병종으로는 전차병에 관한 것이고, 한 개가 보병을 포함한 병사에 관한 것이다. 관심도를 보면 전차가 압도적으로 높다. 이 시대에 전차는 보병 100명당 1대꼴로 병력 상의 비중이 작았다. 그러나 아직 전술이 단순했던 평지 전투에서 전차의 역할은 상당히 컸을 것으로 추측된다. 잘 훈련되지 않고 직업 전사가 부족한 군대는 백병전을 두려워한다. 이들을 몰아가서 결정적인 승부를 내기란 쉽지 않다. 총과 대포가 나오기 전에 기병이 전장의 꽃이었던 이유는 그들이 대부분 전문적인 무사였기 때문이다. 보호 장비를 갖추고 충분히 훈련한 군대만이 승부를 결정짓는 작전을 수행할 수 있었다.

고대에는 전차에 운전병과 활과 창을 다루는 한두 명의 전투병이 탔다. 네 마리의 전투용 말과 전차의 장갑으로 보호받는 전차병은 기병에 비하면, 안정감과 자신감을 얻을 수 있었다. 이때 전차의 진정한 적은 적군이 아니라 땅에 있었다. 튀어나온 돌부리와 쓰러진 나무 같은 것이다. 스프링spring이나 서스펜션suspension 같은 장치가 없었던 전차의 바퀴가 이런 장애물에 걸리면 전차병을 튕겨 내거나 전복되었다. 그러므로 전차를 효과적으로 운용하려면 적절한 전장을 선택하는 것이 먼저 결정되어야 한다. 그래서 오자는 땅이 전차를 가볍게 해야 한다고 말한다.

땅을 가볍게 하라는 오자의 첫 번째 교훈은 사람이든 조직이든 먼저 마음껏 활동할 수 있는 조건을 만들어 주라는 교훈으로 전환할 수 있다. 어떤 병기이든 무적은 없다. 정복 전쟁이 힘든 이유는 적의 홈그라운드에서 적의 환경에 특화된 전술과 무기를 상대해야 하기 때문이다. 따라서 어떻게든 아군이 위력을 발휘할 수 있는 환경을 조성하거나, 환경에 맞는 전술이나 무기를 갖추어야 한다. 당연한 말 같지만, 일선에서는 이 점을 종종 망각한다. 조건은 조성해 주지 않고 목표 달성만 강요하는 것이다. 특별한 임무를 맡기기 위해 특수한 인재를 불러 놓고, 기존 조직의 관행에 맞추라고 강요하는 것도 흔하게 볼 수 있다. 모든 사람의 땅을 가볍게 해 준다는 것은 현실적으로 불가능하다. 4경의 핵심은 적어도 앞에서 달리는 부대가 땅을 가볍게 여기도록 환경을 조성해 주어야 한다는 것이다.

2. 앞서가는 부대와 따라가는 부대가 필요하다

전투는 병기와 병기가 맞부딪치며 시작된다. 전술도 그 순간부터 가동되고 결과를 만들어 내기 시작한다. 그런데 전투는 시작하는 것이 가장 힘들다. 유럽의 전쟁사학자 중에는 백병전에 대한 공포심 때문에 고대 그리스의 중장 보병 전투는 불가능했을 것이라고 주장하는 사람도 있었다. 전형적인 책상 위에서만

나온 구상이다. 그러나 백병전이 그만큼 난제인 것은 사실이다.

전투를 벌이기도 전에 적이 겁을 먹고 대형이 엉성해지면서 등을 보인다면, 아군 병사들은 함성을 지르며 적을 향해 돌격할 것이다. 그러나 적이 아군의 대형과 함성에 전혀 겁을 먹지 않고, 오히려 더 거세게 도전한다면 정면으로 격돌하기가 쉽지 않다. 이런 상황에서 적과 격돌하려면 특별한 전술이 필요하다.

전차는 선두에서 적진에 충돌할 때 더할 나위 없이 유용했다. 춘추 시대에는 전차대가 사실상 가장 위력적인 부대였다. 전차가 돌진하면 보병들이 함성을 지르며 진격했다. 보병들이 용기를 내어 적진에 최대한 다가가면 적의 뒤나 측면으로 전차 부대가 충돌했다. 전 병력의 100분의 1에 불과한 전차가 그토록 중요했던 까닭이다.

전쟁사에서 오래된 진리 중 하나는, 부대와 병종 간에 평등은 없다는 것이다. 제2편 〈요적〉에서 오자는 "엉성한 적이라고 할지라도 먼저 정예 부대를 보내 적과 충돌하게 하고 후속 부대는 병력을 나누어 계속해서 공격하라"라고 가르쳤다. 최초의 충격은 특히 중요하다. 병종丙種 상으로는 전차·기병·탱크 같은 특수한 부대가 이 역할을 한다. 심지어 보병이라도 먼저 최정예 부대를 충돌시켜 적을 공격하기 쉽게 만들어 놓아야 한다는 것이 오자의 지론이었다. 결국 전술의 요체는 이런 충격 작전을 감당할 병사들을 양성하는 데 있었다.

3. 갑옷과 정신 무장

고대 그리스·로마의 중장 보병대는 전차대와 같은 특별한 충격 부대에 의존하지 않고 자신들이 직접 충격 작전을 수행했다. 보병이 중심이 되어 방패와 창으로 정면 승부를 펼치기 위해서는 전차와 기병에 버금가는 특별한 무언가가 필요했다. 그리스인에게 그것은 시민권이었다. 시민은 폴리스의 지배층으로서 공직자로 선출될 수 있는 권한과 투표권을 얻었다. 시민의 자격증이며 권리이자 의무가 중장 보병으로 복무하는 것이었다.

로마도 처음에 그리스와 같은 방법을 쓰다가 나중에는 직업 군인으로 전환했다. 안정된 생업, 직업 군인 특유의 끈끈한 연대감, 강훈련을 받은 세계 최고의 부대라는 자부심이 시민의 자리를 대신했다. 그러나 아무리 특별한 정신력·사명감·자부심이라도 생존 본능보다 강하지는 않다. 충격 작전이 가능하게 하려면 병사들이 자신의 힘을 확실하게 만들 수 있는 가시적인 징표가 필요하다. 그리스·로마군이 지닌 특별한 징표가 바로 오자가 말한 예리한 병기와 튼튼한 갑옷이었다. 그리스·로마군은 모두 당대에 가장 훌륭한 갑옷과 방패로 무장했다. 중장 보병의 신화를 쓴 그리스인들은 청동 방패와 청동으로 만든 투구, 가슴 가리개, 정강이 가리개 등을 착용했다. 백병전용 창과 짧고 예리한 검을 들었다. 청동제 갑옷 세트는 상당히 무거웠지만, 갑옷도 없이 나무 방패를 든 페르시아군을 상대하는 데는 부족함이 없었다.

로마군은 그리스군보다 강한 적을 상대해야 했다. 체격 조건으로는 세계 최고인 유럽 중부·북부의 전사들이었다. 그리스식 갑옷으로는 그들을 막을 수 없었기에 로마군은 군 장비와 전술을 개량했고, 시민군을 직업 군인으로 대체했다.

로마군의 개량 작업과 전술은 그간 많은 책에서 소개되어 있으므로 여기서는 생략한다. 대신 자신감이라는 관점에서 그 효과를 살펴보고자 한다. 로마군의 보호 장비는 그리스보다 세분화되고 복잡해졌다. 그리스식 투구는 일체형으로 복면처럼 뒤집어쓰는 것이었다. 꽤 무겁고 불편했지만, 쓰는 동작은 간편 단순했다. 반면 로마군의 투구는 어떤 의미로는 좀 너덜거렸는데, 본체인 헬멧, 챙, 뒤편의 목 가리개, 안면갑 등으로 구성되었다. 목 가리개와 안면갑은 조립식 형태와 비슷했다. 갑옷도 통갑옷이 아니라 여러 개의 철판을 붙인 형태였다. 이런 형태는 갑옷을 가볍게 하며 무게 대비 방어력을 높이고, 신체 동작을 자유롭게 하는 일종의 기능성 제품이었다. 하지만 여러 부위를 가죽끈으로 묶어 조립해야 해서 입는 데 시간이 많이 들어서 주변 동료가 도와주어야 했다.

착용할 때 불편하고 기습 공격에 취약했지만, 기능성이 가미된 형태의 갑옷은 병사들의 장비에 대한 신뢰를 높이는 데 기여했다. 예를 들어 손잡이를 누르면 스프링에 의해 뚜껑이 튀어 올라오는 장치는 오늘날 거의 모든 포트에 사용되고 있는데, 기록상으로 보면 중세 르네상스 시대에 발명되었다. 이런 조작을 단지 일상의 소소한 재미나 뚜껑을 여는 힘을 아끼기 위해 만들었을까? 그렇지 않을 것이다. 이런 조그만 장치들이 의외로 제품 전체에 대한 신뢰를 높이고, 자신이 앞서나가는 사람이라는 느낌을 주기 때문이다. 사진에 취미가 있는 사람들은 카메라 셔터 소리에 의외로 민감하다. 특히 셔터 소리의 표준처럼 되어 있는 모 카메라의 마니아 중에는 경쟁사에서 월등한 제품이 나와도 셔터 소리 때문에 기존 제품을 고수한다는 사람도 있다. 디자인과 조작법 등은 의외로 제품에 대한 감성적 신뢰감과 깊게 연결되기 때문이다.

로마군의 갑옷이나 현대의 군사 장비도 이런 점에서 상당히 유사하다. 갑옷 착용법, 총기의 디자인, 독특한 감촉, 노리쇠의 장전 소리 등 전문가들이 병기를 평가할 때는 이런 항목도 중요하게 취급한다. 특히 병사들과 늘 접촉하는 장비일수록 자신감을 부여하는 데 큰 역할을 담당하기 때문이다.

'예리한 병기와 갑옷의 효과'는 현대 조직의 운영에서도 시사하는 바가 크다. 요즘 경영자들은 작업장이나 사무실의 인테리어나 공간 구성에 상당히 신경을 쓴다. 비용이 들더라도 그만큼 고급스런 분위기가 직원들의 자부심과 생산성을 증진하는 데 효과가 있다고 본다.

과거에는 사무실에 파티션partition을 설치하는 것이 유행했다. 나만의 공간을 확보해 주는 것이 만족감과 편안함을 주고 작업 집중도를 높일 거라고 기대했다. 그러나 나만의 폐쇄적인 공간이 주는 만족감은 사생활에 대한 인간 본연의 감성에서 나온 것이다. 그런 구조는 집단적 협력을 추구하는 생산 현장의 감성과는 어울리지 않는다. 게다가 공간이 사적인 셀로 구분되면 인간사 필연의 문제가 발생한다. 인간 사회에서 공간 분할은 항상 수평만이 아니라 수직과 수평으로 동시에 분열하기 때문이다. 셀은 상하 관계를 표현하기 시작하고, 조직 내부는 더욱 경직된다. 1990년대가 되어서야 이것을 깨닫고 직종에 따라 조금씩 파티션을 없애기 시작했다. 오자가 언급했듯 좋은 장비나 환경이 주는 심리적 효과는 항상 유심히 살펴보아야 하는 부분이다.

3-2 무후가 오기에게 물었다. "군대가 승리하는 비결은 무엇이오?" 오기가 대답했다. "군의 체제와 경영에 달려 있습니다." 무후가 다시 물었다. "병력의 수에 달린 것이 아니오?" 오기가 대답했다. "만약 법과 명령이 명확하지 않고 상벌이 공정하지 않으면 군대가 징을 쳐도 정지하지 않고, 북을 울려도 전진하지 않을 것입니다. 비록 백만 대군이 있다고 한들 무슨 소용이 있겠습니까? 소위 다스린다는 것은 평소에는 예절을 지키고, 움직일 때는 위엄이 있으며, 진격하면 적이 당할 수 없고, 퇴각할 때는 적이 추격할 수 없도록 하는 것입니다. 전진과 후퇴에 절도가 있고, 좌우는 서로 엄호하며, 비록 부대 간에 단절이 있어도 진형을 유지하고, 비록 분산되어도 행동을 유지합니다. 또한 부대가 안전과 위험을 함께합니다. 이런 군대는 병력이 많아도 하나로 단결해서 분리되지 않으며, 임무를 수행해도 지치지 않으며, 전쟁에 투입하면 가는 곳마다 천하에 당할 자가 없습니다. 그래서 이런 군대를 부자지간 같은 군대라고 합니다."

武侯問曰："兵以何爲勝?" 起對曰："以治爲勝[1]." 又問曰："不在衆乎?" 對曰："若法令不明, 賞罰不信, 金之不止[2], 鼓之不進, 雖有百萬, 何益於用? 所謂治者, 居則有禮, 動則有威, 進不可當, 退不可追, 前卻有節, 左右應麾, 雖絶成陳, 雖散成行. 與之安, 與之危. 其衆可合而不可離, 可用而不可疲, 投之所往, 天下莫當, 名曰父子之兵."

1. 병력의 규모와 가용성

전쟁사에 자주 등장하는 금언 중에 "군대의 강약은 정예함에 달린 것이지 병력의 다과에 달린 것이 아니다"라는 말이 있다. 지휘관 대부분은 항상 병력의 수에 집착한다. 위무후도 승부의 첫째 요건으로 병력을 제기하고 있다. 이처럼

1 '이치위승以治爲勝'이란 직역하면 다스림[治]으로 승리를 얻는다는 뜻이다. '治'는 군대의 법, 상벌, 훈련 등을 의미한다. 일종의 경영經營이라고 볼 수도 있다.

2 '금지부지金之不止'의 '金'은 징을 말한다. 징을 울려도 병사들이 정지하지 않는다는 뜻이다. 옛날 군대는 징을 정지 신호로, 북을 전진 신호로 사용했다.

병력에 집착하는 것은, 그들이 병서를 읽지 않았거나 어리석기 때문이 아니라, 전선에서는 병력의 인원수가 중요할 수밖에 없기 때문이다.

병력은 양적 개념이고 가시적이다. 전투력은 질적 개념이고 비가시적이다. 과장되게 말하면 군대의 질은 전투가 벌어져야 판명될 수 있다. 그러나 평생을 군에서 보내는 장교라 해도 일생에 한 번 전쟁을 겪을까 말까 하는 것이 현실이다. 평시에 군은 관리의 대상이기 때문에 숫자로 표현할 수 있는 지표가 중시된다. 판단의 근거가 애매한 실질적 전투력은 관심의 대상이 아니다. 전투력이 측정된다 해도 결국 수치화된 지표로 측정된다.

오자가 제시한 다스려진 군대의 지표도 군의 전투력을 측정하는 완전한 지표는 되지 못한다. 당시의 군대는 오늘날처럼 병영에서 상주하며 훈련을 받는 군대가 아니었다. 전쟁이 터지면 짧은 훈련 기간을 거쳐 전선에 바로 투입되기 때문에 전투력의 지표들이 선명하게 드러났다.

살아 있는 전투력을 보유하도록 군을 훈련하는 것은 쉬운 일이 아니다. 군 인사를 봐도 보통 전투적인 지휘관보다 관리형 지휘관들이 요직을 차지한다. 대표적인 사례가 남북 전쟁이다. 개전 당시의 객관적인 전력은 북부가 남부를 압도했다. 군사령부를 위시한 군의 상부 조직이 그대로 북군으로 이전되었다. 그런데 막상 전쟁이 시작되자 북군에는 제대로 된 지휘관이 하나도 없다는 사실이 드러났다. 군사 행정을 다루고 전술 교본을 쓰는 데는 탁월한 재능을 지닌 장교들이었지만, 전투 현장에 어울리는 지휘관은 거의 없었다. 반면 남군에서는 내로라하는 지휘관들이 출현했다. 덕분에 3주면 끝났을지도 모를 전쟁이 4년이나 지속되었다. 미군의 야전용 지휘관들은 관리 현장에 적응하지 못해 거의 변방 요새에 있었다. 당시 미군은 심지어 지역별 편중 인사도 심각했는데, 야전에 강한 장군들은 대부분 버지니아 출신들이었고, 결국 버지니아가 남부 연합에 가담하며 남북 전쟁은 장기전에 돌입하게 된 것이다. 남군 지휘관들은 영웅이 되었지만, 미국 역사와 국민에게는, 그들은 참혹한 비극의 원인이기도 했다. 당시 전사자는 80만 명으로, 현대의 인구로 환산하면 300만 명이 넘는 전사자가 발생한 것이다. 민간인 사망자의 규모 또한 상당했다.

병력의 규모와 가용성 문제는 기업 현장에서도 마찬가지 현상을 관찰할 수 있다. 생산과 판매가 안정적인 기업일수록 강한 타성이 생기기 때문에 변화의 순간에 대비한 전투력을 양성하기가 쉽지 않다. 규모로 판단하지 않고 실전 전투력을 양성하는 방법은 쉴 새 없이 전쟁을 치르는 것뿐이다. 다행히 기업은 군대와 달리 매일 전쟁에 나설 수 있다. 아무리 안정적인 수익이 유지되는 기업이라도 사업 영역의 일부는 반드시 전투적인 영역으로 채워야 하는 이유다.

3-3 오자가 말했다. "무릇 행군하는 법은 군대가 나가고 멈추는 규범을 어기지 않으며, 식사 때를 놓치지 않으며, 사람과 말의 힘을 탈진시키지 않는 것입니다. 이 세 가지는 지휘관의 명령을 얼마나 준행하느냐에 달려 있습니다. 지휘관의 명령을 준행하는 데서 다스림이 생겨나는 것입니다. 만약 나가고 멈추는 것에 법도가 없고, 식사가 지켜지지 않고, 말과 사람이 지쳐도 쉬게 하지 않는다면 지휘관의 명령이 무시되는 것입니다. 지휘관의 명령이 지켜지지 않으면, 평소에는 소란할 것이고, 전쟁에는 패할 것입니다."

吳子曰 : "凡行軍之道, 無犯進止之節[3], 無失飮食之適, 無絶人馬之力. 此三者, 所以任其上令[4]. 任其上令, 則治之所由生也. 若進止不度, 飮食不適, 馬疲人倦而不解舍, 所以不任其上令. 上令旣廢, 以居則亂, 以戰則敗."

1. 일상적이고 작은 것으로 신뢰를 얻는다

오늘 하루는 쉬고 내일부터 공부하겠다는 말은 공부를 하지 않겠다는 말이다. 지금은 전시가 아니니까 느슨하게 하지만 전시가 되면 철저히 하겠다는 말도 전

3 '진지지절進止之節'의 '進'은 앞으로 나가다, 행진한다는 뜻이며, '止'는 멈춘다는 의미이며, '節'은 법, 규범이라는 뜻이다.

4 '임기상령任其上令'이란 병사들이 상관의 명령을 믿고 준행한다는 의미이다.

시가 되면 거짓말이 되고 말 것이다. 평소에 복종하지 않는 군대, 평소에 무질서하고 상관을 신뢰하지 못하는 군대는 전시에 더 복종하지 않는다. 전투는 생명을 거는 일이기 때문이다.

병인양요 때 프랑스군은 강화 해협에 전함을 배치해서 조선의 지원군이 강화로 들어오는 것을 막았다. 증기 기관으로 움직이는 철선鐵船에 조선의 전선과 포대는 무용지물이었다. 강화에 도착한 프랑스 군함은 겨우 네 척뿐이었지만, 조선군은 그들의 대포 앞에 느리고 약한 목선을 감히 띄울 수가 없었다. 프랑스군을 쫓아내려면 조선군이 강화로 상륙해야 했기 때문에 고심을 거듭하던 양헌수[5] 장군은 광성진廣城鎭의 나루에 몰래 배를 마련하고 순무영巡撫營 병사 300명을 태워 강화로 들어가는 작전을 세운다. 비록 이곳은 물살이 빠르고 암초가 있어서 위험한 나루이지만, 해협이 약간 꺾이며 갑자기 넓어지는 곳이라 프랑스 군함의 시선을 피할 가능성이 있어 보였다. 300명은 적은 병력이지만 대군을 상륙시키기는 불가능한 상황이니 소수라도 기습적으로 상륙시켜서 전등사 뒷산에 있는 정족산성으로 들어가 농성할 계획을 세웠다. 그야말로 탁월하고 용감한 작전이었다.

그런데 양헌수도 예상치 못한 상황이 발생했다. 광성진에도 배가 부족해 병력을 둘로 나누어야 했다. 작전상으론 반드시 전 병력이 함께 강을 건너야 하는데, 둘로 나뉘면 뒤에 남은 부대가 겁을 먹고 도하를 포기할 가능성이 있었기 때문이었다. 하지만 선박이 부족하니 어쩔 수가 없었다. 전위가 먼저 도하하고 후위는 다음 날 도하하기로 했다. 양헌수는 지휘관으로서 모범을 보이기 위해 전위와 함께 출발해서 앞장서서 강을 건넜다. 그날 밤은 양헌수의 평생에서 가장 긴 밤이었다.[6]

순무영은 상설 군영이 아니라 병인양요를 맞아 서울의 5군영에서 병사를 뽑아 신설한 특무 부대였다. 그렇다 보니 지휘관과 사병들 사이에 유대감이 형성되어

5 양헌수梁憲洙(1816~1888)

6 양헌수(저), 《국역 하거집》〈병인일기〉(기창족보사, 2005)

있지 않았다. 오자의 말처럼 평소에 서로 예절과 군기를 지키고 행군과 식사 등을 통해 서로를 파악하고 신뢰를 쌓을 기회가 없었다. 양헌수가 유능한 장군이었지만, 휘하에 배치된 병사들의 행동을 예측할 수 없었던 이유다. 다음 날 다행히 후속 부대가 뒤를 따라왔다. 이로써 정족산성에서 프랑스군을 격파한 조선군은 병인양요를 종식한다.

결과적으로 승전은 했지만, 양헌수의 심경 고백은 일상에서 축적하는 군기와 행동이 전시의 신뢰에 얼마나 큰 영향을 미치는지를 보여 준다. 그만큼 리더는 평소에 사소한 것에서 신뢰를 얻는 것이 중요하다. 작은 일을 소홀하게 넘기는 리더는 운명적 순간을 마주했을 때 구성원의 신뢰를 얻을 수 없다. 구성원들이 사소한 일에서부터 서로 법과 원칙을 지키도록 훈련해야 한다.

일상의 군기와 신뢰를 논하면서 오자가 행군과 식사 시간을 예로 든 것은 특히 의미가 있다. 일상의 법과 규칙을 지키는 것이 일방적인 강요가 되어서는 안 된다. 그것이 구성원 전체에게 이익이 된다는 사실을 구성원이 직접 체험하게 해야 한다. 식사 군기의 엄수는 구성원에 대한 지휘관의 배려를 표하는 것이다. 지휘관은 훈련 규정뿐만 아니라 병사들의 편의와 복지를 위한 규정도 엄격하게 지키는 모습을 보여 줘야 한다. 조직 전체를 운영하는 데는 합리성을, 구성원을 배려하는 데는 우선성을 과시해야 한다.

2. 한계를 극복하는 무리함과 리더의 명예를 위한 무리함

오자는 인마를 탈진시키는 무리한 행군은 리더와 조직에 대한 신뢰를 잃게 한다고 했다. 하지만 무리함의 기준은 지휘관과 병사 개개인 사이에 심각한 격차가 있다. 강한 군대를 육성하려면 상식을 넘어서는 강행군과 성취가 필요하다. 모든 것이 개인의 상식 안에서만 머무르면 구성원들은 영원히 자기 한계에서 벗어나지 못할 것이다. 모든 조직에서 리더는 구성원이 한계까지 달려가고 결국 한계를 넘어서기를 바라지만, 이런 태도는 종종 마찰을 일으킨다. 성과가 좋지 못할 때는 성취감 대신 심한 좌절과 불만이 따라오기 때문이다.

이것이 리더의 고민거리이다. 무리함은 감정의 영역이기 때문에 정확한 선을 긋기가 어렵다. 오자도 객관적인 지표를 제시한 것은 아니다. 리더는 강행군할 땐 하더라도 구성원들이 공감하고 성취를 느낄 수 있도록 섬세하게 조정해야 한다.

특히 실전 상황에서 병사들은 의외로 많은 부조리를 용납하는 경향을 보이는데, 전쟁이 위험에 대한 감각을 둔화시키듯 지휘관들은 이런 현상에 경각심이 무뎌지는 경우가 종종 발생한다. 실제로는 이런 무덤덤함이 드러날수록 리더는 결과에 대해 더욱 긴장해야 한다. 무리함의 판정 지표는 의외로 결과가 좌우하는 경우가 많기 때문이다.

가장 비극적인 사례가 1914년 독일 동부 전선에서 발발한 타넨베르크 전투(Battle of Tannenberg)이다. 당시 독일의 주력은 프랑스를 공략하기 위해 서부 전선에 집중되어 있었다. 위기에 몰린 프랑스는 러시아에 구원 요청을 했다. 러시아의 니콜라이 2세[7]는 비교적 온건한 인물이었지만, 국제적 명성과 권위에 강한 집착을 보이는 인물이었다. 프랑스의 절박한 요청을 받은 그는 러시아군의 현실을 무시한 명령을 하달한다. 80만 대군 동원 명령을 내린 니콜라이 2세는 삼소노프[8]와 렌넨캄프[9]에게 40만 병력을 거느리고 단 2주 만에 독일로 진격하라고 명했다. 당시 독일 참모 본부는 기계 같은 정밀한 분석으로 유명했는데, 그들이 예측한 러시아군의 정상적인 동원 속도는 6주에서 8주였다. 하지만 단 2주 만에 러시아군의 대군이 국경에 등장했다.

시간을 맞추기 위해 러시아는 너무 무리한 강행군을 했다. 특히 남쪽 루트로 진격한 삼소노프군의 고생은 심각한 수준이었다. 도로 사정이 너무나 열악했고, 기본적인 군량 보급조차 제대로 되지 않았다. 말과 마차도 제대로 확보되지 못했으며 지도도 엉망이었다.[10]

7 니콜라이 알렉산드로비치 로마노프Nikolai Aleksandrovich Romanov(1868~1918)

8 알렉산드르 삼소노프Alexander Samsonov(1858~1914)

9 파벨 폰 렌넨캄프Paul von Rennenkampf(1854~1918)

10 데니스 E. 쇼월터Dennis E. Showalter(저), 《타넨베르크Tannenberg》(포토백 북스Potomac

덕분에 삼소노프의 제2군은 탈진하고 굶주린 상태로 렌넨캄프보다 일주일이나 늦게 독일군 전선에 도착했다. 그사이에 궁지에 몰린 독일군은 모 아니면 도라는 식의 결전을 준비하고 있었다. 어차피 러시아군의 절반도 안 되는 병력이니 한쪽을 완전히 비우고 한쪽으로 전력을 다해 공략해서 각개 격파한다는 계획이었다.

독일군의 공략 목표는 지쳐 있는 삼소노프군이었다. 먼저 도착한 렌넨캄프는 서전에서 승리를 거두고, 휴식을 위해 진군을 멈춘 상태였다. 이때 그가 그냥 진격했더라면 독일은 무인지경으로 함락될 판이었다. 지금은 많은 사람이 렌넨캄프의 결정을 비난하지만, 그로서도 합당한 이유는 있었다. 강행군으로 병사들이 너무 지쳐 있었고, 전투 준비와 군수도 엉망이었다. 그는 충분히 휴식을 취하고 2차 공세를 가하기로 했다. 그사이에 삼소노프군은 독일군의 공격을 받고 단 3일 만에 궤멸했다. 삼소노프는 홀로 숲속으로 걸어 들어가 권총으로 자살했다. 러시아군의 피해는 전사 13만 명, 포로 9만 명이었다. 평소에도 러시아군 장교들은 무능하고 거만하기로 악명이 높았다. 반면에 러시아 병사들과 농민들은 복종을 잘하기로 유명했다. 그것이 니콜라이 2세와 장군들의 경각심을 무디게 했다. 이 패전으로 러시아 병사들의 누적된 분노가 폭발했고, 결국은 러시아 혁명을 도발하는 계기가 되었다. 한 번의 무리한 강행군과 그에 따른 실패가 러시아의 곪은 상처를 터트리고 말았다.

3-4 오자가 말했다. "전쟁터란 시신이 쌓여 있는 곳입니다. 죽기를 각오한 자는 살고, 살기 위해 요행수만 찾는 자는 죽습니다. 그러므로 훌륭한 장군은 마치 물이 새어 들어오는 배에 앉아 있고, 불타는 집 안에 엎드려 있는 것처럼 결사의 각오로 임해야 합니다. 그렇게 하면 아무리 지혜가 뛰어난 사람도 장수의 모략을 따라올 수 없고, 아무리 용맹한 사람도 그의 분노를 따라올 수 없으므로 장수는 어

Books, 2004), 217쪽

떤 적도 감당할 수 있습니다. 자고로 용병에서 제일 나쁜 것은 예상만 벌려 놓고 주저하는 것입니다. 주저하는 지휘관은 전군에 재앙을 초래하는 원인이 됩니다."
吳子曰 : "凡兵戰之場, 立屍之地[11], 必死則生, 幸生則死. 其善將者, 如坐漏船之中, 伏燒屋之下, 使智者不及謀, 勇者不及怒, 受敵可也. 故曰 : 用兵之害, 猶豫最大[12], 三軍之災, 生於狐疑[13]."

1. 죽음을 각오한다는 것

'사즉생 생즉사'는 동서고금을 막론하고 전장의 진리이다. 그런데 인간이 죽음을 각오하는 데에도 두 가지 형태가 있다. 말 그대로 죽음을 잊고 삶도 잊는 감정 과잉의 상태가 되는 경우와 모든 상념을 잊고 냉정하고 절박한 상태가 되는 경우이다. 오자가 말한 침몰하는 배에 앉아 있거나 불타는 집 안에 엎드려 있는 것 같은 상황은 당연히 후자를 의미한다.

제대한 참전 병사 중에는 전쟁의 참혹함을 이야기하며 주변 사람의 참전을 말리면서도, 자신은 재입대를 신청해 전쟁터로 되돌아가는 경우가 종종 있다. 군사 다큐멘터리에 나왔던 한 아프가니스탄 참전 병사는 그 심리를 이렇게 표현했다. "전쟁터에서 체험하는 강렬한 감정은 마약보다도 강하다. 한순간에 죽을 수도 있는 극한의 상황에서 살아남기 위해서는 그동안 배우고 익힌 모든 지식과 경험을 동원해서 신경 조직까지 곤두세워 판단하고 행동해야 한다. 그 순간의 느낌은 어디에서도 체험할 수 없다."

전쟁터에는 행운과 불운이 떠다닌다. 아무리 우수하고 노련한 병사도 사고와 재앙의 순간을 모두 피할 수는 없다. 그러나 절박한 상황에서 현실에 집중하면

11 '입시지지立屍之地'란 시체가 쌓여 있는 땅, 즉 전쟁터를 말한다.

12 '유예최대猶豫最大'란 실천은 하지 않고 오직 이런저런 예상만 크게 벌려 놓고 고민한다는 뜻이다.

13 '호의狐疑'란 여우는 의심이 많은 동물이라는 점을 빗대어 지휘관이 주저하고 실행하지 않는 태도를 말한 것이다.

그만큼 살아날 확률이 높다는 점을 오자는 말하고 있다.

2. 주저하지 않는다 : 승부는 모든 것을 거는 것이다

알면서도 실천하기는 어려운 말들이 많다. 그중에서도 압권이 승부에 몰입하라는 것이다. 오자가 '사즉생 생즉사'를 강조하는 이유는, 승부는 모든 것을 거는 것이며 모든 것을 거는 자만이 완전한 승리를 거둘 수 있기 때문이다.

1950년, 인민군의 대공세에 맞서는 낙동강 전선은 위태위태했다. 전선은 최후의 상황에 몰려 있었고, 한 번만 더 뚫리면 다음 방어선은 존재하지 않았다. 맥아더 사령부와 미 8군 사령관이었던 워커 장군은 최악의 상황을 가정해서 낙동강 방어선 후방에 데이비슨 방어선(Davidson Line)이라는 최후의 선을 더 구상해 두기는 했지만, 그 방어선은 희망 사항에 그칠 확률이 더 높았다. 그것은 부산을 엄호하는 좁은 방어선으로, 반격을 준비하기 위한 곳이라기보다는 최후의 순간을 늦추고 철수를 엄호하기 위한 사선에 가까웠다.

9월 4일 워커는 참모장을 불러 데이비슨 방어선으로의 철수 명령을 내릴 준비를 하라고 지시했다. 그 정도로 상황은 급박했지만 워커는 최선을 다해 방어선을 유지했다. 낙동강 방어선 전역은 종잇장처럼 얇았고 예비대는 없다시피 했다. 인민군은 모든 전선에서 동시에 압박을 가하고 있었고 지원 병력을 달라는 요청이 빗발쳤다. 당시 일선에서 싸운 소대장과 중대장들의 경험담을 보면, 무훈을 세운 유공자 대부분은 지휘관이 전사하고 방어선이 무너지려는 찰나에 어떻게 해서든 병력을 긁어모아 진지를 탈환한 용사들이었다. 그만큼 상황은 절박했고 엎치락뒤치락하는 혈전이 반복되고 있었다. 그러나 워커에게 가용한 예비대는 긴급 투입된 제5 해병 연대뿐이었다. 낙동강 방어선 전투는 1950년 8월부터 9월 중순까지 이어졌다. 전투의 절정기는 8월 말에서 9월 초였다. 이 기간에 워커는 사실상 하나뿐인 예비대를 어디로 투입할지를 두고 고민했고, 매일 운명적인 결정이 될지도 모르는 판단을 내려야 했다.

낙동강 전투는 극적인 일화를 무수히 품고 있지만, 후일 워커의 도박과도 같은 결정은 늘 옳았다는 것이 증명되었다. 만약 그가 하루라도 망설였거나 없는 예비대를 다시 쪼개고 쪼개 운영했더라면 낙동강 방어선은 붕괴했을 것이다.

이렇게 워커의 경우는 이미 물러설 곳이 없는 사지에 있다는 것이 결단에 도움이 되었다. 하지만 대부분은 실패할 경우의 결과가 너무 끔찍해서 망설이고 주저한다. 전쟁사를 보면 대개의 작전 계획은 초기의 형태가 가장 적절하다. 검토를 거듭하다 보면 이런저런 불길한 예상이 등장하고 그것에 대비하느라고 수정이 가해지면서 공격의 초점은 분산되고, 병력은 여기저기로 빼돌려지기 때문이다. 결국 승리를 거두어도 적을 봉쇄하는 데 실패하는 등 본래의 목적을 이루지 못하는 경우가 많다.

오자는 이 단락뿐 아니라 여러 대목에서 승기를 잡으면 절대 주저하지 말고 전력을 다해 공격하라는 말을 반복한다. 특히 객관적으로 전력이 열세인 군대가 교묘한 전술에 의한 승리를 거두기 위해서는 결정적 순간에 주저하지 않는 태도가 꼭 필요하다.

결단은 말처럼 쉽지 않다. 우리는 무모하게 한 번의 승부에 모든 것을 걸었다가 패망하고 만 사람들의 이야기를 수없이 듣는다. '달걀을 한 바구니에 담지 말라'는 말도 회자되고 있다. 결국 모든 것을 거는 승부는 강심장인가의 여부가 아니라 판단력의 문제이다. 이런 판단력은 작은 부분에서부터 승기의 조짐을 찾아내고, 주저 없이 돌진하는 훈련을 통해서만 양성될 수 있다.

구데리안의 기갑 부대가 아르덴Ardennes의 숲을 통과해서 전격전의 신화를 만들었을 때, 구데리안의 19군단 제1 기갑사단의 연대장으로서 돌진을 주도한 사람은 헤르만 발크[14]였다. 제1차 세계 대전 당시 중대장으로 참전한 그는 아픈 경험을 했다. 플랑드르Flandre의 켐멜Kemmel 고지전에 참전한 발크는 적의 고지가 비어 있는 것을 발견했는데, 고지를 점령하자고 해도 전투로 탈진한 병사들이

14 게오르그 오트 헤르만 발크Georg Otto Hermann Balck(1893~1982)

움직이려 들지를 않았다. 무혈점령이 가능했던 그 순간을 놓친 덕분에 프랑스군이 고지를 다시 점령했다. 다음 날 전투에서 독일군은 켐멜 고지를 탈취했지만 큰 희생을 치러야 했다.

발크 대위는 말했다. "오늘 쉽게 할 수 있는 일을 내일로 미루면 강물 같은 피의 대가를 치러야 한다."[15] 아무리 병사들이 탈진했다고 하지만, 그에게는 생명이 걸린 순간에 병사들을 일으켜 세울 리더십이 부족했다. 그리고 그런 순간에 병사들을 일으켜 세우는 리더십은 장교 개인의 품성에 부여되는 것이 아니라 병사들의 훈련과 경험을 통해 집단적으로 형성된다는 사실을 깨달았다. 주저하지 않는 공격은 개인의 의지가 아니라 집단의 품성으로 자리 잡고 있어야 가능하다. 리더 개인이 도박사가 되는 것이 아니라 조직이 승부사가 되어야 한다. 리더의 역할은 평소 훈련을 통해 그런 능력을 집단에 심어 놓는 것이다.

3-5 오기가 말했다. "일반적으로 군인이 전사하는 것은 본인의 전투 능력이 부족하기 때문입니다. 전투에서 패배하는 것은 전투 방법에 익숙하지 않기 때문입니다. 그러므로 용병하는 법은 교육과 훈련이 우선입니다. 한 사람이 전투 기술을 배우면 열 명을 가르칠 수 있고, 열 명이 전투 기술을 배우면 100명을 가르칠 수 있습니다. 100명이 전투 기술을 배우면 1000명을 가르칠 수 있고, 1000명이 전투 기술을 배우면 만 명을 가르칠 수 있습니다. 만 명이 전투 기술을 배우면 삼군을 가르칠 수 있습니다. 전술이란 아군은 적게 움직여 멀리서 오는 적을 기다리고, 아군은 편안한 상태에서 적이 피로하기를 기다리며, 아군은 든든히 먹고 적은 굶주리기를 기다리는 것입니다. 원형에서 방진으로 변화하고, 앉았다가 일어서며, 가다가 멈추고, 왼쪽으로 갔다가 오른쪽으로 가며, 앞으로 갔다가 뒤로 이동하고, 나누었다가 합치고, 뭉쳤다가 흩어집니다. 이런 변화를 모두 훈련해서 숙달하면 비로소

15 칼 하인츠 프리저Karl H. Frieser(저), 진중근(역), 《전격전의 전설The Blitzkrieg Legend》(일조각, 2007), 272~273쪽

병기를 지급해서 다루게 합니다. 이것이 바로 지휘관의 역할입니다."

吳子曰 : "夫人常死其所不能, 敗其所不便. 故用兵之法, 教戒爲先. 一人學戰, 教成十人, 十人學戰, 教成百人, 百人學戰, 教成千人, 千人學戰, 教成萬人. 萬人學戰, 教成三軍. 以近待遠, 以逸待勞, 以飽待飢. 圓而方之, 坐而起之, 行而止之, 左而右之, 前而後之, 分而合之, 結而解之. 每變皆習, 乃授其兵. 是謂將事."

1. 교육 · 훈련에 숨어 있는 또 하나의 의미

군대의 수준은 훈련으로 결정된다. 오자는 이편에서 군의 훈련법에 대해 거론하고, 그것이 지휘관의 임무이자 역할이라고 했다. 그런데 이 구절은 겉보기에는 훈련의 중요성을 말하고 있는 것 같지만 실은 더 중요한 의미를 내포하고 있다. 어쩌면 그것이 오자의 본의였을 가능성도 있다.

오자는 열 명이 100명을 가르치고 100명이 1000명을 가르친다는 등의 이야기를 장황하게 했다. 여기서 가르치는 사람이란 장교와 부사관이다. 이 말속에는 가르치는 존재, 즉 장교와 부사관을 교육·훈련 과정으로 검증하고 능력 본위의 등용을 해야 한다는 속뜻이 숨어 있다.

전쟁의 긍정적 기능 중 하나는 사회에 역동성을 부여한다는 것이다. 어떤 사회에나 내부에는 신분 차별의 벽이 있다. 사회가 안정되면 이 벽이 고착된다. 그러나 아무리 완고한 지배층이라도 전쟁이 벌어지면 능력 본위의 인재 등용을 용인할 수밖에 없다. 당장 적군을 이겨야 살 수 있기 때문이다. 덕분에 전쟁은 언제나 기존 사회의 신분을 허물고 구조를 재편성하는 기능을 했다. 다만 이런 생각을 하는 것은 상대도 마찬가지이기 때문에 마지못한 정도로는 안 되었고, 누가 더 철저하게 파격적이고 공정한 평가와 등용을 하느냐가 승부의 관건이 되었다. 전쟁은 총력전인데, 능력 본위의 인재 등용은 곧 국가가 지닌 인적 자원을 최대한 활용하는 방식이기 때문이다.

가장 좋은 사례는 오자가 살던 시대에도 보인다. 진나라의 개혁을 주도한 법가의 사상가들은 모두 자신의 고국에서는 받아들여지지 못했다. 나머지 6국은 진나라 군대가 시행한 파격적인 능력 본위의 포상 제도와 성과를 보면서도 그 성과를 받아들이기를 주저했다. 거듭 말하지만, 능력 본위의 인재 등용은 도덕과 정의의 문제가 아니다. 사람들이 많이들 유리 천장이 사라지는 세계를 천국처럼 생각하는데, 유리 천장 위의 천국에는 더 가혹한 세상이 기다리고 있다. 바로 무한 경쟁이다. 정말 그런 세상이 도래하면 어떤 사람들은 유리 천장 아래의 사바세계를 더 그리워하게 될지도 모른다. 사람들이 이런 문제점을 잘 인식하지 못하는 이유는, 많은 사람이 자신이 능력에 비해 저평가받고 있다고 생각하며 위안으로 삼고 있기 때문이다. 그러나 진정한 공정 경쟁 사회가 도래하면 그런 위로조차 통하지 않는 상황에 직면하게 될 것이다. 전쟁이나 경영적 차원에서 공정한 등용은 인적 자원을 발굴하고 활용하는 냉정한 효용의 문제이다.

오자가 살던 전국 시대에 이 방면에서 가장 앞선 나라는 진나라였고, 진나라는 승자의 자리에 가까이 접근하고 있었다. 오자와 같은 선각자라면 이런 국제 정세를 충분히 감지하고 있었을 것이다. 다만 아직 역전의 가능성은 있다고 보았고, 오자 자신이 그 주역이 되고 싶어 했다. 결국 오자는 실패했지만, 그의 병법은 살아남았고, 오자의 개혁안을 거부하고 그를 죽게 한 사람들이 남긴 교훈은 오늘날 우리에게 전해지고 있다. 이 교훈을 어떻게 받아들일지는 순전히 우리의 몫이다.

3-6 오자가 말했다. "전투를 가르치는 방법을 말씀드리겠습니다. 키가 작은 자는 창과 극을 들게 하고, 키가 큰 사람에게는 활이나 쇠뇌를 지급합니다. 힘이 센 사람에게는 깃발을 주고, 용맹한 사람은 쟁이나 북을 들립니다. 약한 사람은 사역하고, 지혜로운 자는 참모로 삼습니다. 부대 간에는 서로 보호하고, 위아래가 서로 보호하게 합니다. 한 번 북을 울리면 병기를 훈련하고, 두 번 북을 울리면 진법을 연습하며, 세 번 북을 울리면 식사를 하고, 네 번 북을 울리면 출동 준비를 하며, 다섯 번 북을 울리면 행군 대형을 형성합니다. 지휘관은 예하 부대의 북소리를 듣고 진행 상황을 파악합니다. 북소리를 통해 각 부대의 준비가 모두 끝났다고

확인되면 비로소 깃발을 세우고 행군을 시작합니다."

吳子曰 : "敎戰之令, 短者持矛戟[16], 長者持弓弩, 強者持旌旗, 勇者持金鼓, 弱者給廝養, 智者爲謀主. 鄕里相比, 什伍相保. 一鼓整兵, 二鼓習陳, 三鼓趨食, 四鼓嚴辨, 五鼓就行. 聞鼓聲合, 然後擧旗."

1. 장단점 판별법과 집중의 원리

오자는 병장기를 다루는 훈련 방식을 소개하면서 키가 작은 자에게 창을 주고, 키가 큰 사람에게는 활을 주라고 말한다. 이 대목에서 키가 큰 사람에게 창을 주면 더 효과적이지 않을까 궁금증을 불러일으킨다. 전술에서 영원히 따라다니는 고민이 장점을 활용할 것이냐 단점을 보완할 것이냐 하는 문제다. 이것이 어려운 이유는 그 안에 여러 개념이 섞여 있기 때문이다. 특히 중요한 것이 장단점을 판별하는 분석력이다.

키가 크고 팔이 긴 사람이 창을 들면 창의 사정권이 더 길어진다. 이것은 분명 장점을 살리는 방식이다. 하지만 오자의 생각은 다르다. 그것은 개인을 기준으로 할 때나 그렇다는 것이다. 병서에서 고려해야 하는 것은 집단전이다. 이 시대 사람들은 키가 작은 사람이 많았다. 키 큰 자가 창을 잡으면 창이 삐쭉 튀어나온다. 홀로 튀어나온 창은 전혀 위협적이지 않다. 키가 작은 사람이 창을 들면 앞쪽에 나와 있는 다른 사람들의 창 뒤에 가려진다. 전혀 효과가 없을 것 같지만 창은 기본적으로 찌르는 무기이다. 약간 지체될 수 있지만, 작은 사람의 창도 적의 방패에 도달하는 데는 문제가 없다. 수십 자루의 창이 동시에 찔러 들어오면 상대는 방패로 막는다. 창과 방패가 동시에 격돌하고 창이 부러지고 방패가 쪼개질 때 시간차를 두고 창날의 뒤에 숨어 있다가 찔러 들어오는 창은 오

16 '모극矛戟'의 '矛'는 창, '戟'은 창날 옆에 가로로 뻗은 갈고리가 붙은 것이다. 원래 창은 '矛'와 창날이 낫처럼 옆으로 달린 과戈 두 종류가 있었다. 창은 찌르기 위한 것이고, 과는 기병이나 전차병을 걸어서 떨어트리는 무기였다. 과는 대전차 무기로는 유용하지만 찌르기가 곤란하므로 보병을 상대할 수 없다는 단점이 있어서 창과 과를 결합한 '戟'이 고안됐다.

히려 더 위협적이다. 최악의 경우가 있더라도 다른 사람 수준의 공격을 가하는 데는 부족함이 없다.

무기의 배분에서 개인 기준과 집단 전투의 기준을 혼동하는 경우가 많다. 판단 기준을 잘못 적용하는 이런 식의 오류는 흔하다. 그러므로 장단점에 관해 고민할 때는 먼저 장점이 장점 되는 이유를 살피고 기준을 엄밀하게 설정하는 습관부터 들여야 한다.

1941년 독일이 러시아를 침공했을 때, 히틀러는 전격전이라는 신화를 창조한 독일 기갑 부대에 큰 희망을 걸었다. 동서의 폭이 3000킬로미터가 넘는 러시아 평원은 예로부터 기병의 나라였다. 러시아는 너무 광대해서 한 번도 점령되지 않는다고 자부했다. 러시아인들은 자신들의 가장 큰 무기는 러시아 자체라고 말하곤 했다. 그러나 이 러시아도 너무나 단기간에 허무하게 점령된 적이 있었다. 정복자는 초원의 전사들이었던 몽골 기병이었다. 히틀러가 그런 생각까지 했는지는 알 수 없지만, 러시아 평원에서 독일의 강철 기병은 몽골의 조랑말과는 비교도 될 수 없는 위력을 과시할 것 같았으리라. 그러나 이런 예상은 참담한 실패로 끝났다.

전격전의 진짜 장점은 속도가 아니라 적의 전략 요충지에 대한 집중과 돌파다. 곧바로 적군 사령부, 보급창 등을 공략하는 것이다. 유럽의 복잡한 국경선, 좁고 구불구불한 도로망, 산과 운하로 구획된 대지는 선택과 집중을 가능하게 해주는 배경적 요인이었다. 그러나 러시아 평원은 이 모든 것을 거부한다. 평원에서 전차는 산악 지대보다 시원한 속도로 달릴 수 있을지는 모르지만, 그 외엔 특별히 장점이 없다. 그리고 이 시대의 전차는 생각보다 빠르지도 않았다. 쾌속이라고 해도 평균 주행 속도는 시속 20킬로미터 정도였고, 생각처럼 오래 달릴 수도 없었다. 그 정도 주력에 3000킬로미터는 너무 멀었다.

한국 사학계에도 비슷한 논쟁이 있다. 고대 기병은 고구려의 전유물이라는 선입견이다. 산이 많은 한반도에서는 기병 운용이 어렵다는 기병 무용론이 너무 폭넓게 퍼져 있어서, 임진왜란 때까지도 조선군 주력은 기병이라는 필자의 주장은 잘 받아들여지지 않았다. 그 이유는 사람들 대부분이 기병의 움직임을 경마장에서 보는 달리기와 혼동했기 때문이다. 기병의 전술적 지향은 속도 경쟁이 아니라 집중 공격을 위한 신속한 돌파이다. 만주 평원에서도 이 원리는 유효했다. 물론 만주나 러시아 평원에서는 기병을 이용한 장거리 추격전과 같은 평원에서나 가능한 전술이 사용되었다. 그러나 그것이 전부는 아니었다. 이런 전술은 유목 기병의 전술 중에서도 가장 늦게 완성된 형태이다. 평원 전술이 불가능한 지형이라고 해서 기병의 효용이 다 사라지는 것은 아니라는 점을 생각해 볼 필요가 있다.

3-7 무후가 물었다. "삼군이 진군하고 멈추는 데에도 도리가 있지 않겠소?" 오기가 대답했다. "천조와 용두의 지형을 피해야 합니다. 천조란 큰 계곡의 입구입니다. 용두란 큰 산의 끝자락입니다. 진을 칠 때는 반드시 왼쪽에 청룡, 우측에 백호, 앞에는 주작, 뒤에는 현무의 기를 꽂아 방위를 표시하고, 중앙의 본부에는 초요기를 세우고 종사관들을 그 기 아래에 배치합니다. 전투를 벌일 시 바람이 불어오는 방향을 잘 살펴서 바람이 아군의 뒤에서 불어오면 함성을 지르며 순풍의 흐름을 따라 공격하고, 역풍이 불면 진을 견고히 하고 적의 공격에 대비합니다."
武侯問曰 : "三軍進止, 豈有道乎?" 起對曰 : "無當天灶[17], 無當龍頭[18]. 天灶者, 大谷之口, 龍頭者, 大山之端. 必左青龍, 右白虎, 前朱雀, 後玄武, 招搖[19]在上, 從事在下. 將戰之時, 審候風所從來, 風順致呼而從之, 風逆堅陳以待之."

17 '천조天灶'의 '灶'는 부뚜막을 뜻하며, '天'은 아주 크다는 의미의 접두어로 사용되었다. 즉 큰 계곡의 입구는 부뚜막을 연상시키기 때문에 '天灶'라고 한 것이다.

18 '용두龍頭'란 현재도 많이 사용되는 용어인데, 불쑥 튀어나온 물건이나 형상을 지칭한다.

19 '초요招搖'는 북두칠성의 맨 끝에 있는 별이다. 지상에서 보면 가장 높은 쪽에 위치하기 때문에 사령관의 깃발을 초요기라고 했다.

1. 방향을 잃으면 공황이 시작된다

이 구절을 잘 살펴보면 뭔가 생략된 부분이 있다는 생각이 든다. 오자는 위험 지형을 설명하는 데 겨우 천조와 용두, 두 가지만을 예시하고 바로 진지를 설치하는 방법으로 이어 간다. 이 지형에 대한 설명은 너무 기본적이고 소략해서 특별히 주석할 필요는 없을 것 같다.

여기서 주목되는 부분은 오히려 후반부이다. 오자는 진을 설치할 때 사방에 반드시 방위를 표시하는 깃발을 세우라고 충고한다. 적의 습격을 받거나 빨리 대형을 정비할 필요가 있을 때는 방위가 가장 중요하기 때문이다. 특히 적의 습격을 받을 때 방향을 잃으면 병사들은 공황에 빠진다. 사람들이 관습적으로 방향을 표시할 때 사용하는 방법은 앞뒤 좌우이다. 이런 방식은 사람마다 위치가 달라서 더 큰 혼란을 일으킨다. 현대에도 위급 상황에서 항공기 관제사가 무심코 조종사에게 오른쪽, 왼쪽으로 지시하는 바람에 대형 참사를 일으킨 경우가 있었다. 관제사의 좌우와 조종사의 좌우가 서로 반대 방향이었기 때문이다.

전투에서 방향 감각은 승부를 좌우하는 중요한 요소다. 전투는 한 번에 승부가 가려지기도 하지만 난전이 되면 신속하게 재집결과 재정비를 할 수 있는 군대가 유리하다. 실제로 충분히 저항하거나 역습을 가할 여력이 있음에도 지휘통제의 혼란으로 역습을 포기하고 도주하기도 적지 않다.

히틀러 최후의 도박이라고 불리는 1944년 12월 벌지 전투(Battle of the Bulge)는 주로 아르덴숲에서 벌어졌다. 독일군이 반격해 올 거라고는 전혀 생각지 못하고 있던 미군은 그야말로 허를 찔리는 기습에 당황했다. 하필 이 지역에 배치된 미군은 제99·106사단이었다. 제99사단은 별명이 '싸우는 아기들'이었는데, 전투 경험이 전혀 없는 신병 사단이었다.[20] 숲에서 갑자기 나타나 한복판으로 쳐들어오는 독일군 탱크에 미군은 당황했고, 수많은 병사가 무기를 버리고 항복했다. 단숨에 2만이 넘는 미군이 포로가 되었다.

20 스티븐 젤로거Steven J. Zaloga(저), 강경수(역), 《벌지전투 1944》(플래닛미디어, 2007)

당시 미군 병사들의 무기력함은 제101공수 사단의 회고록인 《밴드 오브 브라더스Band of Brothers》에도 잘 묘사되어 있다. 바스토뉴Bastogne를 사수하라는 아이젠하워[21]의 긴급 출동을 명령받고 전선으로 향하던 제101사단 부대원들은 도망쳐 오는 미군 병사들과 마주친다. 한눈에 보아도 그들은 공포에 질린 기색이 역력했다. 제101사단 부대원들은 미군의 패전을 좋아할 수 없는 것이 당연했지만, 약간은 자랑스럽게 그들과 자신들의 용기를 비교했다. 정작 공수 대원들은 갑작스러운 출동으로 전투 준비가 전혀 되어 있지 않았다. 소총과 수류탄조차 제대로 마련하지 못한 상태에서 전선 한복판으로 뛰어들고 있었다. 반면 육군 병사들은 엄청난 무기와 탄약을 버려둔 채 전선에서 빠져나오고 있었다. 이 한심한 상황에 분노한 한 육군 중위가 단독으로 지프차를 몰고 뒤로 돌아가 탄약을 가득 싣고 와서 전선으로 가는 공수 부대에 나누어 주었다. 그는 용감하게 몇 번이고 왕복하며 탄약을 보급했다. 그러나 사단 탄약고에서 지프차 한 대로 옮겨 올 수 있는 양이 얼마나 되었을까? 후퇴하는 병사들은 이 중위의 솔선수범에 전혀 반응하지 않았다.

벌지 전투 초기에 보여 준 병사들의 태도는 미군 역사에서 가장 수치스러운 한 장면이 되었다. 아르덴 지역을 방어하던 미군은 노르망디 상륙 작전 당시 오마하Omaha에서 싸웠던 제28사단이었다. 병사들의 희생이 컸고, 빠져나간 병사들의 자리가 보충되지 않고 있었지만, 그들은 충분한 전투 경험이 있고 자신감도 충만한 부대였다. 무기력하게 포로가 된 병사 중에는 미군 최초로 파견되어 북아프리카에서부터 싸워 온 베테랑들도 꽤 있었다. 병사의 수준을 보자면 오히려 독일군이 더 한심했다. 만토이펠[22]과 디트리히[23] 같은 벌지 전투의 상급 지휘관들은 충분히 검증된 역전의 용사들이었지만, 이미 병력이 바닥난 독일군은 닥치는 대로 병사를 긁어모아야 했다. 장교에서 사병까지 도저히 정규군이라고

21 드와이트 데이비드 아이젠하워Dwight Cavid Eisenhower(1890~1969)

22 에드윈 프라이허 폰 만토이펠Edwin Karl Rochus Freiherr von Manteuffel(1809~1885)

23 요제프 디트리히Josepp Dietrich(1892~1966)

할 수 없는 자원으로 가득 차 있었다.

전쟁사 연구자들은 이 전투의 초기 공황 상태에 대한 유력한 해답을 찾아냈다. 아르덴의 빽빽한 숲과 골짜기는 방향 감각이 상실되기에 딱 좋은 지형이었다. 독일군은 전선을 형성하고 균일하게 미군을 압박한 것이 아니라 화살처럼 미군의 중심부로 파고들어 미군을 절단했다. 독일군의 공격 방향을 전혀 알 수 없었던 미군은 방향 감각을 잃었다. 적의 주공격 방향과 전선을 알 수 없었던 미군은 어느 방향으로 방어하고 후퇴하고 결집해야 할지 몰랐다. 방향을 잃은 미군은 우왕좌왕하며 퇴로가 없다는 사실에 공포에 휩싸였다. 사실 포위될 위기에 처한 것은 종심縱深을 좁게 하고 파고들어 온 독일군이었다.

이런 공황 상태는 1940년, 같은 장소에서 프랑스군이 독일군에 유린당한 때도 똑같이 벌어졌다. 독일군은 송곳처럼 찔러 들어왔을 뿐이지만, 전선형 전투에 익숙했던 프랑스 병사들은 후방의 어딘가가 함락되었다고 하면 전선 전체가 무너지고 포위된 것으로 착각했다. 독일군이 보이지도 않는데 병사들은 후퇴했고, 존재하지도 않는 자기 주변의 독일군으로부터 도망치기 위해 필사적으로 허우적거렸다. 독일군이 보이지 않았기에 방향 감각을 잃고 우왕좌왕했다. 그렇다고 프랑스군이 완전히 전투를 포기한 것은 아니었다. 아마 병사들 대부분은 빨리 포위를 벗어나 후방에서 재편성한 뒤 반격하려고 했을 것이다. 그러나 독일의 기갑 부대는 후퇴하는 프랑스군보다 더 빨리 전진했다. 2·3선이 무너지고 독일군이 더 빨리 앞서 나가자 프랑스군은 완전히 공황에 빠져 버렸다. 용감한 장교와 병사들이 반격을 하려 해도 썰물처럼 후퇴하는 병사들로 전선은 뒤죽박죽이 되었다. 롬멜 사단 같은 경우는 무려 10만에 가까운 포로를 획득하기도 했다.

지휘관은 적의 재집결은 방지하고, 아군의 재편성을 신속하게 할 수 있는 조건을 사전에 충분히 만들어 두어야 한다. 길게 참호를 파고 적과 대치하는 전선형 전투에서는 참호의 앞 방향만 주시하면 되지만, 적군의 유능한 전술가들은 아군이 방위를 짐작하는 기준이 바로 이 참호선뿐이라는 사실을 역이용할 것이다.

고대의 전쟁에서도 적의 진지를 습격할 때는 방향을 지시하는 깃발부터 제거해서 적을 혼란에 빠트릴 필요가 있었다. 사서를 보면 적군의 깃발을 빼앗거나 쓰러트리는 것이 최고의 전공으로 묘사된다. 그것은 깃발이 가지는 상징성 때문이라기보다는 상대의 신호 체계에 혼란을 주는 중요한 역할을 했기 때문이다. 자신들이 사령부의 지휘에서 벗어났다고 판단하는 순간, 병사들은 적진에 고립되거나 버려졌다는 느낌이 들 것이다.

적의 기습이 예상되거나 난전 또는 신속 이동을 동반한 전투가 예상될 경우, 사방기 외에도 방향을 지시할 수 있는 몇 가지 표식을 해 놓을 필요가 있었다. 이런 세심한 장치들이 실전에서 병사들의 사기를 진작하고 박빙의 승부에서 승리를 쟁취하는 결정적 요인이 된다.

리더십이나 기업 경영에도 방향 감각은 중요하다. 목표를 향해 가는 길에 방향을 잃었다고 판단되는 순간, 조직의 사기는 저하되고 리더는 신뢰를 잃으며 개인은 좌절에 빠진다. 방향 감각의 상실은 의외로 빠른 변화와 혁신으로 초래되기도 한다. 기술 혁신과 사회 변화로 과거의 경험에 기초한 방향 지표가 전혀 맞지 않게 되는 것이다. 이것은 매우 안타까운 일이지만, 인류 문명의 발전 속도를 조정할 수는 없는 일이다. 조직과 개인이 스스로 노력을 통해 새로운 지표를 발굴하고, 방향 감각을 회복하는 수밖에 없다. 기초 교육 단계부터 리더십을 배양함으로써 이런 능력을 뒷받침해 주는 것이 무엇보다 중요한 과제이다.

3-8 무후가 물었다. "군마를 사육하는 데는 어떤 방안이 있겠소?" 오기가 대답했다. "말은 반드시 마구간에서 편하게 거주하게 해 주어야 하며, 적시에 음식과 물을 주어야 합니다. 배가 고파도 안 되고 배가 불러도 안 되게 잘 조절해야 합니다. 겨울에는 마구간을 따뜻하게 하고, 여름철에는 서늘하게 해 주며, 털과 갈기를 잘 깎아 주고, 네 발굽이 손상되지 않게 하며, 눈과 귀를 가려서 갑자기 놀라지 않도록 해야 합니다. 달리기를 연습하고, 남는 시간에는 나아가고 멈추는 것을

훈련시키고, 사람과 말이 서로 친해진 다음에야 전쟁에 사용할 수 있습니다. 안장, 굴레, 재갈, 고삐 등의 마구는 반드시 규격에 맞고 견고하게 만들어야 합니다. 무릇 말은 부리다가 다치는 것이 아니라 처음 사육을 시작할 때 손상을 입습니다. 굶주려서 탈이 나는 것이 아니라 너무 많이 먹였을 때 탈이 납니다. 날이 저물도록 먼 길을 갈 때는 반드시 말을 탔다가 내려서 걷는 것을 여러 번 반복하여 사람이 피곤할지언정 말이 과로하지 않도록 잘 관리해야 합니다. 말은 항상 여분을 마련해 두고 여력을 남겨서 적이 아군을 습격할 때를 대비해야 합니다. 이런 방법을 잘 아는 자만이 천하를 횡행할 수 있습니다."

武侯問曰 : "凡蓄卒騎, 豈有方乎?" 起對曰 : "夫馬, 必安其處所, 適其水草, 節其飢飽. 冬則溫廐, 夏則涼廡, 刻剔毛鬣, 謹落四下, 戢其耳目, 無令驚駭, 習其馳逐, 閑[24]其進止. 人馬相親, 然後可使. 車騎之具, 鞍勒銜轡, 必令完堅. 凡馬不傷於末, 必傷於始, 不傷於飢, 必傷於飽. 日暮道遠, 必數上下, 寧勞於人, 慎無勞馬. 常令有餘[25], 備敵覆我. 能明此者, 橫行天下."

1. 리더의 지식

위무후는 오자와 군사에 대해 많은 대화를 나누었다. 때로는 아주 구체적인 상황까지 논의하기도 했다. 그런데 이 구절의 대화는 조금 황당하다. 위무후는 오기에게 말의 사육법을 묻고 있다. 이 시기에 기병은 전술적 변혁을 가져올 가능성이 무한한 신무기였다. 문제는 말의 사육과 훈련법이 대단히 까다롭고 비용이 많이 든다는 것이다. 보통 말을 키우는 것과 군마를 키우는 법은 완전히 다른데, 좋은 군마는 100마리 중 한 마리가 나올 정도로 드물었다. 더구나 자

24 말의 달리기 연습은 정해진 시간 외에는 할 수 없다. 그러므로 '한閑'은 남는 시간에는 체력 소모가 적은, 움직이고 멈추는 훈련을 시키라는 의미이다.

25 '상령유여常令有餘'란 항상 여분을 남겨두게 한다는 의미이니 말을 탈진시키지 말고 여력을 남겨두라는 의미로 해석할 수 있다. 오자는 이 두 가지 해석을 구분하지 않았을 수도 있다. 기병은 기본적으로 말을 여러 필 사용한다. 거란이나 몽골 기병은 대개 3~5필 정도를 거느렸다.

연산이 아니라 특별히 관리해서 사육하며 계속해서 훈련을 시켜야 군마가 될 수 있었다. 한마디로 오늘날의 경주마만큼이나 귀한 존재였다.

따라서 위무후가 말의 사육법에 관심 있는 것은 당연한 일이다. 물론 오자와 말의 사육에 관한 국가 정책을 논의할 수는 있다. 그런데 이 대화의 내용은 장군과 나눌 대화가 아니라 마구간에서 사육을 담당하는 마부나 조련사와 나누어야 할 수준의 이야기다. 이 글에는 감정이 잘 드러나지 않지만, 오자로서는 상당히 자존심이 상했을 수도 있는 대화였다.

리더는 항상 자신과 상대의 위치를 예민하게 인식해야 한다. 개인적으로 호사가의 기질이 있거나 세상 만물에 다양한 관심이 있다고 해도 그것을 공적인 자리에서 표출하면 여러모로 좋지 않은 결과를 초래한다. 아랫사람들은 리더의 관심에 매우 예민하다. 리더가 너무 다방면에 관심을 보이면 조직 전체의 집중력이 흩어지고 구성원들의 말문이 닫힌다. 누군가가 "우리 대장은 모르는 것이 없다"라고 칭찬한다면 리더는 그 말을 파산 선고로 받아들여야 한다.

과연 이 대화에서도 무후가 너무 세세한 일에 관심을 표한 것일까? 여기에는 중요한 배경이 있다. 말은 달리기에 독보적인 장점을 가진 동물이다. 말처럼 빨리, 오래 달릴 수 있는 동물은 없다. 몽골과 러시아의 최우수 품종은 상당한 중량을 싣고도 100킬로미터 이상을 쉬지 않고 달릴 수 있다. 재능이 뛰어난 말일수록 까다롭고 감정 변화가 심하고 값이 비싸서 세심하게 관리하고 조련해야 한다.

중원 사람들은 말이 끄는 전차를 이용했지만, 기병용 말의 조련법은 유목 민족에게 배워야 했다. 불완전한 지식으로 이런 고가의 말을 취급하게 되면 애지중지하는 데 급급하게 된다. 오늘날에도 경주마들은 시간 맞춰 식사하고, 산책하고, 낮잠 자며, 전용 풀장까지 있을 정도로 대단한 호사를 누린다. 그러다 보면 점점 사육이 이성이 아니라 감정에 지배당하게 된다. 말이 고통받고 헐떡이는 모습을 차마 보지 못하게 되는 것이다. 이것은 심각한 결과를 초래한다. 군마를 키우는 목적은 전사를 양성하는 것인데, 고생을 모르는 부잣집 아들 같은 말을 키우는 결과가 되어 버리는 것이다.

실제로 유목 민족의 말 사육법을 보면 놀랄 정도로 냉혹하고 무섭다. 망아지 시절부터 벌판에 노숙하게 하고, 식사도 늘 조금 부족하게 준다. 강행군하거나 전력 질주해서 탈수 상태가 되어도 몇 시간 동안은 절대 물을 주지 않는다. 군에서 훈련병들이 가장 힘들어하고 의아하게 생각할 때가 허리에 찬 수통에 물을 채우지 못하게 하는 것이다. 훈련병 대부분은 이 조치가 교관들의 심술이라고 생각한다. 일부 긍정적인 훈련병들은 일부러 고통을 준 뒤 이겨 내는 훈련을 시키는 정도로 간주한다. 사실은 땀을 흘리고 물을 벌컥벌컥 마시면 몸이 그 쾌감에 중독된다. 탈수가 진행될수록 더 많은 물을 요구하게 된다. 반대로 훈련 뒤에 바로 물과 음식을 주지 않으면 몸 안에 있는 수분과 지방을 충분히 아꼈다가 끌어낼 수 있도록 체질이 변한다. 이런 단련을 통해 강한 지구력이 생긴다. 그래서 오자는 말은 굶주려서 탈이 나는 것이 아니라 너무 많이 먹였을 때 탈이 나며, 부리다가 잘못되는 것이 아니라 사육 과정에서 못쓰게 된다고 말한 것이다.

말과 사람을 같게 취급할 수는 없겠지만 최소한 말 사육법에 있어서는 오자의 말은 진리에 가깝다. 제대로 된 말 사육법이 사람들이 말을 아끼는 감정과는 배치되기 때문에 이런 사육법을 시행하려면 리더의 강한 의지와 지침이 필요하다. 위무후와 오자가 사육사 수준으로 말 사육법을 자세히 논한 것은 바로 이런 배경이 있었다.

말 사육법은 리더의 역할에 대해서도 시사점을 제공한다. 앞서 살펴보았듯, 리더에게 팔방미인 같은 지식은 독이 될 가능성이 크다. 리더가 세밀한 전문 분야에까지 지나친 관심을 보이면 반드시 지나친 간섭과 담당자의 눈치 보기로 연결된다. 조직의 각각의 임무가 소신을 잃으면 모든 결정이 리더에게 미뤄지고 조직은 경직되며 무능해진다. 그렇다면 리더에게는 실용적이고 전문적인 지식이 필요 없는 것일까?

리더가 업무와 관련된 전문가적 지식을 보유하는 것 자체는 결코 나쁜 것이 아니다. 다만 그것의 활용법에 대해서도 충분한 경각심을 지녀야 한다. 리더의 최대 임무는 결정이다. 특히 리더는 인간의 본성적 한계인 불확실한 미래에 대한 두려움을 이겨 내야만 한다. 책임 회피가 발생할 만한 부분에 대해서는 리더가 강력한 지침과 방향성을 갖고 결단을 내려 주어야 한다. 리더에게 전문적·기능적 지식은 바로 이런 역할을 위해 필요한 것이다. 말 사육법에 대한 오자의 지식이 바로 여기에 해당한다.

제 4 편

제4편 논장論將

지휘관과 전술

4-1 오자가 말했다. "사령관은 문무를 총괄해야 합니다. 용병하는 일은 완강함과 부드러움을 겸해서 사용해야 합니다. 사람들이 장수를 논할 때 항상 용맹만을 보는데, 용맹함은 장수의 여러 가지 요건 중 하나에 불과합니다. 일반적으로 용맹한 사람은 항상 경솔하게 싸우려고만 듭니다. 경솔하게 싸울 줄만 알고 전술적 이익을 모르니 사령관에 적합하지 않습니다. 장수의 요건에서 늘 신중하게 살펴야 할 것은 다섯 가지가 있습니다. 이理·비備·과果·계戒·약約입니다. 이理는 다수의 병사를 소수처럼 통솔하는 것입니다. 비備는 문밖에 바로 적이 와 있는 것처럼 항상 대비를 철저히 하는 태도입니다. 과果는 적과 마주쳤을 때 살아날 생각을 버리고 죽음을 각오하는 태도입니다. 계戒는 싸움을 시작해서 마칠 때까지 변함이 없는 자세이며, 약約은 법령을 번잡하지 않게, 간략하게 하는 것입니다. 사령관은 명령받으면 사양하지 않고 바로 전장으로 나가야 하며, 적을 무찌른 후에는 돌아와서 보고하는 것이 장수의 예의입니다. 그러므로 출전하는 군대는 영예로운 죽음을 생각할 뿐이며, 치욕을 받으면서도 살고자 하는 마음이 없어야 합니다."

吳子曰 : "夫總文武者, 軍之將也, 兼剛柔者, 兵之事也. 凡人論將, 常觀於勇, 勇之於將, 乃數分之一爾. 夫勇者必輕合, 輕合而不知利, 未可也. 故將之所愼者五, 一曰理, 二曰備, 三曰果, 四曰戒, 五曰約. 理者, 治衆如治寡, 備者, 出門如見敵, 果者, 臨敵不懷生, 戒者, 雖克如始戰, 約者, 法令省而不煩. 受命而不辭[1],

1 '수명이불사受命而不辭'란 왕에게서 명을 받으면 사양하지 않는다는 뜻이다. '不辭'는 '집에 돌아가 전쟁에 나간다는 사실을 알리지 않고 바로 나선다'라는 의미로 해석하기도 하는데, 전자의 의미가 더 정확하다고 생각된다. 옛날에는 겸양의 미덕을 중시했기 때문에 왕이 관직에 임명하면 형식적으로라도 사양하는 것이 예의였다. 하지만 사령관 임명은 급박한 상황이기 때문에 사양하는 예를 생략하고 명령을 받는 즉시 출전해야 한다는 것이다.

敵破而後言返, 將之禮也. 故出師之日, 有死之榮, 無生之辱."

1. 통솔과 편제 : 다수를 소수처럼

이理라는 글자에는 다스린다(治)는 의미도 있다. 군에서 다스림의 요체는 다수의 병사를 소수처럼 통솔하는 능력이라고 했다. 다수를 소수처럼 통솔한다는 것은 많은 병력이 지휘관의 의도에 따라 정확하고 빠르고 일사불란하게 움직인다는 의미이다. 실제 전쟁에서 이는 매우 중요하면서도 어렵다. 전투가 격렬해지면 전술도 작전도 다 잊어버린다. 전체적인 전황은 파악도 잘 안 된다. 신호는 들리지 않고 들려도 소리가 뒤섞여서 판별할 수 없다. 그저 눈앞의 싸움에 집중하게 되는 것이다. 그러나 이런 상황이기 때문에 통솔에 성공하는 부대는 극적인 승리도 가능하다. 전장에서 통솔력이 중요한 이유다.

그런데 오자는 통솔의 정의까지만 이야기하고 방법은 이야기하지 않았다. 손자도 군의 통솔에 대해 같은 정의를 내리는데, 《손자병법》〈세勢〉 편에서는 다수를 소수처럼 다스리는 비결이 곧 편제·대형·신호 체계라고 했다. 손자와 오자 모두 통솔이 지향하는 바는 같지만, 강조점은 다르다. 손자는 편제와 신호 같은 제도적 요인에 주목하고, 오자는 지휘관의 역량에 초점을 맞춘다. 어느 쪽이 옳다고 할 수는 없다. 제도와 사람은 인체의 뼈와 살과 같은 관계이기 때문이다. 단지 두 병법의 대가大家가 모두 다수를 소수처럼 운영해야 한다는 말에 방점을 찍었음을 기억하자.

현대전에서 "다수를 소수처럼"이라는 정의는 전혀 다른 방식으로 수행되고 있다. 기술의 발달로 오늘날의 병사들은 헬멧에 소형 카메라를 붙이고 위성 정보를 실시간으로 수령하며 전투를 치른다. 분대 단위로 초소형 드론을 운용하고, 로봇이 정찰과 수색을 담당하는 전쟁이 코앞에 와 있다. 오자와 손자의 이상이 이제야 실현되는 것인지도 모른다. 곧 기술의 변화에 따라 군의 모든 전술 개념에 수정이 가해지는 시대가 도래할 것이다.

4-2 오자가 말했다. “전투에 있어 성패 여부를 결정짓는 요소는 네 가지가 있습니다. 첫째, 기기氣機, 둘째, 지기地機, 셋째, 사기事機, 넷째, 역기力機입니다. 삼군의 병력이 100만이라 해도 군대의 형세와 능력은 지휘관 1인에 의해 좌우됩니다. 이것이 기기입니다. 길이 좁고 험난하고 큰 산이 가로막고 있는 곳은 열 명이 지켜도 1000명이 돌파하지 못합니다. 이것이 지기입니다. 간첩을 잘 운용하고 경무장 부대를 왕래하게 해서 적의 대군을 분산시키고 적을 이간질해서 적의 군신이 서로 원망하고 상하가 서로 원수가 되게 합니다. 이것이 사기입니다. 전차를 견고하고 빠르게 만들고, 우수한 성능의 배를 건조하며, 전술과 진법을 잘 익히도록 병사들을 훈련하고, 말은 잘 달리도록 조련하는 것, 이것이 역기입니다. 이 네 가지를 아는 자라야만 장수로 삼을 수 있습니다. 여기에 장수가 위엄과 덕과 너그러움과 용기를 갖추면 아랫사람을 잘 통솔하고 대군을 안정시킬 수 있으며, 적에게는 두려움을 줄 것입니다. 장수가 내린 명령을 아랫사람들이 어기지 않으며, 그가 가는 곳은 적들이 감히 들이덤비지 못합니다. 그를 얻으면 나라는 강해지고, 그를 잃으면 나라가 망하는 그런 장수를 훌륭한 장수라고 일컫는 것입니다.”

吳子曰 : “凡兵有四機, 一曰氣機, 二曰地機, 三曰事機, 四曰力機. 三軍之衆, 百萬之師, 張設輕重, 在於一人, 是謂氣機. 路狹道險, 名山大塞, 十夫所守, 千夫不過, 是謂地機. 善行間諜, 輕兵往來, 分散其衆, 使其君臣相怨, 上下相咎, 是謂事機. 車堅管轄, 舟利櫓楫, 士習戰陣, 馬閑馳逐, 是謂力機. 知此四者, 乃可爲將. 然其威德仁勇, 必足以率下安衆, 怖敵決疑. 施令而下不犯, 所在寇不敢敵. 得之國強, 去之國亡. 是謂良將.”

1. 명장의 조건

오자는 이 단락에서 승리의 조건과 명장의 조건을 간명하게 제시하고 있다. 먼저 승리의 조건을 보면 구체적인 내용은 생략하고 항목만 제시하고 있는데, 대체로 지휘관의 능력·리더십·지리·외교·기술 등에 관련된 것들이다. 내용을 자세히 살펴보면 《손자병법》의 대략 서너 편에 해당하는 항목들이다.

여기서 드러난 오자의 유일한 특징을 뽑으면 오자는 확실히 마키아벨리스트다. 그가 승리의 조건을 항목만 제시한 것은, 이편의 목적이 승리의 조건이 아니라 명장의 조건이기 때문이다. 오자가 파악한 명장의 조건은 승리의 조건을 아는 사람이다. 어디까지나 승리의 조건을 전제로 하여 인성적 덕목은 있으면 더 좋은 금상첨화 정도의 조건으로 취급한다.

오자가 볼 때 지휘관에게 중요한 것은 능력이다. 물론 인격이 필요 없다는 것은 아니다. 그러나 장군이라는 사회적 존재는 그 자체가 기능적 존재이고 인격이다. 따라서 지휘관은 주군을 배신하지 않고, 탐욕으로 임무를 망치지 않고, 학대로 군의 사기를 저하시키지 않는 정도의 인격, 즉 자신의 기능을 올바르게 사용하기 위한 조건으로서의 인격만 필요하다. 꼭 도덕군자가 될 필요는 없다. 만약 오자가 다른 곳에서 인격을 논했다면, 그 기준을 자기만족의 인격과 임무수행용 인격으로 구분했을지도 모른다.

유가들은 이런 식의 사고를 아주 싫어한다. 유가의 입장은 덕과 재능은 같은 기원에서 나온다는 것이다. 설사 그렇지 않다고 해도 사회적 목적을 달성하고자 할 때 인격이 재능보다 더 훌륭한 수단이 된다고 본다. 조금 극단적으로 예를 들자면, 장군이 원성을 들어가면서 가혹한 훈련을 시키는 것보다, 병사들의 인심을 얻는 것이 전쟁에서 더 유용하다는 것이다. 아무리 뛰어난 병사라도 전장에서 장군을 버리고 도망가면 아무것도 할 수 없다. 그러나 장군이 평소에 아버지와 같은 인망을 얻었다면 설령 장군이 무능해서 적진에 홀로 고립되었다 해도 병사들이 자진해서 구하러 올 것이라고 보는 시각이다.

이런 낭만적인 발상에 대해 현대인들은 수많은 반대 증거를 제시할 수 있다. 하지만 우리 사회에는 아직도 유교적 사고의 영향이 강하게 남아 있다. 그 대표적인 예가 인재를 구할 때 전인격에 대해 과도하게 기대하는 것이다. 사회 지도층 인사를 공직에 임명할 때만이 아니라 모든 업종에서 지위 고하를 막론하고 나타나는 현상이다. 우리나라 청문회에서는 '예수나 부처가 와도 쉽게 통과하지 못하도록 하겠다'라는 말이 나온 적이 있다. 한국인의 단호한 도덕성으로 정의를 바로 세우겠다는 말로 이해하는 사람도 있겠지만, 이것은 중세 시대에 신의 이름을 빌려 자행된 폭력과 다를 바가 없는 발언이다.

인격의 역할과 인격의 평가 항목에 대한 오자의 생각은 훨씬 합리적이다. 오자가 명장의 덕과 인격의 필요성을 논하는 부분을 보면 "아랫사람을 잘 통솔하고 병사를 단결시켜, 적에게 두려움을 준다"라고 부가 설명하고 있다. 오자는 막연한 전인격이 아니라 임무와 기능에 적합한 인격을 구상했음을 말해 준다.

모든 인격에는 단점이 따라온다. 손자의 지적처럼 용맹한 사람은 사로잡히기 쉽고, 격분하는 사람은 속기 쉽다. 전인격을 보고 선임하든 기능적 인격을 중시하든, 권력자는 타락하기 쉽고 개인의 성향에 따른 실수의 위험성도 늘 잠재되어 있다. 이 위험들이 제도와 맞춤형 전술로 방지해야 하는 이유다. 기능적 인격을 추구하자고 하면 일각에선 타락과 부패를 걱정할 것이다. 하지만 어차피 완전한 전인격이 존재하지 않는 이상, 리더의 타락과 부패를 막기 위해서도 기능적 인격으로 접근하는 편이 훨씬 효과적이다.

4-3 오자가 말했다. "징과 북과 방울은 귀를 통해 명령에 복종하게 하는 것입니다. 정旌·기旗·휘麾·치幟 같은 각종 깃발은 눈을 통해 명령받는 것입니다. 금령과 형벌은 마음으로 복종하게 하는 것입니다. 귀는 소리로 명령을 받으므로 소리가 또렷하지 않으면 안 됩니다. 눈은 색으로 명령을 받으므로 명확해야 합니다. 형은 마음으로 명령을 받는 것이므로 엄하지 않으면 안 됩니다. 이 세 가지가 바로 서지 않으면 그 나라는 적에게 패망하고 말 것입니다. 고로 세상에서 말하기를 장수가 휘로 명령을 내리면 어디든지 따라서[1] 이동하며, 장군이 지시하면 죽음 앞이라도 뛰어든다고 하는 것입니다."

吳子曰：“夫鼙鼓金鐸[2], 所以威耳, 旌旗麾幟[3], 所以威目, 禁令刑罰, 所以威心. 耳威於聲, 不可不清, 目威於色, 不可不明, 心威於刑, 不可不嚴. 三者不立, 雖有其國, 必敗於敵. 故曰, 將之所麾, 莫不從移, 將之所指, 莫不前死."

1. 명령과 복종은 군의 숙명일까

이 단락에서 오자는 신호와 통신의 기능을 말하면서, 동시에 복종의 중요성을 강조하고 있다. 장수가 명령을 내리면 즉시 복종하고, 죽을 자리라도 망설이지 않고 뛰어드는 군대가 승리한다는 것이다. 군에서 명령은 절대적이다. 장군의 명령에 복종하지 않아서 쉽게 이길 수 있는 전투에서 패하고 국가의 멸망까지 이르게 된 사례는 수없이 많다. 하지만 지휘관의 잘못된 명령에 복종했다가 패한 경우도 그만큼 많고, 현장 지휘관이 총사령관의 명령을 무시하고 독단적인 작전을 벌여 성공한 경우도 꽤 많다.

명령과 복종에 대한 애증의 방정식은 오랫동안 군사적 고민거리였다. 많은 지휘관이 명령을 무시하고 독단적인 행동을 하다가 큰 공을 세운 장교를 어떻게 처리할지를 두고 고민했다. 이것은 어느 방법이 승리할 가능성이 큰가 연구하듯 통계적인 방식으로 접근할 문제가 아니다. 다만 조직이 지니는 영원한 숙명이다.

현대 전쟁사에서는 새로운 타협책을 찾아내기도 했다. 명령은 절대복종해야 한다는 원칙에는 변함이 없지만, 가능한 현장의 판단을 존중하고, 그 효과를 높이기 위해 현장 지휘관의 판단력을 높이는 교육과 훈련을 하자는 것이다. 이것이 제2차 세계 대전 때 독일군의 임무형 전술이다. 전쟁 이후 독일군의 이 시스템은 이스라엘군과 미군으로 전수되었다.

임무형 전술은 결코 명령과 복종의 약화를 의미하지 않는다. 그럴 위험성이 잠재해 있어서 오히려 명령과 군기의 중요성은 더욱 강화된다. 현장 지휘관에게 위임되는 것은 목적 달성을 수행하는 방법론이다. 전체적인 방향과 목표는 상급

2 '탁鐸'은 전령에게 주는 방울로 현재의 사이렌과 같은 역할을 했다.

3 '정기휘치旌旗麾幟'의 '旗'는 아주 다양했는데 모양·색·문양·장식 등 외형과 기능에 따라 다양한 명칭을 부여했다. '旌'과 '旗'는 지위를 나타내는 깃발, '幟'는 부대의 식별을 위해 사용하며, '麾'는 신호용 깃발이다.

지휘관이 명령하며 그 명령은 절대적이다. 물론 원칙은 그럴듯하지만, 실전에서는 한계가 애매해 곧잘 충돌하기도 한다. 그럴 경우, 그때그때 지혜를 축적해 가며 해결하는 수밖에 없다. 결국은 상하 지휘관의 교감과 토론, 상호 존중 등의 기술이 더욱 중요해졌다.

임무형 전술은 명령과 복종이라는 군의 숙명적 문제를 해결하는 방안이지만, 반드시 전제되어야 하는 것이 있다. 속도이다. 권위적인 장군들이 군의 전통을 깨고 임무형 전술을 도입하게 된 가장 큰 이유는 너무나 빨라지고 있는 전황의 전개 속도다. 달라진 속도에 따른 변화의 필요성에 모두가 공감해야만 임무형 전술이 이상적으로 정착될 수 있을 것이다.

4-4 오자가 말했다. "전투하는 방법은 반드시 먼저 적의 장군을 염탐해서 그의 재능을 파악해야 합니다. 그다음에 적장의 행동에 따라 대응하면 힘들이지 않고 공을 이룰 수 있습니다. 그 장수가 어리석고 남을 잘 믿는다면 속임수를 써서 유인합니다. 탐욕스럽고 명예를 가볍게 여기면 재화로 매수합니다. 변덕이 심하고 판단력이 없으면 피로하게 만들어 곤경에 빠트립니다. 윗사람은 부유하고 교만한데, 아랫사람들은 가난하고 원망에 차 있으면 이간시켜 분열하게 합니다. 나가고 물러날 때 의심이 많고 병사들을 믿고 의지하지 않으면 적을 흔들어서 도주하게 합니다. 병사들이 지휘관을 경시하고 고향으로 돌아가려고만 하면 평탄한 곳을 막고 험지를 열어 놓고 유도해서 요격합니다. 전방으로 나가는 곳은 평이하고 퇴로는 험난한 곳에 위치한 적은 계속 전진하도록 유도합니다. 전진하는 길은 험하고 퇴로는 평탄한 곳에 위치한 적은 근접해서 공격합니다. 적군이 저습지에 주둔했을 때 물이 빠지지 않고 안개와 비가 자주 내리면 수공水攻합니다. 적군이 황량한 벌판에 주둔했을 때 잡초와 덤불이 무성하고 바람이 자주 불면 화공으로 섬멸합니다. 적이 장기간 주둔했을 때 장수와 병사들이 방심하고 나태해져 전투 준비가 허술하면, 잠복해 접근하여 습격합니다."

吳子曰 : "凡戰之要, 必先佔其將而察其才, 因形用權, 則不勞而功擧. 其將愚而信人, 可詐而誘. 貪而忽名, 可貨而賂. 輕變無謀, 可勞而困. 上富而驕, 下貪而怨. 可離而間. 進退多疑, 其衆無依, 可震而走. 士輕其將而有歸志, 塞易開險, 可邀而取. 進道易, 退道難, 可來而前. 進道險, 退道易, 可薄而擊. 居軍下濕, 水無所通, 霖雨數至, 可灌而沉. 居軍荒澤, 草楚幽穢, 風飆數至, 可焚而滅. 停久不移, 將士懈怠, 其軍不備, 可潛而襲."

1. 맞춤형 전술 : 약점을 찾는다

이번 대화의 내용은 비교적 평범하다. 조금만 주의 깊게 읽으면 해법을 예상할 수 있을 정도다. 기본적인 소양만 있는 사람이라면《오자병법》을 읽지 않았다고 해도 실전에서 이 정도의 전술은 충분히 구상할 수 있을 것이다. 결론은 '적의 약점을 찾아 공략하라'고 할 수 있는데, 너무나 당연한 얘기다.

그런데 만약 이런 문제를 내면 어떨까? '적은 저습지에 주둔 중인데, 적장이 어리석고 남을 잘 믿으며, 병사들은 지휘관을 불신하고 원망하고 있다. 어떻게 공략해야 하는가?' 단점이 너무 많아서 고마운 일이지만, 실제로 어떻게 공략해야 할까? 수공을 사용할 것인가? 속임수를 써서 유인해 낼까? 이간질과 분열책을 사용할 것인가? 세 가지를 다 사용하자고 할 수도 있지만, 다양한 전술을 동시에 사용하는 것은 좋지 않다. 만약 동시에 사용한다고 해도 그 순서와 방법을 잘 정리해야 한다.

무후와 오자의 대화를 옆에서 듣고 누군가가 너무 뻔하다고 비웃었다면 오자는 코웃음을 쳤을 것이다. 그는 방법을 가르치는 것이 아니라 노력을 요구하고 있기 때문이다. 오자는 적의 약점을 찾아 공략하는 전술에는 이런저런 경우가 있다고 제시했다. 뛰어난 지휘관이 되려면 이런 상황들을 모두 판단해 내고 전술을 적용하는 훈련을 끊임없이 해야 하니 각성을 촉구하려는 것이 오자의 의도이다. 전쟁은 냉혹한 승부이다. 적의 약점을 찾아내는 훈련을 부지런히 해야 한다. 이것은 결코 정보 취득 차원의 문제가 아니다. 약점의 상태와 정도를 판별하고 맞춤형 전술을 적용하는 것은 매우 중요한 과정이다.

오자가 제시한 상황과 대응책이 정확한 알고리즘을 구성하지는 않는다. 상황 설명 자체가 아주 단순하고 포괄적이기 때문이다. 분열되고 불평하고 곤경에 빠진 집단도 내용으로 보면 수많은 종류가 있다. 곤경의 상황을 아주 구체적으로 정의한다고 해도 구성원의 성향이나 경험에 따라 다양한 반응이 나온다.

14세기 초반 이탈리아는 영광스러운 르네상스의 전조 앞에 서 있었다. 이탈리아에 큰 부를 안겨 준 것은 해상 무역이었다. 비잔틴 제국은 동방에서 오는 다양한 화물의 집산지였다. 이것이 이탈리아 상선단을 통해 이탈리아로 들어오고 여기서 다시 전 유럽으로 분배되었다. 이 무역에서 최전선에 서 있는 도시가 이탈리아반도를 사이에 두고 양쪽 끝에 있는 제노바와 베네치아였다. 그러나 이 번영이 이탈리아에 도움이 되지는 못했는데, 두 도시가 끊임없이 반목하며 서로 파멸적인 대립만 일삼았기 때문이다. 마침내 한쪽이 파멸해 버릴 듯한 전쟁이 터졌다.

1378년, 두 도시는 최대 규모의 함대를 동원해 결전을 벌이기로 했다. 이 대결은 제노바가 조금 우세했는데, 해군 전력은 막상막하였지만 육지에서 제노바가 든든한 동맹군을 얻었다. 파도바Padova가 제노바에 가담했으며 헝가리도 그들을 지원했다. 파도바군은 육로로 동진하며 베네치아의 동맹 도시를 점령하고 육상 통로를 봉쇄했다.

비록 육로가 끊겨서 고통받았지만, 함대가 살아 있는 한 베네치아는 안심할 수 있었다. 그런데 함대에도 불행이 닥쳐왔다. 제노바 함대가 육상 봉쇄의 효과를 극대화하기 위해 결전을 피한 것이다. 베네치아 함대는 베네치아에서 좁고 길게 뻗어 내려간 달마티아Dalmatia의 해협에서 아드리아해(Adriatic Sea)까지 쉬지 않고 수색 정찰을 벌였지만, 제노바 함대는 보이지 않았고 간혹 눈에 띄어도 번개처럼 내빼기만 했다. 성과 없는 전쟁이 1년 이상 지속되면서 병사들은 지쳐 갔다. 겨울이 되자 유례없는 혹한이 찾아왔고 전염병까지 돌았다. 베네치아 수군에 탈영이 증가하고, 주력선인 갤리선은 36척에서 12척으로 줄어들었다. 병사들의 불만은 극에 달했고, 남아 있는 갤리선도 상태가 좋지 않았다. 총사령관 피사니[4]는 베네치아에서 전함을 새로 건조해서 지원해 주기를 바라고 있었다.

베네치아 함대가 아주 힘든 시기를 보내던 1379년 5월, 고대하던 제노바 함대가 갑자기 나타났다. 제노바 입장은, 베네치아는 지치고 분열되어 지휘관에 대한 신뢰가 떨어진 상태였다. 《오자병법》으로 추론하면 대략 이런 전술을 예상할 수 있다. 압도적인 전력으로 베네치아 함대를 압박해서 공포를 유발하고, 사전에 간첩을 들여보내 사기를 떨어트리고, 지휘관을 비난해서 그의 통제력을 약화하는 것이다.

하지만 제노바인들은 이런 상황에서 베네치아인들이 어떤 반응을 보일지를 정확하게 알았다. 거친 바다에서 단련하며 살아온 바다의 사나이들은 자존심이 유달리 강했다. 베네치아의 곤돌라는 지금은 관광 상품이지만 당시에는 교통수단이었는데, 그때도 베네치아인들은 이 금방이라도 전복될 것 같은 낮은 배에서서 노를 저었다. 그들이 위태롭게 서서 노를 젓는 이유는 오직 자존심 때문이라고 한다. 그들은 전쟁에서 곤경에 처하면 도망치기보다는 명예롭게 죽는 것을 택했다. 우리가 불리한 상황이니 오히려 더 빨리 나가 싸우자는 식이었다.

제노바는 곤경에 처한 베네치아인의 반응을 정확히 예측하고 오자의 교훈과는 반대의 전술을 사용했다. 그들의 눈앞에서 뻔한 도발을 하는 것이다. 총사령관 피사니는 적의 계략을 의심했다. 전투 물자는 부족하고 남아 있는 열두 척도 상태가 좋지 않았다. 피사니가 반응하지 않자 병사들이 몰려와 전투를 간청했다. 그것을 보고 어느 조직에나 있는 비겁한 출세주의자들이 일어나 피사니를 비난하기 시작했다. 보좌관인 미켈레 스테노[5]는 너무 심하게 사령관을 모욕해서 피사니가 검을 뽑기 직전까지 갔다. 피사니는 화를 참지 못하고 전군에 공격 명령을 내리고 말았다. 베네치아 함대가 전진하자 해안 절벽 사이에 매복해 있던

4 베토르 피사니Vettor Pisani(1324~1380)

5 미켈레 스테노Michele Steno(1331~1413)

열 척의 제노바 갤리선이 나타나 베네치아군을 포위했다. 삼면에서 포위된 베네치아군은 참패했다.[6]

이렇듯 오자의 말은 예를 들어 설명하는 방식을 취했을 뿐이다. 우리는 그 문구 속에 숨은 의도를 찾아 실전에 적용하는 데 노력을 기울여야 할 것이다.

4-5 무후가 물었다. "양군이 서로 더치 중인데, 우리는 적장에 대해 전혀 알지 못하고 있소. 이때 적장을 파악하려면 어떤 방법이 있겠소?" 오기가 대답하여 말했다. "신분은 낮은데 용감한 자에게 빠르고 정예한 병력을 줘서 시험합니다. 이들에게 전과에 집착하지 말고 적을 치고 도망치게 해서 추격해 오는 적의 반응을 관찰합니다. 적군의 행동이 질서가 잡혀 있고 추격을 하면서도 거리를 두어 따라잡지 않고 미끼를 보고도 못 본 척 말려들지 않는다면, 적장은 지장이므로 함부로 싸워서는 안 됩니다. 만약 적의 부대가 요란하게 떠들고 깃발이 요란하게 휘날리며, 병사들이 제멋대로 행군하거나 정지하거나 하며, 병기를 위로 혹은 옆으로 잡고, 추격하는 부대가 악착같이 도주하는 아군을 붙잡으려 하며 미끼를 보고 거침없이 달려든다면 저들의 지휘관은 우둔한 장군이니 아무리 병력이 많아도 붙잡을 수 있습니다."

武侯問曰："兩軍相望. 不知其將, 我欲相之, 其術如何?" 起對曰："令賤而勇者, 將輕銳以嘗之, 務於北, 無務於得. 觀敵之來, 一坐一起[7], 其政以理, 其追北佯爲不及, 其見利佯爲不知, 如此將者, 名爲智將, 勿與戰矣. 若其眾讙譁, 旌旗煩亂, 其卒自行自止, 其兵或縱或橫, 其追北恐不及, 見利恐不得, 此爲愚將, 雖眾可獲."

6 로저 크롤리Roger Crowley(저), 우태영(역), 《부의 도시, 베네치아City of Fortune: How Venice Won and Lost a Naval Empire》(다른세상, 2012), 285~286쪽

7 '일좌일기一坐一起'란 한 부대는 앉고 한 부대는 일어선다는 뜻이다. 접전 상황에서 군대가 추격·이동·후퇴할 때는 질서와 법도가 있다. 후퇴할 때도 10보를 후퇴하면 한 번 돌아서서 추격해 오는 적을 견제한다. 다시 말해 진법에 맞게 행동하는, 군기가 살아 있는 부대를 말한다.

1. 욕망을 이용한다

신라 진덕왕[8] 원년(647) 백제의 대군이 신라를 침공했다. 신라는 김유신[9]에게 보병과 기병 1만을 주어 출동시켰다. 김유신은 많은 전투에서 승리를 거두었지만, 이 전투에서는 크게 고전했다. 아마도 그의 일생에서 가장 힘든 전투 중 하나였을 것이다. 전황을 타개하기 위해 그는 비녕자[10]라는 장군을 투입했다. 비녕자의 임무는 적진에 돌입해서 용감하게 싸우다 전사함으로써 전군의 사기를 북돋는 것이었다.[11] 《삼국사기》에는 이렇게 쓰여 있는데, 이 기사는 유교적 평가가 가미된 묘사로 보인다. 비녕자의 진짜 임무는 정예 부대를 이끌고 적진에 충돌해 돌파구를 확보하거나, 오자가 묘사한 대로 적의 약한 부분을 찾아 드러내는 것이었다.[12]

이날 비녕자는 적진에 충돌해서 전사했다. 그는 종 합절[13]을 불러 자기가 죽더라도 아들 거진[14]을 반드시 살려서 고향으로 데려가 달라고 부탁했다. 자신이 희생한 대가를 아들이 받기를 원했던 것이다. 그러나 비녕자가 전사하자 아들 거진은 말고삐를 붙잡고 말리는 합절의 팔을 베고 적진으로 돌진해 싸우다가 장렬하게 전사했다. 이를 본 합절은 통곡을 하고 그 역시 적진에 뛰어들어 함께 전사했다.

오자는 이런 임무에 "신분이 낮은 사람"을 발탁하라고 말한다. 비녕자가 딱 맞아떨어지는 사례다. 《삼국사기》에서 비녕자는 가계와 고향을 알 수 없다고 했다. 신분이 높은 사람이 아니라는 암시이다. 물론 비녕자가 평민이나 그 이하의 신분은 아니었던 것은 분명하다. 지방의 지배층 혹은 중간 무장 정도는 되는 신

8 진덕여왕眞德女王(?~654)

9 김유신金庾信(595~673)

10 비녕자丕寧子

11 김부식(저), 《삼국사기》 제47권, 〈열전 제7〉

12 임용한(저), 《전쟁과 역사 : 삼국 편》(혜안, 2001), 265쪽

13 합절合節

14 거진擧眞

분이었던 것 같지만, 신분제가 강고했던 신라에서 성골이나 진골 귀족이 보기에는 낮은 신분이었고, 정상적인 방법으론 그 벽을 깨기가 쉽지 않았다. 오자가 "신분이 낮은 사람"에게 이 임무를 맡기라고 한 이유는 이들이 신분 상승 욕구를 강하게 갖고 있기 때문이다. 전쟁은 인류사에서 가장 참혹한 사건이지만, 용사에게는 출세의 기회를, 금융가와 군수업자에게는 일확천금의 기회를 제공한다. 전쟁이 터지면 징병을 피해 도망치는 사람도 많지만, 일생의 기회를 잡기 위해 자진해서 참전하는 사람도 있다.

일견 생명을 건 임무에 고위 신분은 빼고, 신분이 낮은 사람에게 맡기라는 오자의 조언은 비열한 느낌을 준다. 그런데 사실 이 말은 고위층은 이런 위험한 일에서 빠지고, 신분이 낮은 사람의 강한 출세욕을 활용하라는 의미가 아니니 오해하지 말아야 한다.

"신분이 낮은 사람"이라는 조건에는 전혀 다른 의미가 있다. 우선 출세욕은 이 임무에 적합한 요건이 아니다. 적진에 부딪혀 보면서 적의 약한 곳을 찾고 적의 반응을 유도하는 임무는 용기만으로 수행할 수 있는 임무가 아니다. 헌신적이고 창의적인 도전 정신이 꼭 필요하다. 단순히 출세욕이나 신분 상승 욕구만으로는 이런 행동을 유도할 수는 없다. 출세를 위해서라면 이런 위험한 방법보다 더 간편한 방법이 얼마든지 있다.

더 높은 곳에 도달하려는 욕망은 고위층에게도 있다. 오히려 고위층의 콤플렉스의 강도가 더 세다. 평민에게는 김유신의 신분은 까마득히 높다. 그러나 김유신 집안은 법적으로 진골이었지만, 몰락한 가야 왕족의 후손이라는 한계를 지녔다. 자연히 신라의 정통 진골 가문으로부터 차별을 받았다. 명예를 위해 그의 집안은 3대가 모두 전쟁터에 나가 목숨을 걸어야 했고, 결혼할 때도 다른 진골 가문들로부터 수모를 받았다. 임무 수행에 출세욕과 신분 상승 욕구가 필요한 것은 사실이지만 그것만으로는 충분하지 않다.

롬멜은 20세기에 가장 신화적인 장군이 되었지만, 그도 성인군자는 아니었다.

그는 성공 욕구가 강해서, 자신의 명성과 이미지 관리에 철저했다. 작전을 펼칠 때 롬멜의 부대는 좋은 조건을 차지하고 먼저 공을 세우려고 무리한 행동을 하면서까지 주변 부대와 악착같이 다퉜다. 자기 홍보를 위해 전쟁 중에도 꼼꼼하게 수기를 쓰고, 카메라를 메고 다니며 기록 사진을 찍었다. 보통 군인들은 민간인에 비해 우직해서 대중적 감각이 떨어지는데, 롬멜은 타고난 문필가였을 뿐 아니라 대중적 이미지를 홍보하고 관리하는 데도 천재적인 능력이 있었다. 그는 전투가 벌어지면 거의 24시간 잠을 자지 않고 일하면서도 그 와중에 전사 기록관, 사진사 등 1인 다역을 소화했다. 벌지 전투에서 주공을 맡았던 디트리히 장군은 롬멜을 싫어했다. 그는 "롬멜이 한 게 뭐가 있어? 진짜 전쟁은 러시아였어. 롬멜은 북아프리카에서 허접한 적군과 싸우며 사진이나 찍고 있었다고!"라고 말한 적이 있다고 한다.

귀족은 아니지만, 중산층 부르주아 집안 출신이었던 롬멜은 분명 명예욕과 신분 상승에 대한 욕구가 남다른 사람이었다. 하지만 그는 명성을 위해 실패할 위험이 큰 작전은 시도하지 않는다거나, 부하들을 희생시킨다거나 하는 짓은 하지 않았다. 그의 작전들은 너무 대담해서 종종 그렇게 보여질 소지가 있긴 했다. 그렇다면 이런 문제는 결과로 말할 수밖에 없는데, 그의 대담한 작전들은 일반적인 교과서적 전술에 비해 10분의 1의 희생을 치르고 성공을 거뒀다.

롬멜은 군인으로서의 사명감과 성취욕과 도전 정신을 끝까지 버리지 않았다. 이 작전에서 오자가 바라는 능력도 이런 것이다. 그렇다면 왜 오자는 굳이 "신분이 낮은 사람"이라는 단서를 달았을까? 그것은 경험과 자기 단련의 문제라고 보인다. 한계를 넘어선 도전과 성취는 의욕만으로 되지 않는다. 일상의 습관화된 연습이 필요하다. 그런데 신분이 높고 부족한 것이 없는 사람은 아무래도 안일하게 살게 되고, 동기도 약하다. 사람은 차별받고 억울한 일을 당하면 대부분 주저앉지만, 그중 특별한 일부는 더 강해지며 한계를 극복하는 도전을 경험하게 된다. 역설적으로 약자에게 주어지는 보이지 않는 축복이다.

이런 관점에서 보면 비녕자뿐 아니라 김유신도 신분이 낮은 자였다. 그의 삶도 자신을 차별하는 세계를 향한 도전과 모험의 연속이었다. 만약 리더가 자신이 하기 싫은 일을 약자에게 떠넘긴다면 그로부터 진정한 헌신을 기대하기 어렵다. 비녕자도 비열한 사령관을 위해 자신을 희생하려 하지는 않았을 것이다. 훗날 계백[15]과의 전투에서 김유신은 자기 조카인 반굴[16]과 장군 품일[17]의 아들 관창[18]에게 이 임무를 맡겼다. 그는 아들 원술[19]이 패전하는 전투에서 죽지 않고 살아서 돌아왔다고 평생 의절하기도 했다. 비녕자가 김유신이 부탁한 임무를 떠맡은 것은 김유신의 삶의 태도에 대한 공감과 그에 대한 신뢰가 있었기 때문일 것이다. 오자가 말한 "신분이 낮은 자"란 바로 그런 사람들을 통칭하는 것으로 보아야 한다.

15 계백階伯(?~660)

16 김반굴金盤屈(?~660)

17 김품일金品日

18 김관창金官昌(645~660)

19 김원술金元述

제 5 편

제5편 응변應變

상황에 따른 맞춤형 전술

5-1 무후가 물었다. "전차는 견고하고 말은 우수하며 장수는 용맹하고 병사는 강한데, 갑자기 적과 조우하게 되어 군대가 혼란에 빠지고 대형을 상실한 상황이 되면 어떤 방안이 있겠소?" 오기가 대답하여 말했다. "전투하는 법은 낮에는 깃발로 지휘하고 밤에는 징·북·피리로 신호를 합니다. 휘를 좌로 하면 군대는 왼쪽으로 가고, 휘를 우로 하면 오른쪽으로 이동합니다. 북을 치면 전진하고 징을 치면 멈춥니다. 피리를 한 번 불면 행진하고 두 번 불면 모입니다. 이 신호를 따르지 않는 자는 처형합니다. 삼군이 장군의 위엄에 복종하며 장교와 병사가 명령을 따른다면 어떤 강적과도 싸워 이길 수 있고 아무리 견고한 진지라도 함락할 수 있습니다."

武侯問曰 : "車堅馬良, 將勇兵強, 卒遇敵人, 亂而失行, 則如之何?" 起對曰 : "凡戰之法, 晝以旌旗旛麾爲節[1], 夜以金鼓笳笛[2]爲節. 麾左而左, 麾右而右, 鼓之則進, 金之則止. 一吹而行. 再吹而聚. 不從令者誅. 三軍服威, 士卒用命, 則戰無強敵, 攻無堅陳矣."

1. 통제를 회복하라

고지식한 지휘관은 소모전을 벌인다. 하지만 힘 대 힘으로 붙는 승부는 상대가 대등하면 소모전이 되고 상대가 약하면 변칙 공격에 당할 가능성이 커진다. 약한 자일수록 유격전으로 괴롭히거나, 파격적인 전술로 승부를 걸어올 가능성이 크기 때문이다. 무조건 적을 몰살시키려 드는 지휘관도 소모전의 늪에 빠지기 쉽다.

1 '절節'은 신호나 징표이다. 도장을 둘러 잘라서 양자가 나눠서 보관한 뒤, 전령이 오면 서로 맞춰서 명령의 진위를 확인하도록 하는 것을 부절符節이라고 한다.

2 '금고가적金鼓笳笛'의 '金'은 징, '鼓'는 북, '笳'와 '笛'은 모두 피리를 뜻한다.

진정한 승부사는 적을 몰살시키려 하지 않고 적을 무너트리는 방법을 찾는다. 일단 적을 무너트려야 섬멸하거나 항복을 받아 낼 수 있다. 그것은 아군의 희생을 최소화하고 전과를 최대화하는 방법이기도 하다. 그러므로 진정한 지휘관은 항상 소수로 다수를 치고 약자가 강자를 대적하듯 최선의 승부를 모색해야 한다.

적을 무너트리는 최선의 방법은 적의 통제를 허무는 것이다. 전쟁사를 보면 충분한 반격의 여력을 지니고도 패배하는 경우도 많다. 전투력이 남아 있어도 통제력을 상실함으로써 무기력해지고, 재편성과 반격의 기회를 날린다.

군대가 통제를 잃는 데는 여러 가지 요인이 있다. 통신이 끊겼을 때, 장교의 통솔력이 부족할 때, 혹독한 날씨나 보급 부족으로 사기가 저하되었을 때, 지형이 극도로 불리하거나 고립되었을 때, 상대의 명성에 짓눌려 군에 공포감이 퍼졌을 때 등이다.

한국 전쟁 제2기 중공군이 참전했을 때, 연합군은 중공군의 낯선 전술에 당황하며 고전했다. 당시 중공군은 서방 세계에는 잘 알려지지 않은 군대였다. 그들의 전술은 중일 전쟁 때의 실전을 통해 터득한 것이었다. 비록 열악한 장비를 갖추고 있었지만, 그들은 오랜 전투 경험을 지니고 있었으며, 병사들의 복종심과 인내심이 강했다. 20만이 넘는 병사가 일사불란하게 움직여 은폐하며 후방 지역으로 파고들었다. 그들은 후방으로 잠입해서 압도적인 병력으로 모든 도로와 거점을 사전에 포위하는 전법을 썼다. 연합군은 이런 상황을 전혀 예측하지 못했다. 공격 개시 시간이 되면 중공군은 후방에서 출현해 포병, 보급 기지, 고갯길 등을 최우선으로 장악한다. 보급이 차단되고 포병 지원이 무력화되면 미군의 무기와 화력이 아무리 세다고 해도 위력을 잃었다. 중공군은 이렇게 기선 제압을 한 후 가용 전력을 총동원해 공격했다. 소위 인해전술이다. 이 전술을 겪어 본 사람들은 온 산하가 중공군으로 덮인 것 같다고 말했다. 그 공포도 대단했겠지만, 퇴로가 끊기고 고립되었다는 것은 더 큰 공포였다. 적유령 전투에서 미군 제2사단이 궤멸했고, 장진호에서 미 해병대는 혈전을 벌인 끝에 극적으로 포위망을 벗어났지만, 연대장 대부분은 탈출을 포기했을 정도로 악전고투를 치렀다.

이런 중공군의 전술은 오자가 말한 군이 통제를 상실하는 경우를 골고루 활용한 것이다. 물론 그 밖에 우연이라고 할 만한 요소도 있다. 인해전술은 중일 전쟁의 경험을 통해 배운 것인데, 한국의 산악 지형에서 이 전술의 위력이 몇 배로 상승했다는 점이다. 구불구불한 한반도의 지형은 중공군의 후방 차단과 매복 공격의 위력을 극대화했다.

전쟁 초기에 미군은 한국이 작은 나라여서 많은 병력이 필요하다고 생각하지 않았다. 그러나 한국의 산하는 가시거리가 짧고, 산과 산 사이로 무수한 통로가 있다. 이곳을 다 경비하려면 엄청난 병력이 필요했다. 중공군은 이런 지형을 십분 이용해 방어선 뒤로 대병력을 투입할 수 있었다.

전투가 시작되자마자 전선의 곳곳이 끊기고 후방의 퇴로가 점령당했다는 소식이 들어왔다. 도로의 양편은 중공군이 점거한 뒤 아래의 도로를 조준하고 있었다. 전투 중에도 인해전술로 밀려든 중공군이 좌우를 메워 통신이 두절되고, 옆 소대나 중대의 상황을 알 수 없기도 했다.

특히 한국군은 중공군을 두려워해서 제대로 싸워 보지도 못하고 붕괴되기도 했다. 중공군에게 하룻밤 만에 무너진 제6사단의 참패, 1951년 5월 공세에 당한 제3군단의 참패는 한국 전쟁 최대의 치욕이 되었다. 한국군이 중공군을 유달리 두려워한 것은, 인해전술에 대한 공포에 더해, 미군과 비교해 공중 지원이나 포병 화력이 약했던 탓도 있다. 그러나 가장 결정적인 이유는, 중공군이 펼친 공포를 조장하고 통제를 허무는 전술의 효과가 한국 땅에서 극대화된 반면, 우리 군은 이런 상황을 통제할 효과적인 수단이나 조직력이 부족했기 때문이다. 이런 상황에서 지휘관의 리더십과 장악력 부족은 가장 큰 문제가 되었다.[3]

20세기부터 지금까지 미국이 군사력 강화를 위해 막대한 장비와 비용 지원을

3 백선엽(저), 《내가 물러서면 나를 쏴라 2》(중앙일보, 2011), 35쪽

아끼지 않은 나라가 여럿 있었다. 지금도 이런 시도는 이루어지고 있지만, 제대로 싸울 수 있는 군대를 육성하는 데 성공한 사례가 거의 없다. 하지만 한국군의 성장 속도는 짧은 창군의 역사와 열악한 환경, 부족한 장비 등을 감안하면 아주 빨랐다. 한국군 개개인의 투지와 역량도 뛰어났다. 이 점은 한국군과 생활해 본 미군들도 한결같이 인정하는 사실이다.

미군에게도 중공군은 낯설고 강한 적이었지만, 미군에게는 강력한 화력과 함께 제2차 세계 대전을 치러 본 강건한 장교와 부사관이 있었다. 반면 한국군은 혼란 상황을 이겨 내고 극복할 조직력이 부족했다. 그런 능력이 발휘되려면 사전 훈련을 통한 가시적인 체험과 확인이 필요하다. 리더는 잘 정리된 상황에서만 역량을 뽐내려고 하지 말고, 혼란과 공황 속에서도 통제력을 유지할 수 있는 리더십을 양성하기 위해 노력해야 한다.

오자의 말처럼 어떤 절망적 상황에서도 통제를 유지하는 것이 지휘관의 역할이고, 혼란스러운 상황에서도 부대가 장군의 지휘를 따른다면 아무리 강한 적과 싸워도 극복할 수 있다. 반면, 적을 공격할 때는 적을 공포에 떨게 만들어 대형과 통제를 상실하게 하려는 노력이 필요하다. 적을 타격하는 과정에서도 적이 상황을 통제하고 재집결을 시도하는 역량과 장소를 파악하고, 적절한 시점에 2·3차 압박을 통해 적을 계속해서 흔들 수 있어야 한다. 위대한 군사 지휘관은 오케스트라의 지휘자, 연극의 연출자와 같다. 적의 수준과 병사의 심리 등 모든 것을 이용해 가장 극적인 때 극적인 효과로 적을 무너트려야만 한다.

5-2 무후가 물었다. "만약 적은 많고 아군은 적다면 어떻게 해야 하오?" 오기가 대답했다. "평탄한 지형을 피하고 험한 지형으로 빨리 이동합니다. 옛말에 한 명으로 열 명을 치기는 좁은 지형이 최고이고, 열 명으로 100명을 치기에는 험한 곳처럼 좋은 지형이 없고, 1000명으로 1만 명을 치기에는 막힌 곳이 제일 좋다고 했습니다. 만약 지금 소수의 병력만 있다고 한다면 좁은 지형에서 병사들이 갑자기

일어나 징과 북을 울려 댑니다. 그러면 적이 아무리 대군이라고 해도 놀라 당황하지 않을 수 없을 것입니다. 고로 대군을 거느린 자는 평지에서 싸우도록 노력해야 하며, 병력이 적은 자는 좁고 험한 지형을 추구하라고 했습니다."

武侯問曰 : "若敵衆我寡, 爲之奈何?" 起對曰 : "避之於易, 邀之於阨. 故曰, 以一擊十, 莫善於阨. 以十擊百, 莫善於險, 以千擊萬, 莫善於阻. 今有少卒卒起, 擊金鳴鼓於阨路, 雖有大衆, 莫不驚動. 故曰, 用衆者務易, 用少者務隘."

1. 지형을 정복하는 사람이 승자가 된다

무후가 아군은 소수이고 적군은 다수인 상황에 대해 물었다. 이것은 전쟁에서 자주 벌어지는 보편적인 상황이고, 모든 지휘관의 관심을 유발하는 주제이다. 아군 병력이 우월하다면 두려움 없이 다양한 전술을 구상할 수 있지만, 아군이 열세라면 비범한 전술이 필요하기 때문이다.

이런 상황에서 택할 수 있는 전술이 한 가지 방안만 있는 것은 아니다. 전쟁사에 기록된 유명한 전투는 대부분 열세인 병력으로 다수의 적을 격파한 경우이다. 그 구체적 상황은 매우 다양하며, 양군의 상황에 따라 아주 다른 해답이 나올 수 있다. 무후와 오자의 토론 진행을 위해서는 좀 더 구체적인 상황을 설정해 주어야 한다. 이전의 이야기나 오자의 대답으로 보면 아마 무후는 대부대가 아닌 연대나 대대급 이하 전투 부대가 갑작스럽게 마주친 상황을 가정한 것 같다.

오자의 답은 빨리 병력의 열세를 만회할 수 있는 지형을 찾아서 적과 맞서라는 것이다. 지극히 옳은 말이지만 조금 허무하다. 병서를 배우지 않은 지휘관이라고 해도 일단 적과 마주치게 되면 유리한 지형에서 싸우려고 할 것이다. 아군이 적보다 우세하다고 해도 마찬가지다. 그러나 이 말에 아주 중요한 실전용 지침이 있다. 실전 경험이 적은 부대는 돌발 상황을 만나거나 기습을 당하면 사지를 선택하는 경우가 종종 있기 때문이다. 노련한 상대는 적군의 행동을 예측하고 일부러 위협 사격을 가해 적군을 원하는 곳으로 몰아넣는다.

백선엽[4] 장군은 "어떤 지휘관이 탁월한 지휘관인가?"라는 물음에 "지형을 빨리 파악할 줄 아는 지휘관"이라고 대답한 적이 있다. 탁월한 지휘관은 지형을 보는 순간 이곳이 방어에 유리한 곳인지 공격에 유리한 곳인지 파악할 수 있어야 한다. 심지어 지형을 보면 어느 정도 규모의 부대끼리 싸움할 수 있는지, 아군 1개 소대가 적군 1개 중대를 얼마 동안 저지할 수 있을지 시간까지 계산할 수도 있어야 한다.

아군의 방어선에 대한 적의 압박이 가중되고, 소대장들부터는 더 이상 버틸 수 없다는 무전이 빗발친다. 지휘관은 후퇴는 절대 안 된다, 지원군은 없으니 너희 힘으로 20분 이상 버티라고 소리친다. 전투가 승리로 끝나면 그 지휘관은 강인하고 뚝심 있는 지휘관이라는 평을 들을 것이다. 그러나 정말 뛰어난 지휘관이라면 그런 명령이 냉정한 계산과 판단에서 나온 것이어야 한다. 그렇지 않다면 승리의 절반은 운이고, 다음 전투에서 승리를 장담할 수 없을 것이다.

실제 전투에서 지형지물을 파악하는 것은 아주 세밀한 부분까지 영향을 미친다. 한국 전쟁에 참전했던 미군 장교 중에서 고지전의 경험이 없었던 이들은 고지의 정상에서 보이는 탁 트인 전망에 감탄했다. 아래쪽이 완전히 감제瞰制되고, 능선에 두 자루의 기관총만 놓아도 아래의 적을 완전히 쓸어버릴 것 같았다. 그러나 바위가 많은 산악 지형은 먼 곳의 전망은 좋아도, 방어선 바로 아래로 돌격해 오는 적을 제압할 때는 수많은 장애물이 걸리적거린다. 울퉁불퉁한 지형이어서 적이 참호 20~50미터 앞에 올 때까지도 전혀 보이지 않다가 갑작스럽게 나타난다. 장진호 전투에 참전했던 미 해병대의 얀 중위는 제2차 세계 대전 때 훈장까지 받은 베테랑이었다. 그는 한국에서는 기관총을 8부 능선에 설치해야 한다는 사실을 좀 더 빨리 깨달았더라면 소대원들의 생명을 몇 명은 더 구했을 거라고 말했다.

4 백선엽白善燁(1920~2020)

산악 지형에서는 아무리 촘촘하게 병사를 배치한다고 해도 반드시 사각지대가 생긴다. 한국 전쟁에서 고지전은 무모한 돌격으로 많은 희생자를 낳았다. 가파른 비탈을 육탄으로 기어 올라가는 병사들을 보면서 장교와 기자들은 이 무자비한 상황에 기겁했고, 인간의 용기는 어디까지가 한계인지 철학적 질문까지 떠올리곤 했다. 그러나 그런 무모해 보이는 전투에도 지형을 이겨 낸 승리자는 있었다. 고지전의 영웅 중 사선을 뚫고 정상까지 올라갔던 상당수는 지형이 주는 절묘한 사각지대를 찾아낸 사람들이었다.

롬멜은 제1차 세계 대전 때 중대장으로 참전해 전쟁 영웅이 되었다. 그에게 독일군 최고 영예인 '푸르 르 메리트Pour le Mérite' 훈장을 안긴 것은 마타주르 고지 전투(Battle of Mount Matajur)였다. 롬멜은 300~500명 정도의 병력만으로 후방 보급도 끊어진 상태에서 52시간 동안 지속적인 전투를 벌여 이탈리아군 5개 연대를 격파하고 요새화된 다섯 개의 고지를 점령했다. 하루에 2개 연대를 격파하고 해발 1000미터가 넘는 고지를 하루에 두 개씩 점령한 셈이었다.[5]

이 영화 같은 승리의 원동력은 지형에 대한 롬멜의 탁월한 감식안이었다. 롬멜은 처음에 서부 전선에 있다가 동부 전선의 산악 대대로 전출되었다. 롬멜의 신화를 만든 우연한 계기였다. 롬멜은 서부 평원 전투에서도 지형의 힘을 간파하고 전투에 앞서 항상 자신이 직접 포복을 해서 적진을 샅샅이 정찰했다. 그는 언제나 뛰어난 지형 감각을 자랑했지만, 그것은 천부적 자질이 아니라 노력으로 만들어 낸 것이었다. 그는 진지의 사각과 약점을 찾아내는 데 특히 탁월했다. 그 능력이 동부 산악 지대로 오자 더 크게 빛을 발했다. 롬멜은 산악 지대에서도 강철 같은 체력으로 비탈과 골짜기를 포복으로 누볐다. 그리고 절묘한 루트를 찾아낸 후 갑작스럽게 적진으로 뛰어들어 수비대를 굴복시켰다. 그는 총 9000명의 포로를 잡았는데, 당시 롬멜군의 전사자는 겨우 여섯 명이었다.

5 데니스 쇼월터Dennis E. Showalter(저), 황규만(역), 《패튼과 롬멜 : 현대 기동전의 두 영웅》(일조각, 2012), 108쪽

지형의 중요성은 누구나 알지만, 지형을 정복하기 위해 악착같이 노력하는 사람은 드물다. 오자는 지형의 일반적 중요성을 언급함으로써 지형을 정복하는 마스터가 되기 위해 힘을 기울이라는 조언을 하고 있는 것이다.

5-3 무후가 물었다. "적군은 심히 많고 전투력은 뛰어나고 용맹하며, 크고 험하며 막힌 지형을 두고 우측은 산, 좌측은 물을 끼고 있소. 참호는 깊고 보루는 높으며 강한 노로 방어하고 있소. 퇴각할 때는 산처럼 묵직하게 이동하며 진격할 때는 바람처럼 빠르게 나가오. 적군은 식량도 우리보다 많아 우리가 오래 대치하며 버티기도 어렵소. 이런 경우에는 어찌해야 하오?" 오기가 대답하여 말했다. "아주 좋은 질문입니다. 이런 적은 물리적인 힘이 아니라 성인의 지략으로 대처해야 합니다. 1000대의 전차와 1만 명의 기병, 겸하여 보병까지 마련한 다음, 5군으로 나눕니다. 5군이 각각 한 방향씩 맡도록 포진시키면 적은 분명히 당혹해서 어떻게 대처해야 할지 알지 못할 것입니다. 적이 만약 수비를 강화하고 움직이지 않으면 이때 빨리 간첩을 파견해서 그들의 의도를 염탐하는 한편, 사신을 보내 요구사항을 제안합니다. 협상이 성공하면 진을 풀고 물러갈 것입니다. 적이 우리의 요구를 받아들이지 않고 사신을 죽이고 서신을 불태우면, 5개 부대를 각각 움직여 다섯 곳에서 전투를 벌입니다. 전투에서 이겨도 적을 추격하지 말고 이기지 못해 빨리 후퇴하는 것처럼 합니다. 이같이 거짓으로 패배한 척하면서 천천히 움직이다가 빠르게 공격합니다. 한 부대는 적의 선두를 묶어 두고, 한 부대는 적의 후미를 끊습니다. 2개 기병 부대가 은밀하게 접근해서 좌측 혹은 우측에서 적을 습격합니다. 이처럼 5개 부대가 차례로 접근하면 반드시 승리를 잡을 수 있습니다. 이것이 바로 강한 적을 치는 방법입니다."

武侯問曰 : "有師甚衆, 既武且勇, 背大阻險, 右山左水, 深溝高壘, 守以強弩, 退如山移, 進如風雨, 糧食又多, 難與長守, 則如之何?" 起對曰 : "大哉問乎! 此非車騎之力, 聖人之謀也. 能備千乘萬騎, 兼之徒步, 分爲五軍, 各軍一衢, 夫五軍五衢, 敵人必惑, 莫知所加. 敵若堅守以固其兵, 急行間諜以觀其慮. 彼聽吾說, 解之而去, 不聽吾說, 斬使焚書. 分爲五戰, 戰勝勿追, 不勝疾歸. 如是佯北, 安行疾鬪, 一結其前, 一絕其後, 兩軍銜枚[6], 或左或右, 而襲其處. 五軍交至, 必有其利, 此擊強之道也."

1. 부족함이 없는 군대는 모험을 하지 않는다

무후는 완벽하게 강한 상대를 토론장에 내놓았다. 전투력, 병력, 지형, 장비, 보급 등 모든 면에서 우세하고 부족함이 없는 적을 어떻게 상대할 것인가? 전투의 규모도 1만 명이 넘는, 오늘날로 치면 10만이 넘는 대규모 전투다. 오자는 이런 적을 상대하려면 성인의 지혜가 필요하다고 대답한다. 힘으로는 상대할 수 없느니 뛰어난 계략이 필요하다는 뜻으로 해석할 수 있다. 그러나 오자가 성인의 지혜라고 표현한 데는 특별한 함의가 있다. 오자가 말하는 성인이란 도덕적으로 뛰어난 사람이 아니라 인간의 지혜와 능력을 초월하는 사람을 말한다. 즉 인간의 일반적 속성과 반응을 연구하고 그것을 이용해야 한다는 것. 이것이 성인의 지혜다.

오자는 먼저 전차와 기병을 주력으로 편성하라고 했다. 기동성을 높이면 병력의 효용도를 높여 물리적 병력의 열세를 만회할 수 있다. 강한 적을 상대하는 보편적 전술은 아군의 병력을 집중해서 적의 급소를 침으로써 승부를 거는 것이다. 이 전술을 사용하려면 적을 혼란스럽게 해야 한다. 다양한 움직임으로 아군의 의도를 위장하고, 적을 현혹하려면 기동력이 필수이다.

그다음, 병력을 5군으로 나눠 다섯 방향으로 배치한다. 5군의 구성 내용과 배치 방식은 알 수 없지만, 어느 정도 상호 지원이 가능한 상태에서 병력을 분산 배치하는 것을 말한다. 이것 때문에 오자가 성인의 지혜라는 말을 사용한 것인데, 강한 적을 앞에 두고 병력을 분산 배치하는 것은 상식을 벗어난 자살행위

6 '함매銜枚'란 말에게 재갈을 물려 소리를 내지 못하게 하는 것을 뜻한다.

와 같다.

적군은 이런 아군의 예상치 못한 행동에 적극 공격에 나서지 못한다. 이것이 오자가 말한 성인의 전술 핵심이다. 오자는 전술의 상식을 깨고 강한 적군 앞에서 아군을 분산 배치했다. 이제 적이 정면 승부로 나오거나 아군 부대를 각개 격파하면 쉽게 승리를 거둘 수 있다. 그러나 적은 움직이지 않을 것이다. 적도 아군이 약하니까 정면 승부보다는 교묘한 전략으로 승부할 거라는 예측은 할 수 있다. 이때 아군이 기동 부대를 중심으로 전력을 편성했다는 정보가 흘러 들어간다. 적은 공격하면 쉬운 승리를 거둘 수 있는 적기에 공격 대신 관망을 택한다. 아군이 쓸 수 있는 또 하나의 전술, 즉 기습 공격을 방지하기 위해 진지를 강화하고 관망세를 유지한다.

전투는 아주 다양한 상황과 우발적 사고 속에서 벌어진다. 너무 복잡한 전술이 실패하는 이유는 전술이 잘못되어서가 아니라 정교한 기계일수록 작은 부품 하나의 고장에 취약하기 때문이다. 실제 전투가 오자의 시나리오처럼 진행된다는 보장은 없다. 오자의 전술은 자칫하면 탁상공론 취급을 받기 쉽다. 그러나 그가 풀어놓은 시나리오에는 확실한 메시지가 있다.

오자는 아군의 분산 배치를 "성인의 전술"이라는 멋진 말로 표현했지만, 사실은 목숨을 건 '모 아니면 도' 전술이다. 안정적인 전력을 구축하고 있는 군대는 이런 전술을 감히 사용하지 못한다. 그것이 인간의 본성이다. 자신이 사용하지 않으니까 다른 사람이 사용할 거라는 예측도 쉽게 하지 못한다. 예측한다고 해도 그런 싸움에 말려들고 싶어 하지 않는다.

더욱이 자신은 강하고 부족함이 없으므로 최소한 패하지는 않을 거라는 확신이 있다. 이런 확신 덕분에 그들은 조금만 상황이 불확실하면 관망세로 돌아선다. 만약 이 대화에서 무후가 오자를 골탕 먹일 작정이었다면 "적이 군량도 풍부해서 장기전으로 갈 수도 없다"라는 조건을 내건 것이 실수였다. 무후는 오자가 '적이 강하면 아군은 유리한 지형을 택해 진지를 구축하고 장기전으로 간다'라는 재미없는 대답을 하는 것을 방지하기 위해 적이 아군보다 군량도 풍부하다는 조건까지 달았을 것이다. 덕분에 적이 적극적인 공세로 나오게 할 절박함도 빼 버렸고, 오자가 적을 농락할 수 있는 약점을 제공하고 말았다. '아군은 충분히 강하다. 과도한 욕심을 부려 구리하지만 않으면 적에게 패할 이유가 없다. 안전 운행을 해도 최소한 비기거나 패하지는 않을 것이다.'

전쟁, 스포츠 경기, 경영 등의 역사에서 이런 마음가짐으로 전투에 임했다가 패한 사례는 무수히 많다. 1940년 프랑스가 독일의 전격전에 치욕적인 패배를 당한 이유도 객관적인 국력과 군사력은 프랑스가 더 강하다고 생각하며 패하지 않는 전략을 추구한 탓이었다. 프랑스는 국방 전략 자체를 방어에 중점을 두었다. 전 전선에 걸쳐 방어를 강화하면 독일이 감히 침공하지 못할 것이며 침공해도 격퇴할 수 있다고 자신했다.

독일군이 방어 취약지인 아르덴숲을 이용하려고 한다는 예측과 사전 첩보가 충분히 있었지만, 프랑스군은 믿지 않았고 대책을 준비하지도 않았다. 알려진 것처럼 아르덴숲을 전차가 통과할 수 없다고 판단했기 때문이 아니었다. 진짜 문제는 보급 행렬이었다. 아르덴숲을 통과하려면 설사 전차가 그 좁은 숲길과 계곡을 통과할 수 있다 하더라도 마치 우리나라의 명절 연휴 고속도로처럼 후속 부대와 보급 행렬이 거의 한 줄로 늘어서야 한다. 그것은 자살행위이다. 프랑스군의 예측대로 아르덴숲 돌파 과정에서 독일군 차량은 정체로 인한 파멸적인 위기에 처했지만, 그런 자살적 모험을 할 리가 없다고 판단한 프랑스군은 그들을 방치했다. 심지어 프랑스군 정찰기가 그 행렬을 발견하고 공습을 건의해도 프랑스군 사령부는 이를 무시했다. 그런 시나리오가 사전에 준비되어 있지 않았기 때문이었다. 전쟁이 터져 정신이 없고 급박한 상황이니 준비가 안 된 공격을 감행하는 것보다는 있는 시나리오대로 대응하는 것이 낫다고 판단한 것이다. 강자의 안일함이 초래한 실수였다.

오자가 협상을 시도한 것은 아군이 전투에 자신이 없음을 보여 적을 더욱 방심하게 하거나, 아군이 치졸한 속임수를 시도하는 것처럼 보이기 위한 것이었다. 협상이 성공할 가능성도 한 가닥 있었는데, 적군은 지지 않으면 된다는 심정이기 때문에 협상을 받아들일 가능성도 있다고 본 것이다. 이 구절 역시 오자가 '우리는 최소한 지지는 않는다'라는 적군의 생각을 타깃으로 삼는 것을 보여 준다.

2. 천재는 변화를 감지하고 이용하는 사람이다

적이 협상을 거부하면 전투를 벌여야 한다. 적군은 아군의 계략을 의심해서 방어전으로 돌입했기 때문에 당장 공격에 나설 수 없다. 대군일수록 공격과 수비는 사령관의 명령 한마디로 시행할 수 있는 것이 아니다. 사전에 며칠 동안의 준비와 사전 배치가 필요하다. 오자는 이 약점을 노리고 공격하는데, 이미 소극적으로 된 적이 공세적인 반격을 취할 우려가 없으므로 5개 부대를 분산 기동하는 전략으로 공격한다.

절대적인 병력의 수는 부족하지만 탁월한 기동을 앞세워 여러 개의 소부대를 출격시켜 적의 둔탁한 대형을 동시다발적으로 공격한다. 이 공격은 오자의 말대로 적의 방어진을 돌파하려는 충격 작전이 아니라 히트 앤드 런 작전에 가깝다. 적을 찔러 보고 방어가 굳건하면 무리하지 않고 후퇴한다. 그리고 주변을 돌며 다른 곳을 찌른다. 보병의 방어 진지는 참호를 파고 목책을 세우는데, 이 진지 덕분에 대부분 자기 자리에 고착된다. 기병은 이 약점을 이용해 치고 빠지는 것을 반복하면서 적을 지치게 하며 약한 곳을 찾는다. 이렇게 가벼운 타격을 반복하다 보면 적의 약점이 노출된다. 무후는 적이 강하고 용맹하다고 전제했지만, 아무리 강한 군대도 대병력이 집결하면 전투력이 균일할 수 없고, 1만 명이 넘는 대군을 정예병으로 조달할 수도 없다.

균열은 반드시 발생하고, 제대로 된 기병이라면 이 균열을 반드시 찾아낸다. 그러면 바로 신호를 보내고, 주변의 기병을 집결시켜 빠르고 강력하게 돌파한다. 거란 기병은 바로 이런 순간을 대비해서 '백두산'이나 '한강' 같은 단순한 단어를 집결 신호로 사용했다.

적군이 아군 기병의 의도를 눈치채도 보병 중심의 군대는 속도가 느려 돌파구를 신속하게 막지 못한다. 이런 기동 전략은 유목 민족의 기동 전술을 그대로 채용한 것이다. 그 효과는 역사적으로 증명되었다. 거란과 몽골의 기병은 병력의 열세를 기동으로 만회하며 적군을 효과적으로 공략했다. 위무후는 이 설명에 크게 감동했을 것이 틀림없다. 20세기의 전격전 이론처럼 당시로서는 혁신적이고 새로운 이론이었기 때문이다.

오자와 손자의 병법을 연구하며 가장 놀라웠던 부분은, 그들이 기동전의 위력을 확실히 파악하고 적극적으로 채택한다는 사실이다. 기병이 언제부터 중원의 전쟁에 등장했는지는 명확하지 않다. 그러나 춘추 전국 시대에 기병은 중국에서는 낯선 병종이었다. 바지는 말 타는 유목 민족의 복장이었는데, 이것이 보급되기 시작한 것도 춘추 시대 후반부에서 전국 시대로 넘어갈 때부터다. 대체로 조나라같이 북방 유목 민족과 접경을 이루던 나라에서 조금씩 기병과 바지를 도입하기 시작했다. 하지만 전국 시대를 평정한 진시황의 군대만 봐도 전체가 사단 규모라고 하면 하나의 독립 기병 대대가 편성되어 있기는 하지만 아직 중원 군대의 주력은 전차였다.[7]

전차는 1대당 4필의 말과 교대용 말까지 포함하여 총 5~8필의 말이 필요한 고비용 장비였다. 전차와 보병의 병력 비율은 1 대 100까지 벌어졌다. 하지만 전차는 기동 요건이 까다로워서 보병의 전투에서 지휘와 돌파를 담당하는 보조적인 병종이었지, 단독으로 기동전을 감행할 수 있는 병종이 아니었다. 대체로 전국 시대 말기에나 기병과 전차의 급속한 전환이 이루어진 것으로 보인다. 한나라 유방의 묘에서 출토된 병마용은 작은 인형 규모로 제작되었는데, 기병이 보병과 맞먹을 정도의 대규모로 편성되어 있었다. 전국 시대 후반에 소수의 독립 기병이 기동전을 수행할 수는 있었지만, 전체적 전술을 기동전에 맞추어 수행하

7 최근에 진시황릉의 병마용은 전체가 다 발굴된 것이 아니라는 설이 대두하고 있다. 그러나 완전한 규모는 아직 공식적으로 발표되지 않았고, 병마용 자체가 미완성일 수도 있어서 기병 전력과 규모를 병마용만으로 정확히 파악하기는 어렵다. 그러나 기병보다 전차가 주력을 형성하고 있었던 것은 확실하다.

기는 아직 어려운 시기였다고 할 수 있다. 기병이 보편화된 다음에도 중원의 군대가 진짜 기동전을 시행할 수 있게 된 것은 당 태종의 후원을 받아 이정[8]이 주도한 군사 개혁이 감행되었던 당나라 초기에 들어와서다.[9]

그러나 이제 막 기병이 소개되고 있던 시대를 살았던 손자는 기병을 통해 기동전과 전격전의 원리를 깨닫고 지형 활용법에 이미 적용하고 있었다. 게다가 손자 사후에 태어난 오자는 유목 기병 부대나 가능한 대규모 기병 전투를 위무후와의 워 게임war game에 도입한 것이다.

손자와 오자가 병법의 태두로 불리며 오늘날까지도 생명력을 갖는 이유는 그들이 겉보기에 멋들어진 말들을 남겼기 때문이 아니다. 기록에 남은 말들은 아마 손자와 오자만의 창안도 아니고 독자적 저작물도 아닐 것이다. 분명 손자와 오자 시대 혹은 그 이전에도 수많은 사람이 비슷한 말을 했을 것이다. 그런데도 손자와 오자가 병법의 대가인 이유는 작은 단서에서 그 잠재력을 파악하고, 100년은 앞서서 변화를 예측함으로써 전혀 객관적 준비가 되지 않은 상태에서도 이를 적극적으로 적용해 보려 했기 때문이다. 만약 그들이 당시 군대의 대종을 이루었던 보병과 전차만으로 전술을 구상하고 전략 원칙을 세웠다면, 기동 개념은 빼놓은 채 지형의 이용과 역전의 전술을 설명했을 것이다. 그랬다면 과연 손자와 오자의 병서가 2000년을 넘어 전장을 관통할 수 있었을까? 아마도 진한 시대쯤 버려졌을 가능성이 크다고 본다.

5-4 무후가 물었다. "적이 아군에게 가까이 근접해서 퇴각하려 해도 퇴로가 없고, 아군 병사 중 다수가 공포에 사로잡혀 있다면 어찌해야 하오?" 오기가 대답하여 말했다. "이런 상황을 타개하는 전술은, 만약 아군이 많고 적이 소수라면 병력을 나누어서 빈틈을 타야 합니다. 하지만 적이 많고 아군이 적다면 상황에 따

8 이정李貞(?~688)

9 임용한(저), 《한국고대전쟁사 2 : 사상 최대의 전쟁》(혜안, 2012), 180~184쪽

라 대처해야 합니다. 쉬지 않고 임기응변의 전술을 사용한다면 비록 적이 많다고 해도 굴복시킬 수 있습니다."

武侯問曰 : "敵近而薄我, 欲去無路, 我衆甚懼, 爲之奈何[10]?" 起對曰 : "爲此之術, 若我衆彼寡, 各分而乘之. 彼衆我寡, 以方從之[11]. 從之無息, 雖衆可服."

1. 임기응변

필자는 《손자병법》을 주제로 하는 모 방송 프로그램에 병법 해설을 부탁받아 출연한 적이 있다. 어느 날 담당 PD가 고개를 갸우뚱하며 말했다. "병법은 알고 보면 결국 다 임기응변이더군요." 실전에서 사용하는 모든 전술은 다 임기응변으로 이루어진다. 하지만 그렇다고 병서의 전술, 즉 문자로 된 교과서적인 전술이 현장에서는 쓸모가 없다는 말이 아니다. 책 속의 전술은 원리이고 원칙이다. 기본 개념과 작동 원리를 설명하기 위해 전술적 상황을 가정하고 설명한다. 여기서 중요한 것은 원리이지 가상의 상황이 아니다. 그런데 많은 사람은 가상의 상황에 주목하고, 유사한 상황에서 똑같은 원리를 모방하다가 낭패를 맛본다. 그러고는 병서의 문구를 버리고 그냥 자신의 판단한 대로 행동한다. 그것이 임기응변이라고 멋대로 생각한다.

임기응변은 그런 것이 아니다. 임기응변할 때도 원칙은 정확하게 이해하고 항상 확고하게 붙들고 있어야 한다. 현실에서는 다양한 상황이 복합적으로 전개된다. 임기응변은 다양한 전술적 원리를 이 복합적 현실에 적용하는 능력이다. 훌륭한 임기응변은 전술 원리의 창의적 활용까지 내포하는데, 이것도 원리와 무관한 창의가 아니다. 새롭게 변화된 상황이 있을 때, 전술 원칙과 이전의 사례를

10 여기서부터 무후와 오자의 전술 논의는 계곡 전투로 옮겨 간다. 산과 골짜기가 많은 우리 지형에서는 오자의 계곡 전투의 요령들과 부합하는 전쟁사 사례들이 많다. 특히 한국 전쟁 때 중공군과의 전투 사례가 대표적이다.

11 '이방종지以方從之'의 '方'은 바야흐로, 지금이라는 의미가 있다. 당면한 순간의 상황에 따른다는 말이니 상황에 따라 임기응변을 하라는 의미이다.

통해 배운 것을 변화에 적용하여 새로운 전술을 창출하는 것이다.

임기응변을 남용하는 대표적 사례가 바로, 무언가 확실한 지침을 내릴 수 없을 때 변명용으로 이용하는 것이다. 다양한 상황이 빠르고 복잡하게 변할 때, 고정된 지침이나 원리를 적용하기 어려워진다. 여기서 무후가 제시한 경우가 그런 것이다. 아군은 고립되고 공포에 사로잡혔다. 적은 지형의 우세를 점했고 병력도 우세하다. 적은 다양한 전술을 사용할 수 있어서 예측이 어렵다. 그래도 아군이 통제력과 군기를 상실하지 않고 강한 의지와 전투력이 있다면 아무리 어려운 상황에서도 선제적으로 준비하고 대응하는 것이 가능하다. 반면 공포에 빠진 군대는 치명상을 입은 환자와 같다. 치료 약도 반응하지 않는다. 따라서 이런 경우에는 상황에 따라 치료법을 결정할 수밖에 없는 것이다.

5-5 무후가 물었다. "만약 계곡의 좁은 공간에서 적과 마주했는데 양옆의 지형은 험하고 적은 다수이고 아군은 적다면 어찌해야 하오?" 오기가 대답했다. "구릉이나 숲이 울창한 골짜기, 깊은 산속이나 넓은 늪지는 신속하게 움직여 빨리 벗어나야지 절대로 꾸물거려서는 안 됩니다. 만약 산은 높고 계곡은 깊은 곳에서 갑자기 적과 마주하면 반드시 먼저 북을 치고 소리를 지르며 틈을 타서 궁수와 노수를 전진시켜 적을 사살하고 사로잡습니다. 적의 정세를 잘 살펴서 적이 혼란해졌으면 주저 없이 공격해야 합니다."

武侯問曰 : "若遇敵於谿谷之間, 傍多險阻, 彼眾我寡, 爲之奈何?" 起對曰 : "諸丘陵林谷深山大澤, 疾行亟去, 勿得從容. 若高山深谷, 卒然相遇, 必先鼓譟而乘之, 進弓與弩, 且射且虜. 審察其政, 亂則擊之, 勿疑."

1. 지형이 제공하는 가장 취약한 상황을 노려라

전술적 능력의 최대 관건은 지형이 선물하는 장단점을 속속들이 파악하는 것과 그것을 전술에 활용하는 능력이다. 예를 들어, 계곡의 장단점을 파악하자면 먼저 외형을 보고 판단한다. 계곡은 매복에 유리하고, 적은 병력이 다수의 적을 공격하기에 유리하다. 반면 이동이 불편하고 기습에 취약하며 진을 펼치거나 병종을 활용한 포메이션이 불가능하므로 정공법을 사용할 수 없다.

그러나 오자는 대형의 혼란에 주목한다. 군대의 혼란은 모든 전투에서 승부에 결정적인 영향을 미친다. 부대의 이동이 어렵고 전투 대형의 형성 자체가 곤란한 계곡에서의 혼란은 곧잘 공황이나 전투 의지 상실 같은 치명적인 결과로 이어진다. 그러므로 계곡 전투일수록 기선을 제압하는 것이 중요하다.

뛰어난 지휘관은 지형의 외형만을 보는 것이 아니라 그 속성을 파악한다. 그런 지형에 있을 때 반응하는 인간의 행태를 꿰뚫어 보아야 한다. 병사들은 불리한 지형에 들어가면 여러 가지 상상을 하며 만약의 사태를 걱정한다. 계곡에서 공격당하면 조직적으로 도움을 받기란 어렵다는 것을 병사들도 인지하고 있다. 이런 상황에서 기세등등한 적을 만나자마자 화살이 날아들면 대형은 흐트러지고 병사들은 쉽게 전의를 상실한다.

그래서 오자는 계곡에서 적과 만나면 먼저 북을 치고 소리를 질러 기선을 제압하고 백병전보다는 궁수를 활용해 적을 공격하라고 한 것이다. 그렇게 적을 흔들어 적병이 전의를 상실하면 좁은 통로를 두려워하지 말고 신속하게 공격하라고 했다. 다음 단락에도 무후와 오자는 계곡 전투를 다루고 있는데, 백병전에 강한 특별한 부대를 전위에 세워 충돌 지점에서 전투력의 우세를 유지하라고 충고한다. 좁은 계곡일수록 병종 간의 유기적 협력보다는 접전 지역에서의 우세가 승패를 좌우한다. 계곡이라면 사전에 이들을 전진에 배치해 두었다가 공세에 활용하면 된다.

5-6 무후가 물었다. "좌우에 높은 산이 있고 지형은 심하게 좁아서 갑자기 적과 마주쳤지만 적을 칠 수도 없고 후퇴할 수도 없는 상황에서는 어찌해야 하오?" 오기가 대답했다. "이런 경우를 계곡전이라고 합니다. 비록 병력이 많아도 사용할 수

없으므로 아군 중에 뛰어난 병사를 모아 적을 상대하게 합니다. 날랜 병사들에게 예리한 백병용 병기를 주어 맨 앞에서 나가게 합니다. 전차와 기병을 나누어 사방에 매복시킵니다. 이들은 서로 몇 리를 떨어트려 놓아 적이 볼 수 없게 합니다. 적은 반드시 진을 견고하게 하고자 나아가지도 후퇴하지도 못할 것입니다. 이 틈에 아군은 기를 세우고 대형을 지어 산을 빠져나와 외곽에 진을 구축합니다. 적은 이 사실을 알면 반드시 겁을 먹을 것입니다. 이때 전차와 기병으로 적에게 도전하며 계속해서 공격해서 적이 쉴 틈을 주지 않아야 합니다. 이것이 계곡에서의 전술입니다."

武侯問曰 : "左右高山, 地甚狹迫, 卒遇敵人, 擊之不敢, 去之不得, 爲之奈何?"

起對曰 : "此謂谷戰, 雖衆不用, 募吾材士與敵相當, 輕足利兵以爲前行, 分車列騎隱於四旁, 相去數里, 無見其兵敵必堅陳, 進退不敢. 出旌列旆, 行出山外營之, 敵人必懼. 車騎挑之, 勿令得休. 此谷戰之法也."

1. 지형에 따라 양과 질의 활용법이 달라진다

1108년 1월 14일, 윤관[12]이 지휘하는 고려군은 병목이라고 불렸던 함경도의 좁은 골짜기를 지나고 있었다. 1107년, 고려군은 이 지역의 여진족을 공격해 대승을 거두었다. 그러나 간도 지방에서 여진족의 맹주로 군림하던 완안부完顔部는 굴복하지 않고 대군을 보내 빼앗긴 땅을 탈환하려 했다. 고려군은 그 첩보를 듣고 골짜기에서 여진군을 차단하려고 했다. 여진의 반격과 고려의 대응은 처음부터 예상하고 준비된 계획이었고, 고려군은 자신만만했다. 그러나 고려군은 중대한 실수를 저지르는데, 이 병목이 생각처럼 입구와 출구가 하나뿐인 골짜기가 아니라는 점을 생각하지 못한 것이다. 산악 지형은 험하기는 하지만 수많은 소로와 통로를 제공한다. 단지 험할 뿐이지 길은 있다. 여진족은 상황을 파악하고 이미 이 골짜기로 들어와 매복하고 있었다.

12 윤관尹瓘(1040~1111)

그들의 목표는 윤관을 비롯한 고려군의 지휘부를 제거하는 것이었다. 윤관이 지나갈 때 매복해 있던 병력이 튀어나와 좁은 골짜기의 앞뒤를 강력하게 차단했다. 그 외에도 여기저기서 습격을 시도해 고려군을 혼란에 빠트렸다. 이 공격은 고려군을 섬멸하기보다는 그들을 혼란에 빠트림으로써 통로를 차단해서 고려군이 병력을 정비해 윤관을 구하러 오는 것을 막으려는 조치였다. 여진군은 골짜기 위에서 화살을 쏘고 돌을 굴려서 말을 날뛰게 함으로써 고려군 대형을 혼란에 빠트렸다.

여진군이 고려군보다 많지는 않았지만, 윤관이 위치한 지역에서는 상대적으로 다수였다. 고립된 윤관과 부사령관 오연총[13]의 주변에는 소수의 경호원뿐이었다. 그들은 지형에 의지해 사령관을 보호하며 저항했다. 그들을 포위한 여진족이 화살 공격을 했다. 윤관마저 직접 칼을 휘둘러 화살을 쳐내야 했을 정도로 위급한 상황이었다. 얼마 지나지 않아 부사령관 오연총이 화살에 맞았다.

습격 지점과 좀 떨어진 곳에 있었던 고려의 명장 최홍정[14]과 이관진[15]은 즉시 윤관을 구하기 위해 출동했지만 좁고 혼잡한 통로를 지날 수가 없었다. 그들은 산골짜기에서 샛길을 따라 우회하며 어떻게 해서든 병력을 이끌고 윤관에게 도달하기 위해 안간힘을 썼다. 그러나 좁고 험한 산길과 여진족의 저항을 뚫고 시간 내에 도착하는 일은 불가능해 보였다.

이때 윤관을 포위한 차단선 근처에 고려의 젊은 용사 척준경[16]이 있었다. 고려군 최고의 전사였던 그는 사령부의 급박한 위기와 고려군의 혼란 상황을 보고, 대형을 정비해 반격하는 대신 자신과 함께할 특공 용사를 뽑았다. 10여 명이 결사대에 자원했다. 함께 종군한 동생 척준신[17]이 아주 무모하고 위험하다고 척준

13 오연총吳延寵(1055~1116)

14 최홍정崔弘正

15 이관진李冠珍

16 척준경拓俊京(?~1144)

17 척준신拓俊臣(?~1126)

경을 말렸다. 아마 그는 부대를 빨리 정비해 구출 작전을 펴자고 했을 것이다. 그러나 척준경은 동생의 제안을 거부하고 결사대를 이끌고 돌격했다. 그들은 10여 명을 죽인 후 포위망을 뚫고 윤관에게 가세했다. 이들 덕분에 윤관은 시간을 벌었고, 얼마 후 최홍정과 이관진의 부대가 아슬아슬하게 도착했다.[18]

오자가 말한 계곡 전투와 병목 전투의 양상이 완전히 일치하지는 않지만 전술적 구조는 똑같다. 척준경이 고려군의 재편성을 기다렸더라면 윤관을 구출할 시간이 부족했을 것이다. 더구나 잘해야 1~2열 종대의 행군이 가능한 협로에서 대병력은 거의 무용지물이다. 이런 지형에서의 전투는 접전 지역에서의 전투력이 승부를 좌우한다. 최홍정과 이관진이 끌고 온 구원병도 일반 전투 병력이었는지 특수한 엘리트 부대였는지 확실하지 않지만, 후자일 가능성이 크다.

제5편 〈응변〉에서 무후와 오자가 토의하는 전술은 지형의 전술적 활용법이라는 주제에 집중되어 있다. 지휘관이 지형을 감안한 전략을 준비할 때는 소수의 엘리트 병력과 다수의 체계적 병력이라는 기준도 항상 고려해야 한다. 오자는 계곡 전투의 경우, 접전 지역에는 소수 엘리트 부대를 활용하고 후방의 엄호와 지원에는 일반 병력을 배치하라고 했다. 고려군의 병목 전투는 이런 오자의 구상의 좋은 실례라고 할 수 있다.

5-7 무후가 물었다. "아군이 물이 많은 늪지에서 적과 마주쳐서 전차는 수렁에 빠지고 기병은 움직일 수 없게 되었소. 배도 마련되지 않아 나갈 수도 없고 물러설 수도 없는 상황이라면 어찌해야 하오?" 오기가 대답하여 말했다. "그것은 수전이라고 합니다. 전차와 기병은 쓸모가 없으니 버려두고 높은 곳으로 올라가 사방을 관측합니다. 반드시 물이 깊고 얕은 사정과 넓고 좁은 곳, 깊고 얕은 곳을 먼저 파악한 뒤에 적을 기습하면 승리할 수 있습니다. 만약 적이 물을 건넌다면 적

18 임용한(저), 《전쟁과 역사 2 : 거란 여진과의 전쟁》(혜안, 2004), 310쪽

이 반쯤 건넜을 때 공격합니다."

武侯問曰 : "吾與敵相遇大水之澤, 傾輪沒轅, 水薄車騎. 舟楫不設, 進退不得. 爲之奈何?" 起對曰 : "此謂水戰, 無用車騎, 且留其傍. 登高四望, 必得水情, 知其廣狹, 盡其淺深, 乃可爲奇以勝之. 敵若絕水, 半渡而薄之."

1. 지형을 파악한다는 것은 지형의 이용법을 아는 것이다

한문의 특성상 《오자병법》이나 《손자병법》에 있는 대화는 속기록이 아니다. 대화의 요점만 정리한 것이다. 실제로는 위무후가 제시하는 상황 설정이 아주 구체적이었는데 개요만 제시했을 가능성이 있다. 그러나 적어도 이 기록만으로 놓고 보면 위무후는 이번 설정에서도 실수했다. 무후는 말 그대로 진퇴양난의 상황을 구상한다. 땅은 수렁이고, 물에는 배가 없다. 앞으로 나갈 수도, 뒤로 물러설 수도 없고 전차와 기병은 싸울 수도 없다.

그러나 늪지 지형의 설정은 상대도 똑같은 상황이 될 수밖에 없다는 점을 놓쳤다. 정말 진퇴양난의 상황을 설정하려면 계곡에 들어갔는데 땅이 질어서 진퇴양난이 되고 적은 마른땅이나 계곡 위에 있다는 식으로 구성해야 했을 것이다. 덕분에 오자는 다음 구절에 나오는 사례와 마찬가지로 전차와 기병을 전장에서 배제해 버리는 것으로 문제를 해결한다.

오자는 다시 한번 지형이 중요성을 강조한다. 늪지에서는 보병전이 되어 버리니 그 중요성은 더욱 높아졌다. 지형의 선택에서 오자는 마른땅을 차지하라고 하지 않는다. 마른땅은 전체 늪지의 지형을 파악하기 위해서만 사용한다. 정말 필요한 지형 정보는 물의 깊이나 흐름 같은 것이다. 즉 눈에 보이는 지형이 아니라 눈에 보이는 현상의 내부에 있는 정보다. 앞에서 '지형의 정복자론'을 통해 강조했던 교훈과 같다. 비탈이나 고지가 방어에 중요한 지형이라는 정도의 지식이 아니라 그 지형이 병사 몇 명의 전투력을 보완하는지 그 속성을 통해 정보를 파악해야 한다. 오자는 수전에서도 같은 원리를 반복한다.

마지막으로 적이 물을 건널 때는 반쯤 건넜을 때 공격하라고 했다. 도하 중의 적을 공격하는 고전적 전술로 분열된 적을 사냥하는 것이다. 이쪽에서 절반을 격멸하면 남은 절반은 전의를 상실하고 아군은 남은 절반에 대해서도 자신감을 보이게 된다.

5-8 무후가 물었다. "비가 오래 내려 말은 진창에 빠지고 전차도 움직일 수 없는데, 적이 사방에서 포위해서 전군이 동요하고 있다면 어찌해야 하오?" 오기가 대답했다. "무릇 전차는 습한 땅에서는 사용할 수 없으므로 맑고 건조한 곳에서 운용하는 것입니다. 또 높은 곳을 선택하며 낮은 곳을 피해야 강력한 성능을 발휘할 수 있습니다. 전진하든 정지하든 간에 반드시 이 원리를 따라야 합니다. 만약 적이 움직이면 반드시 그 바퀴 자국을 따라가야 합니다."

武侯問曰 : "天久連雨, 馬陷車止, 四面受敵, 三軍驚駭, 爲之奈何?" 起對曰 : "凡用車者, 陰濕則停, 陽燥則起, 貴高賤下, 馳其強車, 若進若止, 必從其道. 敵人若起, 必逐其跡."

1. 진창에 빠진 전차

위무후는 계속 난감한 상황을 만들어 오자에게 대책을 묻는다. 오자는 그때마다 척척 대답했다. 그러나 유독 이 질문에 대해서는 대안을 제시하는 것을 포기하고 애초에 그런 상황에 빠진 것이 잘못이며 그런 상황 자체를 피해야 한다고 대답했다. 그 잘못된 상황이란 말과 전차를 진흙 수렁으로 끌고 간 것이다.

만약 이 구절을 읽었다면 가장 마음이 아플 사람은 아돌프 히틀러다. 1941년 10월, 소련군에게 궤멸적인 타격을 입히면서 모스크바를 향해 기세 좋게 진군하던 독일의 기갑 군단이 수렁에 빠졌다. 1941년 6월, 소련 침공 때 바르바로사 작전(Operation Barbarossa)을 개시한 이래 8월까지 독일군은 승승장구하고 있었다. 과거 나폴레옹도 거쳐 갔던 스몰렌스크Smolensk에서의 전투에서 승리한 하인츠 구데리안은 지금이 모스크바로 전진할 적기라고 보았다. 그런데 돌연 히틀러가 공격 방향을 키예프Kiev로 돌렸다. 키예프는 우크라이나의 수도이다. 자원의 보고인 우크라이나야말로 독일이 소련을 침공한 중요한 이유였다. 구데리안은 히틀러를 찾아가 그의 앞에서 모스크바 진격을 역설했지만, 히틀러는 고집을 꺾지 않았다. 그는 이렇게 중얼거렸다. "우리 장군들은 전쟁의 경제적인 측면에 대해서는 아무것도 모른단 말이야."[19]

히틀러의 지시대로 독일군은 키예프로 향했다. 이 전역은 큰 성공을 거두었고, 히틀러를 더욱 자만심에 빠지게 했다. 그러나 때는 이미 10월이 되었고 러시아는 가을로 접어들기 시작했다. 가을 우기가 닥치자 겨울을 향해 기온은 급속히 떨어졌다. 흔히 나폴레옹과 히틀러의 야망을 꺾은 것은 러시아의 동장군이라고들 한다. 게다가 러시아에는 또 하나의 무서운 신이 있었는데, 그것은 검은 진흙을 뒤집어쓴 대지의 신이었다.

비가 만들어 낸 러시아 평원의 진창에 대해 구데리안은 겪어 보지 않은 사람은 그 어려움을 모른다고 말했다. "10월 10일 이후 수 주일은 진흙탕에 지배당했다. 바퀴 차량은 궤도 차량의 도움을 받아야만 전진할 수 있었다. 궤도 차량도 예정에도 없던 작업을 수행해야 했으므로 신속하게 마모되어 버렸다."[20] 진흙 수렁은 트럭의 보닛bonnet까지 올라올 정도였다. 탱크조차도 그런 곳에 빠지면 움직일 수가 없다. 구데리안의 표현대로 무시무시한 진흙의 늪은 나중에는 탱크마저도 가둬 버렸다. 그 무서운 겨울이 지나고 봄이 되자 얼었던 땅은 또다시 진흙으로 둔갑해 독일 병사와 차량을 삼켰다. 보급 수레를 끌고 대포를 끄는 말들은 이미 예전에 진흙 수렁 속으로 사라져서 보급 능력은 극도로 취약해졌다.

사령부의 전략·전술은 목표를 효과적으로 수행하고 위기를 탈출하기 위해서만 필요한 것이 아니다. 전차를 진흙 수렁으로 끌고 들어가는 것같이 해서는 안

19 하인츠 구데리안Heinz W. Guderian(저), 김정오(역), 《기계화부대장panzer leafer》(글밭, 1990), 318~320쪽과 앤드류 나고르스키Andrew Nagorski(저), 차병직(역), 《세계사 최대의 전투》(까치, 2011), 136~137쪽 참조

20 하인츠 구데리안(저), 김정오(역), 《기계화부대장》(글밭, 1990), 370쪽

될 일을 판별하는 것도 중요하다. 그러므로 전략을 세울 때는 이루고자 하는 목표에 도달하는 방법만 추구할 것이 아니라 해서는 안 되는 것을 제거해 나가는 과정도 필요하다. 만약 제거할 수 없다면 진흙 위를 달릴 수 있는 무한궤도라도 만들어 내야 하는 것이다.

조직 대부분이 이런 문제에 같은 방법으로 대처한다. 비관주의자를 회의실 밖으로 내보내고, 불길한 징조를 무시하거나 막연한 낙관 속에 묻어 버린다. 결국 그들은 수렁에 빠지고 말 것이다.

5-9 무후가 물었다. "갑자기 유목민같이 난폭한 도적들이 쳐들어와 우리의 전야를 약탈하고, 소와 양을 탈취해 갔소. 그럴 때는 어떻게 해야 하오?" 오기가 대답했다. "유목민의 약탈 부대는 상당히 강합니다. 먼저 수비를 강화하고 섣불리 대응하지 않습니다. 저들이 약탈을 끝내고 물러갈 때가 되면 약탈한 물자로 짐이 무겁고, 마음에는 아군이 반격할지 모른다는 생각만 꽉 차서 서둘러 돌아가려고만 할 것입니다. 이렇게 되면 적은 반드시 서로 거리가 벌어지게 됩니다. 이틈을 타 추격해서 공격하면 그들을 거꾸러트릴 수 있습니다."

武侯問曰 : "暴寇[21]卒來, 掠吾田野, 取吾牛羊. 則如之何?" 起對曰 : "暴寇之來. 必慮其強, 善守勿應. 彼將暮去, 其裝必重, 其心必恐, 還退務速, 必有不屬, 追而擊之, 其兵可覆."

1. 탐욕을 충족시키고 그 뒤를 노린다

앞선 토론에서 오자가 "성인의 지혜"로까지 포장해서 유목 기병의 전술 도입을 주장했던 일에 자극을 받았는지 위무후는 워게임에 유목 기병까지 동원했다. 위무후가 말한 폭구暴寇는 문자 그대로는 사나운 도적 떼라는 의미지만 천고마

21 '폭구暴寇'란 난폭한 도적, 약탈자 집단을 뜻한다. '寇'는 일반적인 도적이 아니라 약탈을 목적으로 침공하는 유목 민족을 지칭하는 것으로 보인다.

비의 계절만 되면 중원을 약탈하러 들어오던 유목 기병대를 의미하는 것이 분명하다.

중원의 군대에 유목 기병은 감당할 수 없는 골칫거리였다. 물론 유목 기병이라고 무적은 아니다. 그들도 성을 공략한다거나 불리한 지형에서 힘든 목표를 추구한다거나 하다가는 얼마든지 패배할 수 있다. 그러나 그들은 약탈 부대여서 자신들의 목적이 분명하다. 상황이 불리하면 지체하지 않고 달아난다. 게다가 일단 야전에서 맞붙어 싸우면 그들을 제압할 가능성은 거의 없다. 보병들을 괴롭히다가 달아날 것이다. 그들이 공격하는 마을로 군을 투입해 마을을 구할 수는 있겠지만, 그들은 바로 다른 마을을 공략할 것이다. 추격할 수도 없고, 모든 마을을 방어할 수도 없다. 모든 지역을 방어하려면 병력을 분산해야 한다. 그러면 부대는 각개 격파로 전멸하고 말 것이다.

유일한 방법은 주 읍인 성을 굳게 지키며, 가능한 주민을 성안으로 피신시키고, 성 바깥의 작은 마을들이 불타는 것을 지켜보는 것이다. 적의 속도와 기습 능력 때문에 그들이 공격해 오기 전에 주민을 소개疏開하는 것은 불가능하므로 몇 개의 마을과 주민이 노략질당하는 것은 감수할 수밖에 없다.

좀 더 용감한 방법이라면, 아군도 기병을 훈련시켜 기병전을 벌이는 것이다. 그러나 아류가 본류를 이기기란 쉽지 않다. 유목 민족은 태어나서부터 하루 종일 말을 타고 사는 사람들이고, 아군 기병은 훈련으로 기마술을 익힌 사람일 것이다. 품종과 사육 능력의 차이로 말의 역량도 크게 뒤진다. 잘 훈련된 군대로 간혹 승리를 거두기도 했었지만, 전반적인 역량에서는 상대가 되지 않는다.

무후도 이런 사정을 알았으므로 오자에게 대응 전술을 물었다. 무후 입장에선 전술에 몰두해서 무심코 설정한 상황일 수도 있지만, 오자 입장에선 자칫 치명적인 결과를 초래할 수 있는 질문이었다.

오자가 등용된 것은 위문후 시절이었다. 문후를 계승한 무후의 시대에 오자는 이미 장군으로서 명성을 얻었고, 오자는 무장에 머무르지 않고 재상 자리를 노리고 있었다. 그를 견제하는 정치 세력도 충분히 형성되어 있었다. 그런데 만약 여기서 오자가 유목 약탈 집단을 이겨 낼 수 없는 현실을 설명하고, 안타깝지만 최선의 방안은 성을 지키며 희생을 최소화하는 거라고 답변한다면 설사 그것이 전술적으로 옳은 지적이라고 해도 정치적으로 심각한 논박을 당하며 자질론에 휩싸였을 것이다.

오자는 상대의 약점을 찾아내는 데 천부적인 재능이 있다. 그는 인간의 본성을 통해 무적 유목 기병의 약점을 찾아낸다. 전투는 팀워크다. 유목 기병대도 개별적으로 강하고 빠르지만, 전투나 약탈을 하려면 팀워크가 중요하다. 그들이 전투에 강한 것도 어렸을 때부터 말을 타기 때문만이 아니라, 일상에서도 늘 같이 일하고 촌락의 생활과 조직이 그대로 군사적 기능과 조직으로 전환되기 때문이다. 소위 병농일치兵農一致인 것이다.

그러나 그들의 장점인 팀워크도 깨질 때가 있다. 목적을 달성한 다음 약탈물을 획득한 뒤이다. 유목민의 관행은 약탈품을 취합하여 분배하는 것이 아니라 자신이 획득한 것을 자신이 가지는 구조이다. 오자는 이 점을 간파했다. 약탈물을 획득하면 잠시나마 그들의 팀워크는 깨지고 전투 의지는 약해진다. 안전하게 빨리 돌아갈 방법만 찾게 된다. 약탈물은 개인마다 다르고 유목민도 빈부에 차이가 있어서 말의 수나 역량도 격차가 난다. 빨리 가는 자와 그렇지 못한 자, 부대와 부대 사이에 간격이 벌어진다. 약탈물을 실었으니 전체적으로 빠르게 달리지도 못할 것이다. 오자는 이 균열을 노려 적을 공격하라고 한다. 모든 적을 소탕할 수는 없겠지만 일부 부대는 포위하고 섬멸하거나 포로로 삼고 약탈물을 회수할 수 있을 것이다.

5-10 오자가 말했다. "적국을 공격해 성을 포위하는 것에도 원리가 있습니다. 성읍을 함락한 뒤에는 먼저 적의 궁성으로 들어가 관원들을 제어하고 왕궁의 기물을 접수합니다. 군대는 함부로 나무를 베거나 민간인의 집을 징발하지 않도록 하며 곡식을 약탈하거나 가축을 도살하여 마을을 불태우지 않도록 해서 백성들에

게 아군이 잔혹하지 않다는 것을 보여 주어야 합니다. 투항을 원하는 자가 있으면 받아 주고, 그들이 편안하게 거하는 것을 허락해야 합니다."

吳子曰 : "凡攻敵圍城之道, 城邑旣破, 各入其宮, 御其祿秩, 收其器物. 軍之所至, 無刊其木, 發其屋, 取其粟, 殺其六畜, 燔其積聚, 示民無殘心. 其有請降, 許而安之."

1. 곳간이 넓어야 곡식도 풍족하다

이 구절에서 오자는 공성 포위전에 대해서 논한다. 하지만 막상 내용을 보면 성을 함락한 뒤 약탈의 금지와 위무 정책에 대한 것이다. 원래는 공성 포위전에 대한 기술이 있었는데, 후대의 편집 과정에서 빠졌을 수도 있다. 아무래도 공성 포위전은 기술적인 서술이 될 수밖에 없다. 오자 시대의 공성술은 초보적이고, 후대의 상황과도 맞지 않아서 빼 버린 것일 수도 있겠다.

점령 정책에 대해 오자는 약탈을 방지하고, 민심을 얻으며, 투항자를 대우하라고 가르친다. 인도주의적 관점에서도 지극히 당연한 처사이다. 그러나 전쟁사에서 이런 인도주의가 실행된 사례는 극히 드물다. 약탈을 방지하고 백성을 보호했다고 적혀 있는 경우에도 실제로는 성을 불 지르고 주민을 학살하지는 않았다는 정도로만 이해해야 할 것이다. 나무를 베지도 않고 민가를 징발하지도 않고 주민들이 편안하게 거주하게 하는 점령이 과연 존재했을까 의심스럽다.

공성전의 끝은 언제나 약탈이었다. 십자군 전쟁처럼 인종·문화·종교가 다른 집단 간의 전쟁에서는 더 쉽게 잔혹 행위가 발생했다. 흔히 어느 쪽이 더 잔혹했느냐고 묻곤 하는데, 약탈의 정도는 전투와 사정에 따라 달라질 뿐이지 어느 쪽이든 종교적 양심과는 무관했다. 제4차 십자군이 중동으로 가지 않고 엉뚱하게 기독교 왕국인 동로마 제국 콘스탄티노플을 함락시켰을 때도 방화까지 일어났으며, 그곳에 있던 엄청난 문화재가 모두 파괴되어 버렸다. 콘스탄티누스[22] 대

22 플라비우스 발레리우스 아우렐리우스 콘스탄티누스Flavius Valerius Aurelius Constantinus (274~337)

제가 이 도시를 처음 세울 때 로마 제국의 주요 도시에서 각자 기념비적인 조각물을 공물로 헌납하게 했었다. 곧 도시 전체가 헬레니즘 시대의 박물관이 되었는데, 그리스의 델포이에서는 석조와 청동으로 된 페르시아 전쟁 승전탑을 바쳤다. 이 탑에 사용한 청동은 페르시아군의 방패를 녹여 만든 것이라고 한다. 이런 귀중한 예술품들이 약탈자의 손에 녹아 버렸다.

이슬람군은 정복지에서 3일간 약탈을 허용하는 관행이 있었다. 1453년 콘스탄티노플이 오스만튀르크에 의해 함락되던 날, 메메드 2세[23]는 관행대로 3일간의 약탈을 허용했다. 그의 군대에는 약탈을 목적으로 종군한 자들도 상당히 많았는데, 이날의 약탈로 콘스탄티노플은 완전히 재가 되었다. 놀란 술탄은 하루 만에 약탈을 중지시켰는데, 인도적 심정에서가 아니라 남아나는 것이 너무 없었기 때문이었다. 유일하게 살아남은 문화재는 성 소피아 대성당이었는데 그것은 메메드가 성당 건물은 내 것이니 건드리지 말라고 엄명을 내려놓았기 때문이었다. 오자는 성을 점령하면 먼저 궁으로 가라고 했지만, 메메드는 걱정이 되었는지 성당으로 먼저 달려갔는데, 벌써 두 명의 병사가 명령을 어기고 들어와 벽과 천장에 도배한 금과 보석을 떼어 내고 있었다. 메메드는 즉시 그들을 처형했고, 덕분에 성당은 살아남았다. 비록 그곳에 피난해 들어왔던 주민들은 구원받지 못했지만…….

인간의 폭력적 본성을 완전히 통제하는 것은 어렵다. 전쟁에 수반되는 약탈과 폭력에는 또 다른 현실적 이유가 있다. 고대의 사람들이라고 인도주의 정신이 부족하거나 약탈과 폭력의 가혹성과 부당함에 특별히 둔감했던 것은 아니다. 그러나 과거의 산업 생산력이나 수송 수단을 감안할 때 전쟁에서 생명을 걸고 싸운 병사들에게 이를 보상할 재력과 방법이 마땅치 않았다. 손자도 군대는 별수 없이 현지 조달로 군수와 군량을 조달해야 한다고 가르쳤고, 친절하게 본국 수송 비용과 약탈 비용을 계산해서 제시했다. 특히 공성전은 야전보다 시간

23 메흐메드 빈 무라드Mehmed bin Murad(1432~1481)

도 훨씬 많이 걸리고 위험해서 그만한 보상 없이 머리 위에서 쏟아지는 돌과 화살을 피하며 수직의 성벽을 기어오르라고 명령하기가 쉽지 않다. 그 당시는 텐트, 이동식 숙소, 취사 장비, 야전 식량, 야전 위생과 의료 등 모든 여건이 오늘날 같지 않았다. 성을 점령한 뒤에 민가에 들어가 잠을 자서는 안 된다고 말할 수도 없고, 어느 정도 약탈은 눈 감아 줄 수밖에 없다. 적성敵城의 반격이 강력해서 아군의 목숨을 건 결전을 피할 수 없다면 약탈을 포상으로 걸지 않을 수 없었다.

약탈을 방지하고 오자가 말한 수준의 민간인 보호 정책을 펼치려면 군주는 포위 비용에 버금가는 엄청난 지출을 감행해야 한다. 그것은 성 하나를 점령하면 침공 작전을 중지하고 돌아가야 한다는 것을 의미할 수도 있다. 오자가 이런 사정을 몰랐을 리가 없다.

결론적으로 말하면 오자는 인도주의적 관점에서 도덕적 설교를 하는 것이 아니다. 군주에게 성을 점령하면 그동안 들어간 전쟁 비용을 회수할 생각을 하지 말고, 그 정도의 비용을 더 지출하라고 요구하는 것이다. 오자 시대의 전쟁은 다른 민족이나 문화권을 점령하는 것이 아니다. 통일 전쟁은 정복이 아니라 합병에 가깝다. 기업 경영 관점에서 합병은 투자이다. 합병이 이익을 창출하려면 합병된 기업이 모 기업과 동등한 열정과 생산력을 갖고 가동되며 이익을 창출해야 한다. 간혹 그렇지 못한 약탈적 합병도 있는데, 우리가 그런 행태를 도덕적으로 비난하는 것은 이익 창출이라는 기업 경영의 원리에 어긋나기 때문이다.

오자의 정복 전쟁도 마찬가지다. 약탈 방지에는 엄청난 비용이 들어가겠지만, 그것이 전쟁 즉 합병의 본의에 맞는 것이고, 전국 시대를 종식하고 최종 승자로 가는 방법이다. 약탈은 당장에 전쟁 비용은 감소시켜 주지만 다음 전투에서 적성은 더 강하게 저항할 것이고, 기존 점령지는 생산 기지가 되지 못한 채 소비되고 말 것이다.

당연한 교훈 같지만 실제 경영 현장을 보면 당면한 이익을 위해 본래의 목적을 잊는 경우가 다반사이다. 눈앞에 있는 재무제표상의 수치로만 이익과 손실을 판정하게 되기 때문이다. 이른바 '숫자병'은 무서운 병이다. 이익에는 수치로 환산할 수 있는 이익과 그렇지 않은 이익이 있다. 전자에만 사로잡히는 것이 숫자병이다. 거의 모든 사람이 어느 정도는 이 병에 걸려 있다. 어떤 분야이든 자신의 꿈을 경영하려는 사람은 오자의 '공성포위지도攻城包圍之道'를 늘 상기할 필요가 있다.

제 6 편

제6편 여사勵士

잠든 인재를 깨운다

6-1 무후가 물었다. "형벌을 엄하게 하고 상을 공정하게 하면 족히 승리를 거둘 수 있겠소?" 오기가 대답하여 말했다. "형벌을 엄하게 하고 상을 공정하게 하는 일은 신이 상세히 알지 못합니다. 그럴 수도 있겠지만 효과를 확신할 수 없습니다. 군주가 명령을 내렸을 때 사람들이 명령을 즐겨 따르고, 나라에서 군대를 동원하면 백성들이 기꺼이 싸우며, 적과 병기를 맞부딪치며 싸울 때 사람들이 기꺼이 죽음을 감수하는 이 세 가지가 가능하다면 군주는 승리를 기대할 수 있을 것입니다."
武侯問曰 : "嚴刑明賞, 足以勝乎?" 起對曰 : "嚴明之事, 臣不能悉. 雖然, 非所恃也[1]. 夫發號布令而人樂聞, 興師動衆而人樂戰, 交兵接刃[2]而人樂死. 此三者, 人主之所恃也."

1. 공정한 포상

무후는 공정한 상벌을 시행하면 병사들을 분발시키고, 인재를 찾아 군의 전투력을 높일 수 있겠냐고 묻는다. 인접한 진나라의 변화를 보고 영향을 받은 것이다.

오자는 그것만으로는 부족하다고 본다. 《오자병법》 전체의 내용으로 미루어 보면 그는 사람에게 동기를 부여하고 일반 병사를 전사로 바꾸는 방법에 대해 독자적인 철학을 갖고 있다. 오자는 공정한 포상보다는 철저하게 개개인의 숨은 욕망을 끌어내는 쪽이 더 효과적이라고 본다. 이런 관점에는 반론이 있을 수 있다. 공정한 상벌이 사람들의 성취욕, 출세욕, 보상 욕구 등을 만족시켜 주기 위한 최선의 수단이 아니냐는 것이다.

1 '비소시야非所恃也'란 확실하게 믿을 것은 아니라는 뜻이다.
2 '교병접인交兵接刃'의 '交兵'은 양측 병사가 서로 충돌하는 것이며, '接刃'은 칼날이 서로 부딪치는 것을 말한다.

이 논쟁은 오늘날 산업 현장에서 벌어지고 있는 성과급 논란을 참조할 수 있다. 20세기 말까지는 일반적으로 성과급 제도가 생산성을 높이고 직원들의 자기 계발 의욕을 높이는 최선의 수단이라고 생각되었다. 그러나 근래의 연구는 성과급 제도에 점점 회의적인 결과를 내놓고 있다. 경영학적 관점에서 보면 이런 변화는 삶의 환경, GDP, 산업 구조, 국민 의식 구조 등의 변화가 주요 요인이라고 볼 수 있다. 그러나 군사학적·역사학적 관점으로 보면 그것은 인간의 변치 않는 본성의 소산이기도 하다.

'공정한 보상'이라고 할 때 공정함의 기준은 사람마다 다르다. 특출한 전공을 세운 사람은 파격적인 보상을 해 주어야 공정하다고 생각한다. 반면 그것은 공정함을 깨는 것이라고 보는 사람도 있다. 아무리 특별한 공을 세웠다고 해도 혼자서 전투를 벌이는 게 아니다. 함께 싸운 사람들에게도 보상해 주어야 하며, 그에게는 약간의 덤과 명예를 주는 것만으로도 족하다고 주장한다.

포상이 주는 만족도도 모두 다르다. 개인마다 다르고 때에 따라 다르다. 오자는 군대가 승리하려면 병사들이 기꺼이 죽을 수 있는 정신 자세가 필요하다고 말하는데, 세상의 어떤 보상도 목숨을 대신할 것은 없다. 즉 어떤 보상으로도 군의 전투력을 끌어올리는 데는 한계가 있다는 것이다.

오자는 보상을 무시하지는 않지만, 그보다는 개인의 자아실현 방식, 욕구 추구 방식 등에 주목한다. 인간은 누구나 지향하는 가치가 있고 욕망이 있다. 그러나 욕망을 추구하는 방식은 모두 다르다. 모든 것을 투자해서 계속 나아가려는 사람이 있고, 현실에 안주하고 좌우로 눈을 돌리면서 끊임없이 남과 나를 비교하고 군중 속에 머무르려 하는 사람도 있다.

군대든 기업이든 폭발력을 지니려면 군중 속에 머물고 싶어 하는 사람들이 움직여야 한다. 전쟁이든 경영이든 알고 보면 모두 인적 자원의 활용과 폭발력 경쟁이다. 이 경쟁에서 승부의 키는 일반 대중을 움직이는 것이다. 공정한 보상은 그들을 움직이는 하나의 방법이지만 효과와 대상이 제한적이다. 그러면 어떤 방법이 필요한 것일까? 다음 문단에서 오자는 무후에게 자신의 방법을 건의한다.

6-2 무후가 말했다. "그런 수준에 도달하려면 어떻게 해야 하오?" 오기가 대답했다. "주군께서 공이 있는 자를 모아 잔치를 베풀어 주고 공이 없는 자들도 격려해 주십시오." 이에 무후가 궁정 마당에 잔치를 마련하고 사람들을 세 줄로 앉히고 사대부들에게 잔치를 베풀었다. 최고의 공을 세운 사람은 앞줄에 앉혀서 식탁에는 고급 식기와 최고급 고기를 올렸다. 2등의 공을 세운 사람은 가운데에 앉히고, 상석보다는 못한 식기와 음식을 차렸다. 공을 세우지 못한 사람은 뒷줄에 앉히고, 식탁에는 좋은 그릇을 사용하지 않았다. 잔치를 마치고 사람들이 나가려고 할 때, 유공자에게 상을 내렸다. 또 궁정 문밖에 있는 이들의 부모와 처자에게도 상을 내렸는데, 공에 따라 차등을 두었다. 전사한 사람의 집에는 매년 사자를 파견해 부모를 위로하고 재물을 하사함으로써 전사자들의 공을 잊지 않고 있다는 마음을 표시했다. 이것을 시행한 지 3년이 지났을 때 진나라가 군대를 일으켜 서쪽 강에 진을 쳤다. 위나라 장병들이 이 소식을 듣자 동원 명령을 기다리지 않고 스스로 갑주를 입고 전선으로 달려가 용감하게 싸웠는데, 그 수가 몇만 명이었다.

무후가 오기를 불러 말했다. "그대가 지난번에 내게 가르쳐 준 일이 그대로 시행되었소." 오기가 대답하여 말했다. "신이 들으니 사람들은 저마다 장단점이 있고, 기질도 왕성할 때와 쇠할 때가 있다고 했습니다. 주군께서 공을 세우지 못한 자 5만 명으로 이를 시험해 보십시오. 신이 이들을 이끌고 적을 상대해 보겠습니다. 만일 제가 승리하지 못한다면 제후들의 웃음거리가 되고, 천하에 위신이 추락할 것입니다. 지금 결사의 각오를 한 도적 한 명이 광야에 숨어 있다면 1000명이 그를 추격한다고 해도 추격하는 사람들은 올빼미가 늑대를 쳐다보는 것처럼 두려워하지 않는 사람이 없을 것입니다. 왜 그렇겠습니까? 그 도적이 갑자기 일어나 자신을 해칠지도 모른다고 생각하기 때문입니다. 한 명이 목숨을 내던질 각오를 하면 1000명이 두려움에 떨게 할 수 있습니다. 이제 신이 5만의 군사를 죽음을 각오한 한 명의 도적처럼 싸움에 임하게 하여 적을 공격하면 이기지 못할 적이 없습니다." 무후는 오기의 청을 수락했다. 더하여 전차 500대와 기병 3000명을 추가로 하사했다. 이에 오기는 진나라 군대 50만을 격파했다. 이것이 바로 공을 세우지 못한 장병을 격려한 덕이었다. 이 전쟁에서 전투를 벌이기 하루 전날 오기는 삼군에 이런 명령을 내렸다. "모든 장교와 병사들은 각자 자신의 병종에 따라 적의 전차와 기병, 보병과 맞서 싸워야 한다. 만약 아군 전차가 적의 전차를 획득하지 못하고, 기병이 적의 말을 획득하지 못하고, 보병이 적의 보병을 사로잡지 못하면 비록 적을 물리쳤다고 해도 나는 전공을 인정하지 않을 것이다." 결전의 날에 더 이상 명령이 없어도 위나라 병사들의 위세가 천하에 진동했다.

武侯曰："致之奈何?" 對曰："君擧有功而進饗之, 無功而勵之." 於是武侯設坐廟廷, 爲三行, 饗士大夫. 上功坐前行. 餚席兼重器上牢, 次功坐中行, 餚席器差減, 無功坐後行, 餚席無重器. 饗畢而出, 又頒賜有功者父母妻子於廟門外, 亦以功爲差. 有死事之家, 歲使者勞賜其父母, 著不忘於心. 行之三年, 秦人興師, 臨於西河. 魏士聞之, 不待吏令, 介冑而奮擊之者以萬數.

武侯召吳起而謂曰："子前日之教行矣." 起對曰："臣聞人有短長, 氣有盛衰. 君試無功者五萬人, 臣請率以當之, 脫其不勝, 取笑於諸侯, 失權於天下矣. 今使一死賊伏於曠野, 千人追之, 莫不梟視狼顧. 何者? 恐其暴起而害己也. 是以一人投命, 足懼千夫. 今臣以五萬之衆, 而爲一死賊, 率以討之, 固難敵矣. 於是武侯從之, 兼車五百乘, 騎三千匹, 而破秦五十萬衆, 此勵士之功也." 先戰一日, 吳起令三軍曰："諸吏士當從受敵. 車騎與徒, 若車不得車, 騎不得騎, 徒不得徒, 雖破軍皆無功." 故戰之日, 其令不煩而威震天下.

1. 묻어가는 자에게 보상은 없다

위무후가 궁정 마당에서 전공자를 포상하는 잔치를 베풀었을 때, 인원을 세 줄로 나누고, 1등 공로자, 2등 공로자와 공이 없는 사람으로 나누어 배치했다고 한다. 아마도 이때 공이 없는 자가 위치한 3열이 전체 인원의 80퍼센트 이상이었을 것이다. 오자가 이 잔치를 기획할 때 노린 자원이 바로 이 80퍼센트 이상 되는 무공자들이었다. 이들을 무공자라고 부르면 그들은 아마 기분 나빠 했을 것이다. 그들도 전쟁에 참전해서 함께 고생하고 전투에서 함께 싸운 사람들이다. 단지 적의 전차를 탈취한다거나 적의 진지에 앞장서서 돌격한다거나 하는 특별한 공훈을 세우지 못했을 뿐이다. 아마 그들은 이렇게 항변했을 것이다. "그런 공로는 아주 특별한 무사가 아니면 감행하기 어렵다. 우리가 비겁한 것이 아니다. 우리도 함께 고생했고 위험을 감수했다. 단지 그런 특별한 기회를 부여받지 못한 것뿐이다."

그들의 말도 충분히 일리가 있다. 그러나 냉정한 경영자인 오자에게 이런 사람들은 소위 묻어가는 사람들이다. 어떤 조직에나 아래와 같은 세 종류의 사람이 있다.

① 적극적인 자기 계발형 : 거대한 프로젝트가 떨어지거나 새롭고 낯선 임무가 부과되었을 때 도전하고픈 욕망을 느끼고, 어려운 과업을 완수하는 데서 커다란 만족감을 느끼는 사람. 오자가 말한 1등과 2등에 선정된 공로자는 이런 사람들이라고 할 수 있다.

② 방관형 : 조직과 일, 동료에 적응하거나 흥미를 느끼지 못하고, 심하면 이탈하고 싶어 하는 사람. 마지못해 조직에 남아 있으며 최소한의 일만 하려 드는 사람. 이들은 아예 잔치에서 배제되었다.

③ 묻어가는 사람 : 겉보기에는 성실하고 조직에도 잘 적응한다. 조직의 명령도 잘 받아들이고, 일상적 업무도 잘 처리한다. 그러나 무언가 책임을 져야 할 일이나 결과가 불확실한 프로젝트나 부담이 큰 업무가 떨어지면 소극적이고 보수적으로 된다. 가능하면 유형①의 동료에게 일을 떠넘기고자 하고, 그의 뒤를 따라가는 데 만족한다.

전쟁터에서 유형①과 유형②의 병사는 합쳐도 10퍼센트가 되지 않는다. 병사 대부분이 유형③이다. 그렇다고 그들이 겁쟁이는 아니다. 전투에 참여하고 함께 싸우며 고난을 같이한다. 그들은 용감하고 굳세고 책임을 다하는 병사들이다. 하지만 그들만을 모아 놓으면 한계도 분명하다. 그들은 유형①의 병사가 없으면 결정적 순간에 전체적으로 무능해진다. 고지로 돌격해야 할 순간에 돌격하지 못하고, 적의 습격으로 혼란에 빠졌을 때 반격의 계기를 만들지 못한다. 한마디로 말하면 그들은 참호 안에서 포화를 버티며 적을 향해 사격하지만, 적의 공격 대형 간격이 벌어진 것을 보았을 때 착검을 하고 돌격하자고 하거나 적의 참호 하나가 빈 것을 보고 그리로 뛰어들어 돌파구를 만들자고 하기를 주저한다. 이때 유형①의 사병이 있어야 그들은 함께 뛰어나가고 용기를 발휘한다.

20세기 중반부터 엘리트 부대를 육성하는 것이 유행이 된 것은 특수 부대가 유형①의 병사들로 채워졌다는 자부심을 부여하기 위한 것이라고도 할 수 있다. 오자가 유형③에 주목한 것은 그들의 병력의 절대다수를 형성하기 때문이다. 사람들의 천성은 비슷해서 유형①과 유형②의 비율은 나라마다 비슷하다. 천성이 쉽게 바뀌지도 개발되지도 않는다. 교육과 훈련으로 바뀔 가능성이 있으며, 그 효과도 가장 큰 것이 유형③이다.

오자가 무후에게 건의한 방법은 전적으로 유형③을 유형①로 변화시키기 위한 것이었다. 본문에서 오자는 유형① 전공자들을 불러 포상하고, 유형③도 불러 격려하라고 했다. 이 격려라는 말이 오해를 불러일으킬 수 있는데, 흔히 생각하는 '너희도 수고했다'라는 식의 격려가 아니다. 잔치의 내용을 봐도 알 수 있지만, 전공자들에게 베푸는 환대와 포상을 지켜보게 함으로써 이중 삼중으로 차별감을 느끼게 하는 것이다. 이것은 격려가 아니라 격발이었다.

냉혹해 보이는 방법이지만 오자는 그들의 속성을 정확히 꿰뚫어 본 것이다. 조직에서 대다수를 차지하는 이런 유형의 사람들은 공로와 포상에 대해 공통된 가치관이 있다. 그들은 유형①의 사람들과는 경쟁하려고 들지도 않고, 그들이 공을 세우고 포상을 받는 것에 크게 반대하지는 않는다. 하지만 자신들에게도 포상을 일부 나누어 주기를 원한다. 그 포상은 유형①의 포상과는 다르다. 전공자들은 그들의 전과나 공로에 따라 포상을 받는다. 하지만 그들은 결과에 대한 분배적 포상을 원한다. 전체적으로 승리를 거두고 이익을 얻게 되면, 자신들에게도 일정한 액수를 분배해 달라고 요구한다.

이와 같은 분배적 성과급에 대한 선호는 묘한 결과를 가져오는데, 그들을 강고하게 단결시킨다. 가끔 승진과 포상에서도 유형①이 밀려나는 경우도 발생한다. 유형③의 주도권이 강해지면, 근무 연한, 근무 태도, 개근 등과 같이 일상적이고 기계적인 규정이 공정한 평가로 여겨지고, 힘을 얻는다.

무후의 궁정 잔치에 초대받았을 때 무공자들은 아마도 이런 아름다운 상상을 했을 것이다. 그러나 그들이 본 것은 철저한 차별이었다. 전공자들은 멋진 식탁에 앉아 최고급 상차림을 받았다. 무공자들에게는 포상도 없고 평범한 식탁과 음식만이 준비되었다. 현장에서 지급할 포상이 준비되어 있었는데, 3열에 앉은 무공자들도 그 선물 꾸러미를 보고 가슴이 두근거렸을 것이다. 하지만 이것은 철저하게 준비된 농락이었다. 그 선물은 궁궐 문밖에 있는 전공자들의 가족에게 가는 것이었다.

무공자들은 이럴 거면 왜 자신들을 불렀느냐고 투덜거렸을 것이다. 그들이 모두 도성에 사는 사람들도 아니었을 테니, 초대장을 받으면 궁정까지 오기도 쉽지 않았다. 최소한 멀리까지 찾아온 수고에 성의를 표시해야 할 것 아닌가?

오자는 심술궂게도 바로 그런 태도에 일침을 날린다. 적당히 남이 하는 대로, 남들이 하는 만큼의 수고에는 전혀 보상이 없다는 메시지인 셈이다. 오자의 태도는 전쟁터에 나가 그들에게 전한 메시지에 더 분명하게 반영되어 있다.

"만약 아군 전차가 적의 전차를 획득하지 못하고, 기병이 적의 말을 획득하지 못하고, 보병이 적의 보병을 사로잡지 못하면 비록 적을 물리쳤다 해도 나는 전공을 인정하지 않을 것이다."

이것은 묻어가는 행동에는 전혀 보상해 주지 않겠다는 의미이다. 오자의 방침은 가혹한 성과급 제도라고 평가할 수 있다. 오늘날의 경영 현장에서 이런 방침은 비난받기 쉽다. 그러나 일상의 경영과 전쟁을 완전히 동일선상에 놓고 비교할 수는 없다. 오자의 묻어가는 자에 대한 신랄한 비판은 강력한 자기 계발 정책이라고 볼 수 있다. 전투에서 강한 군대는 유형①의 비율이 높고, 유형②나 유형③에서 유형①로 끊임없는 승격이 이루어지는 군대이다. 이런 군대는 전투를 치르면 치를수록 강해진다. 반대로 유형①이 전사하고 충원이 이루어지지 않는 군대는 지구전으로 가면 반드시 붕괴한다.

한국 전쟁에서 백마고지 전투는 한국군의 자존심으로 남은 전투였다. 제9사단은 미군의 화력 지원을 받아 공중 지원과 포병 화력에서는 앞섰다고 하지만 지형적으로나 병력의 규모로나 절대적으로 불리한 상황에서 싸웠다. 1952년 10월 6일부터 15일까지 하루도 쉬지 않고 고지 쟁탈전이 벌어졌다. 여기서 제9사단은 커다란 위기를 맞는데, 전투가 소모전 양상으로 발전하면서 보충 병력이 바닥을 드러낸 것이다. 백마고지전에 참전한 중공군 38군은 최정예였다. 한국전 참전 당시의 중공군과 달리 장비나 훈련에서도 현대화를 이룬 부대였다. 제9사단은 전투 개시 5일이 지나기 전에 중공군 2개 사단을 격멸했다. 그러나 중공군은 지치지 않고 새로운 예비 사단을 투입했다. 반면 제9사단은 그만한 예비대가 없었다. 10월 10일에 처음으로 889명이 도착했는데 장교는 한 명뿐이었다. 전투가 장기전으로 가면서 제9사단 내에 고참병은 전사하고 신병의 비율이 높아졌다. 이것은 통상적으로 유형①의 병사는 급감하고 유형②·③이 증가했다는 의미다. 실제로 10월 11일 전투에서는 제9사단의 전투력이 급감하는 것이 눈으로도 보였다. 12일, 위기감을 느낀 용사들이 수류탄을 들고 적진에 돌입해 자폭하기까지 했다. 오늘날 백마고지의 영웅으로 추앙받는 세 명의 전사는 이런 불길한 상황에서 등장했다. 잘 알려지지 않았지만, 이들 외에도 수류탄을 들고 특공 공격을 펼친 전사들은 여러 명이 더 있었다고 한다. 이들의 희생은 영웅적인 행동이었지만, 전체 전황으로 보면 그것은 불길한 징조였다.

그런데 이 시점에서 사단의 전투력이 다시 급변했다. 12일 야간 전투에서 고지를 지키던 중대는 3분지 1의 병력만 남은 상황에서도 악착같이 고지를 지켜 냈다. 야간 전투에서 중공군을 격퇴한 것은 그때가 처음이었다. 더욱 놀라운 사실은 객관적으로 전투력이 하락해 있었는데도 불구하고 사수에 성공했다는 것이다. 중공군도 불길함을 느꼈는지 새로운 연대를 투입했다. 이때부터 3일간 마지막 격전이 벌어졌는데, 제9사단은 이전보다 더 잘 싸웠다. 그 비결에 대해서는 이런 증언이 있었다.

"소대장이 쓰러지면 부사관이 뒤를 잇고, 부사관이 쓰러지면 사병이 지휘를 대신하며 물러서지 않았다."

백마고지 전투 기간에 장교, 부사관, 고참병 등은 계속 줄어들었다. 유형①의 역할을 담당할 병사들이 줄어든 것이다. 그러나 기적처럼 유형③의 병사들이 유형①로 흘러들었다. 이런 변화가 군대에서 가장 극적인 변화이며 감동적인 장면이다.

오자가 전공자를 완전히 배제하고 오직 무공자만을 소집해서 진나라 군대와 싸우러 나갔을 때의 분위기도 이와 유사했을 것이다. 유형①을 완전히 배제한 이유는 그들이 없으면 군의 전투력이 급감한다는 사실을 무공자들도 알기 때문이다. 이제 그들이 의지하고 위험한 일을 전가할 유형①의 병사들이 없다. 일종의 인적 배수진이었다. 결론은 허무하게 무너지거나 유형③에서 유형①로 변신하는 지원자들이 전공자들의 빈자리를 채우는 것뿐이다. 오자는 이 변화에 성공함으로써 당시 최강이었던 진나라 군대를 국경에서 섬멸하고 경탄스러운 승리를 거두었다.

오자병법

개정판 인쇄 | 2021년 9월 7일
개정판 발행 | 2021년 9월 14일
펴낸이 | 홍정욱
기획 | 이상민 박단비
편집·교열 | 김화란 박단비
표지제호 | 강병인
디자인 | 황인정
펴낸곳 | 사단법인 올재
출판등록 | 2011년 11월 4일 제300-2011-188호
주소 | 서울시 용산구 이태원로55가길 40 2층
전화 | 02-720-8278
홈페이지 | www.olje.or.kr
ISBN | 979-11-5993-241-0

Olje Selections

01 한글논어 이을호 역 | 현암학술문화연구소 보補
02 국가 플라톤 저 | 조우현 역
03 조선경국전 정도전 저 | 한영우 역
04 햄릿 윌리엄 셰익스피어 저 | 최재서 역
05 한글맹자 이을호 역 | 현암학술문화연구소 보補
06 훈민정음통사 방종현 저 | 이상규 주해
07 정치학 아리스토텔레스 저 | 라종일 역
08 도덕경 노자 저 | 이석명 역
09~12 수호지1~4 시내암 저 | 연변대학 수호지 번역팀 역
13, 14 열하일기1, 2 박지원 저 | 이가원 역
15 명상록 마르쿠스 아우렐리우스 저 | 황문수 역
16 젊은 베르테르의 슬픔 요한 볼프강 폰 괴테 저 | 이인웅 역
17, 18 국부론1, 2 애덤 스미스 저 | 최임환 역
19 손자병법 손무 저 | 임용한 역
20 햄릿(개정판) 윌리엄 셰익스피어 저 | 최재서 역
21 맥베스 윌리엄 셰익스피어 저 | 김우탁 역
22 오셀로 윌리엄 셰익스피어 저 | 김우탁 역
23 리어왕 윌리엄 셰익스피어 저 | 김우탁 역
24 오자병법 오기 저 | 임용한 역
25~29 삼국지1~5 나관중 저 | 연변인민출판사 번역팀 역
30 한글논어(개정증보판) 이을호 역 | 현암학술문화연구소 보補
31 한글맹자(개정증보판) 이을호 역 | 현암학술문화연구소 보補
32, 33 카라마조프네 형제들1, 2 도스토옙스키 저 | 이동현 역

Olje Classics

01 한글논어 이을호 역 | 현암학술문화연구소 보補
02 국가 플라톤 저 | 조우현 역
03 정치학 아리스토텔레스 저 | 라종일 역
04 고운집 최치원 저 | 이상현 역 | 한국고전번역원 기획
05 한글맹자 이을호 역 | 현암학술문화연구소 보補
06 소크라테스의 변명 외 플라톤 저 | 조우현 역
07 유토피아 토머스 모어 저 | 주요섭 역
08 청성잡기 성대중 저 | 한국고전번역원 기획·번역
09 한글중용 · 대학 이을호 역 | 현암학술문화연구소 보補
10 팡세 파스칼 저 | 정봉구 역
11 군주론 마키아벨리 저 | 임명방 역
12 기측체의 최한기 저 | 한국고전번역원 기획·번역
13 우서 유수원 저 | 한영구 역 | 한국고전번역원 기획
14 채근담 홍자성 저 | 송정희 역
15 차라투스트라는 이렇게 말했다. 프리드리히 니체 저 | 김정진 역
16 천로역정 존 버니언 저 | 주요섭 역
17 조선경국전 정도전 저 | 한영우 역
18, 19 계원필경집1, 2 최치원 저 | 이상현 역
20 꿈의 해석 지그문트 프로이트 저 | 장병길 역
21 명심보감 추적 저 | 이민수 역
22 서경 | 권덕주 역
23 사회계약론 장 자크 루소 저 | 박은수 역
24 명상록 마르쿠스 아우렐리우스 저 | 황문수 역
25 택리지 이중환 저 | 이민수 역
26, 27 열하일기1, 2 박지원 저 | 이가원 역
28 햄릿 윌리엄 셰익스피어 저 | 최재서 역
29 유혹자의 일기 쇠렌 키에르케고어 저 | 황문수 역
30 에밀 장 자크 루소 저 | 박은수 역
31 땅의 양식 앙드레 지드 저 | 박은수 역
32 격몽요결 이이 저 | 정후수 역
33 훈민정음통사 방종현 저 | 이상규 주해
34 방법서설 르네 데카르트 저 | 김형효 역
35 리바이어던 토머스 홉스 저 | 이정식 역
36 역옹패설 이제현 저 | 남만성 역
37 유리알 유희 헤르만 헤세 저 | 노태한 역
38, 39 국부론1, 2 애덤 스미스 저 | 최임환 역
40 도덕경 노자 저 | 이석명 역
41 마음 나쓰메 소세키 저 | 김성기 역
42~45 수호지1~4 시내암 저 | 연변대학 수호지 번역팀 역
46 난중일기 이순신 저 | 이은상 역
47 징비록 유성룡 저 | 구지현 역
48, 49 쇄미록1, 2 오희문 저 | 이민수 역
50 장자 장자 저 | 신동준 역
51 열자 열자 저 | 정창영 역
52 바가바드 기타 | 정창영 역
53 젊은 베르테르의 슬픔 요한 볼프강 폰 괴테 저 | 이인웅 역
54 산해경 | 장수철 역
55 박물지 쥘 르나르 저 | 손석린 역

56, 57 **춘추좌전1, 2** 좌구명 저 | 신동준 역
58~61 **서유기1~4** 오승은 저 | 연변인민출판사 번역팀 역
62 **대당서역기** 현장 저 | 권덕주 역
63 **손자병법** 손무 저 | 임용한 역
64 **오자병법** 오기 저 | 임용한 역
65 **전술론** 니콜로 마키아벨리 저 | 이영남 역
66 **포화** 앙리 바르뷔스 저 | 정봉구 역
67 **시경** | 신동준 역
68 **문심조룡** 유협 저 | 김관웅·김정은 역
69 **시학 · 데 아니마** 아리스토텔레스 저 | 김완수 역
70 **주홍 글씨** 너대니얼 호손 저 | 최재서 역
71, 72 **지봉유설1, 2** 이수광 저 | 남만성 역
73 **종의 기원** 찰스 다윈 저 | 이민재 역
74 **비글호 항해기**
찰스 다윈 저 | 권혜련·김정석·박완신·이혜진 역
75~78 **홍루몽1~4** 조설근 저 | 연변인민출판사 번역팀 역
79~83 **동주 열국지1~5** 풍몽룡 저 | 신동준 역
84, 85 **카라마조프네 형제들1, 2** 도스토옙스키 저 | 이동현 역
86 **고용, 이자 및 화폐의 일반이론** 케인스 저 | 조순 역
87, 88 **법, 입법 그리고 자유1, 2** 하이에크 저 | 양승두 외 역
89~93 **금병매1~5** 난릉 소소생 저 | 김관웅·김정은 역
94, 95 **한비자1, 2** 한비 저 | 신동준 역
96 **상군서** 상앙 저 | 신동준 역
97, 98 **회남자1, 2** 유안 저 | 이석명 역
99 **금강경** 동봉 역해
100 **동의수세보원** 이제마 저 | 이을호·홍순용 역 | 주종천 보補
101, 102 **르네상스 미술가 평전1, 2**
조르조 바자리 저 | 이근배 역 | 최병진 감수
103, 104 **삼국사기1, 2** 김부식 저 | 허성도 역
105 **크눌프 · 황야의 이리** 헤르만 헤세 저 | 이인웅 역
106 **최초의 모험** 헤르만 헤세 저 | 이인웅 역
107 **사기 본기 · 사기 서** 사마천 저 | 신동준 역
108 **사기 표** 사마천 저 | 신동준 역
109 **사기 세가** 사마천 저 | 신동준 역
110, 111 **사기 열전1, 2** 사마천 저 | 신동준 역
112~116 **삼국지1~5** 나관중 저 | 연변인민출판사 번역팀 역
117, 118 **황금가지1, 2** 제임스 조지 프레이저 저 | 장병길 역
119 **파워엘리트** 찰스 라이트 밀스 저 | 진덕규 역
120 **묵자** 신동준 역
121, 122 **십팔사략1, 2** 증선지 저 | 신동준 역
123, 124 **당시삼백수1, 2** 손수 편 | 임동석 역
125 **돈키호테** 미겔 데 세르반테스 저 | 최민순 역
126~135 **자치통감1~10** 사마광 저 | 신동준 역
136~145 **잃어버린 시간을 찾아서1~10**
마르셀 프루스트 저 | 김창석 역
146, 147 **관자1, 2** 관중 저 | 신동준 역
148 **순자** 순자 저 | 신동준 역
149 **주역** 신원봉 역
150, 151 **전국책1, 2** 유향 저 | 임동석 역
152 **맥베스** 윌리엄 셰익스피어 저 | 김우탁 역
153 **오셀로** 윌리엄 셰익스피어 저 | 김우탁 역
154 **리어왕** 윌리엄 셰익스피어 저 | 김우탁 역
155, 156 **데카메론1, 2** 조반니 보카치오 저 | 허인 역
157, 158 **유림외사1, 2** 오경재 저 | 김관웅·김정은 역
159, 160 **정관정요1, 2** 오긍 저 | 임동석 역
161 **안씨가훈** 안지추 저 | 임동석 역
162 **신기관** 프랜시스 베이컨 저 | 김홍표 역
163, 164 **고문진보 전집1, 2** 황견 찬 | 임동석 역
165, 166 **고문진보 후집1, 2** 황견 찬 | 임동석 역
167 **안데르센 자서전** 한스 안데르센 저 | 이경식 역
168, 169 **공자가어1, 2** 왕숙 저 | 임동석 역
170 **율곡어록** 율곡 이이 저 | 한영우 역
171, 172 **의지와 표상으로서의 세계**
아르투어 쇼펜하우어 저 | 곽복록 역
173 **구운몽** 김만중 저 | 이가원 역
174 **춘향전** 이가원 역
175, 176 **캔터베리 이야기1, 2** 제프리 초서 저 | 김진만 역
177 **소학** 주희 저 | 임동석 역
178 **천자문** 주흥사 저 | 임동석 역
179, 180 **괴테와의 대화** 요한 페터 에커만 저 | 곽복록 역
181~184 **풍운아 홍길동** 신동우 저
185 **제감도설** 장거정 저 | 임동석 역
186, 187 **나의 투쟁** 아돌프 히틀러 저 | 황성모 역
188 **독일 국민에게 고함** 요한 고틀리프 피히테 저 | 곽복록 역
189 **인간과 동물의 감정 표현** 찰스 다윈 저 | 김홍표 역
190 **인간적인 너무나 인간적인** 프리드리히 니체 저 | 강두식 역
191 **해동야언** 허봉 저 | 이민수 역
192 **어우야담 · 계서야담** 유몽인·이희준 저 | 이민수 역
193~197 **파브르 곤충기1~5**
장 앙리 파브르 저 | 이근배·안응렬 역
198 **이탈리아 기행** 요한 볼프강 폰 괴테 저 | 곽복록 역
199 **안톤 체호프 4대 희곡** 안톤 체호프 저 | 홍기순 역
200 **간양록 · 해동제국기** 강항·신숙주 저 | 이을호 역
201 **조선상식문답** 최남선 저